策 划 国家语言资源监测与研究有声媒体中心

组委会
主 任 侯 敏
委 员（按音序排列）
程南昌 段 鹏 傅爱平 郭 熙 何 伟
苏 扬 滕永林 杨尔弘 张春蔚 张政法
赵 军 宗成庆 邹 煜

主 编 何 伟
副主编 邹 煜
编 者（按音序排列）
巴 伟 程南昌 龚 晟 何 伟 侯 敏
李 甜 刘 鹏 陆 叶 牟彦霏 苏 姗
滕永林 王玉玲 周红照 朱洪涛 朱晓琳
邹 煜

国家语言资源监测与研究中心招标课题《中国媒体关注度年度报告的研制》
（项目编号：YZYS15-02）

中国媒体关注度报告

2016

国家语言资源监测与研究有声媒体中心 组编

Annual
Report on
China's
Media
Focus

中国传媒大学 出版社
·北京·

一、为什么要发布媒体关注度榜单？

媒体关注度就是受到媒体关注的程度，通俗地说就是在媒体上的出镜率。

对公众人物来说，媒体关注度可以直接转化为知名度；对企业来说，品牌影响力的提升需要吸引媒体的关注，减少负面报道，增加正面报道[①]；对机构来说，增加媒体的关注度是扩大和维护社会形象的核心一环。如今，各类榜单层出不穷，例如：中国校友会网大学研究团队连续9年发布中国大学媒体关注度排行榜[②]；人民网发布了2015年上半年五大国有银行的"人民关注度"，即中国工商银行、中国农业银行、中国银行、中国建设银行和交通银行在《人民日报》和人民网上的受关注程度[③]。

在眼球经济的作用下，媒体关注度往往也能产生衍生效益。有研究表明，比特币价格与媒体关注度正相关[④]；也有研究认为，媒体关注度通过影响投资者情绪，对新股收益产生影响，媒体关注度高的新股，其发行价格也相对较高[⑤]。还有学者指出，媒体关注对市场参与者的行为及其股票定价都产生了显著的影响，媒体作为法律外的治理机制对我国上市公司治理乃至资本市场的建设具有重要的意义[⑥]。

媒体关注度来自新闻，其本身也是新闻。媒体关注度榜单就是一种数据新闻，它借助大规模文本计算方法，对媒体大数据进行统计分析，归纳总结出媒体最关注的人和事，分析媒体的立场从而有助于我们对中国媒体一年来的报道内容和舆论导向作出公正客观的评价。

中国传媒大学是传媒领域的高等学府，关注媒体、研究媒体、服务媒体是我们义不容辞的责任。中国传媒大学国家语言资源监测与研究有声媒体中心作为一个媒体语言研究机构，本着客观中立的学术立场，自2011年起每年都运用大数据分析技术制作和发布"中国媒体关注度榜单"[⑦]，这既是科研成果的具体转化和应用，也是我们为中国传媒事业的发展所贡献的一份绵薄之力。

---

① 袁岳：《提升国际媒体关注度要靠巧实力》，《IT时代周刊》2011年8月5日。
② 中国校友会网，http://www.cuaa.net/cur/2015/18。
③ 人民网，http://finance.people.com.cn/money/n/2015/0711/c42877-27287778.html。
④ 巴比特，http://www.8btc.com/reasons-behind-bitcoins-price-media-hype。
⑤ 饶育蕾、王攀：《媒体关注度对新股表现的影响——来自中国股票市场的证据》，《财务与金融》2010年第3期。
⑥ 权小锋、吴世农：《媒体关注的治理效应及其治理机制研究》，《财贸经济》2012年第5期。
⑦ 姚晓丹：《"2014媒体关注度十大榜单"发布》，《光明日报》2015年1月8日。

二、今年的榜单能告诉我们什么？

《中国媒体关注度报告2016》共有20个榜单，包括4个事件类榜单：十大新闻热点、十大新举措、十大"网事"、十大"痛点"；3个语言类榜单：十大"习"语、十大潮语、十大情感；3个影视类榜单：十大电影、十大电视剧、十大真人秀；7个人物类榜单：十大"首虎"、十大女性人物、十大国际人物、十大经济人物、十大文化人物、十大体育人物、十大娱乐人物；3个《新闻联播》和《人民日报》对比类榜单：十大成语、十大常用语、十大话题。

媒体关注的首先是人和事，因此在20个榜单中有7个人物类榜单和4个事件类榜单。事件类榜单中，十大新闻热点是媒体对全年新闻事件的聚焦，用几个词绘制出一张圈点图，串起过去一整年中的世界局势、国家大政和社会民生。十大"痛点"反映的是媒体直面社会问题的勇气和责任，而十大新举措则寄托着媒体对解决社会问题的呼吁与期盼。2015年，一个即将被互联网技术重塑的新时代呼之欲出，十大"网事"彰显了媒体的前瞻性和敏感性。

人物类榜单则告诉我们在2015年，哪些人、哪一类人成功地抢到了更多的镜头。十大"首虎"之所以引起媒体的兴趣，是因为这个"首虎"标志着"打虎"运动扩展到了新地区和新领域。十大女性人物是对居于性别弱势却获得了很高的媒体出镜率和公众知名度的女性人物的褒奖。十大国际人物体现的是中国媒体看待外部世界的眼光和胸襟。十大经济人物、十大文化人物、十大体育人物、十大娱乐人物则是媒体对经济、文化、体育、娱乐这些专业细分领域拔尖人物的关注。今年，在十大女性人物、十大国际人物、十大文化人物、十大经济人物、十大体育人物和十大娱乐人物等6个榜单中增加了媒体褒贬度指标，以此进一步洞悉媒体对人物的关注中所蕴含的微妙态度与潜在立场。

除了具体的人和事之外，还有一些概念上、意识中、情感里的泛指需要借助语言来表达。十大"习"语体现的是媒体高度认同的治国理政智慧和谋略；十大潮语是媒体对民意和情绪的关注；而十大情感则是老百姓集体心理的投射和流露。

媒体关注度说到底就是传播的力量，对大众媒体本身的关注自是题中应有之义。十大电影、十大电视剧、十大真人秀分别是对电影、电视、综艺节目的传播力和影响力的衡量和排序。此外，将我国最具权威的电视栏目《新闻联播》和纸媒《人民日报》进行对比，可以揭示电视媒体和报纸媒体在宣传党和政府的理论方针和路线政策上存在的传播方式、措辞用语以及关注焦点上的差异。

《中国媒体关注度报告2016》将揭晓哪些人、哪些事、哪些语言、哪些力量塑造了我们的2015。

三、媒体关注度是怎么计算的？

媒体关注度是针对媒体报道次数的统计量，只有从海量规模的数据中统计出来的媒体关注度才接近真实，因此媒体关注度榜单的制作必须依赖于大数据分析技术，也就是从海量的新闻文本中海选出高关注度的榜单词条。这个海选词条的过程，采用的是计算机加人工的方式。首先采集大量的新闻文本，然后进行分词与标注，统计词条的出现频次，这些步骤都是由计算机来完成的，最后由人工分门别类挑选词条并按频次排序，组成榜单。

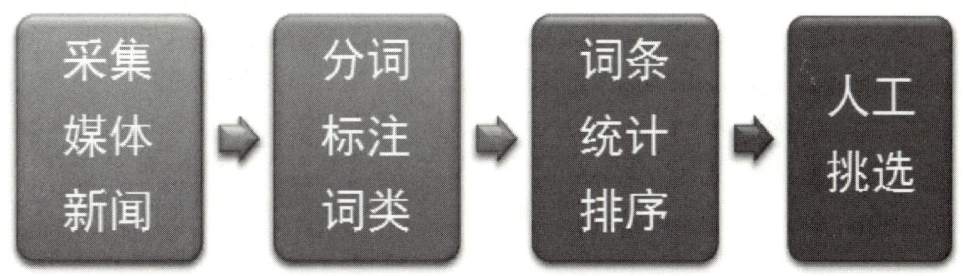

图1 媒体关注度的计算步骤

采集媒体新闻就是大规模地采集当年度的报纸、门户网站、广播电视的新闻报道文本。以2015年为例，我们采集了1月1日至12月31日，包括《人民日报》《光明日报》等8家主流报纸的新闻报道，中央电视台等26家电台、电视台的节目撰写文本，以及新浪网、网易等5个门户网站的网络新闻，共约17亿字。

对采集到的全部新闻文本进行分词标注，用空格将词语分隔开来，并标上相应的词性。例如原始新闻：

新浪体育讯　北京时间12月28日消息，在迪拜进行的"环球足球"颁奖礼上，梅西荣膺2015年最佳球员。

经过计算机自动分词标注后变成了下面这样：

新浪/nt 体育/n 讯/Ng 北京时间/ln 12月28日/t 消息/n ，/w 在/p 迪拜/ns 进行/v 的/u 全球/n 足球/n 颁奖/v 上/f ，/w 梅西/nr 荣膺/v 2015年/t 最佳/z 球员/n 。/w

新闻中所有的词条被空格分隔开来，每个词条后用"/代码"标明该词条的词类，例如"梅西/nr"就表示"梅西"是一个人名类名词"nr"，这些词类代码都是预先定义好的。因为是计算机自动处理的，所以肯定会有错误，但这个错误率不会超过5%，在上亿字次的文本大数据中，是可以忽略的。

接下来就可以统计每个词条的出现频次了。例如，可以将所有的人名、地名、机构名等专名进行统计。但是词条的频次并不等于媒体关注度，因为相同的词条可能代表不同的概念，不同的词条也可能代表相同的概念，只有同一概念的频次才能归为同一媒体关注度。本书使用概念频次来表示媒体关注度，在词条统计的基础上通过概念频次的加减法，得到媒体关注度。举例来说，词条"梅西"所指的概念包括球星梅西、梅西百货和梅西大学。因此，要想得到球星梅西的媒体关注度就必须做减法，球星梅西的频次="梅西"的频次–"梅西百货"的频次–"梅西大学"的频次。同样，"恐袭"是恐怖袭击的缩写，两个词条所指是同一个概念，因此要得到"恐袭"的媒体关注度就必须做加法，"恐袭"概念的频次="恐袭"的频次+"恐怖袭击"的频次。

在得到所有概念词条的频次后，就可以在不同词类中按频次高低排序，然后通过人工对高关注度的概念词条进行挑选并贴上标签。例如在人名类中，可以挑选出外国名人、娱乐明星、体育人物、经济人物等不同标签的人物榜单。

四、媒体褒贬度是如何获得的？

如果说媒体关注度反映了媒体关注的热度，那么人们会很自然地进一步追问这种关注是正面的还是负面的。因此，我们除了提出用媒体关注度来衡量媒体关注的程度以外，还提出了用媒体褒贬度来衡量媒体关注的倾向性，即区分关注对象在媒体上的每一次曝光是出现在正面关注中，还是出现在负面关注中，抑或只是在客观报道中提及而已。我们采用文本倾向性分析技术来计算关注对象每次被媒体报道时的倾向性。假设关注对象为"崔永元"，则包含"崔永元"的每个句子的倾向性都可以通过计算机自动计算得到，例如：

(Y:0.25)【3010-230306000-1】 (崔永元)(调查)(转基因)(精神)(可取:0.25)(_)(新闻)(_)(腾讯网)

倾向性的判断结果用（ ）标示在句子前，Y表示有倾向性，数值0.25表示倾向的程度，因为是正数，所以代表这个句子是略带正面倾向的，也就是褒扬崔永元的。

在此基础上，我们可以统计出所有关于"崔永元"的新闻中，持正面态度的新闻比例、持负面态度的新闻比例，以及持客观中立态度的新闻比例，这样就得到了针对"崔永元"的媒体褒贬度。媒体褒贬度数据完全是由计算机通过文本倾向性分析技术得出的，经过人工检验，准确率不低于80%。对于事件类的关注对象来说，媒体在报道时往往秉持客观中立的态度，因此我们目前只针对人物类榜单发布媒体褒贬度数据，这是我们在大数据内容分析方面的探索与尝试。

目录 Contents

2015年中国媒体关注度十大榜单总榜 …………………………………… 1
  2015年中国媒体关注度十大榜单 ………………………………………… 2

2015年中国媒体关注度十大榜单解读 …………………………………… 5
  2015年中国媒体关注度最高的十大新闻热点 …………………………… 6
  2015年中国媒体关注度最高的十大新举措 ……………………………… 17
  2015年中国媒体关注度最高的十大"网事" ……………………………… 28
  2015年中国媒体最关注的十大"痛点" …………………………………… 38
  2015年中国媒体最关注的十大"习"语 …………………………………… 49
  2015年中国媒体使用最多的十大潮语 …………………………………… 60
  2015年中国媒体最关注的十大情感 ……………………………………… 71
  2015年中国媒体关注度最高的十大电影 ………………………………… 82
  2015年中国媒体关注度最高的十大电视剧 ……………………………… 93
  2015年中国媒体关注度最高的十大真人秀 ……………………………… 104
  2015年中国媒体最关注的十大"首虎" …………………………………… 115
  2015年中国媒体关注度最高的十大女性人物 …………………………… 126
  2015年中国媒体关注度最高的十大国际人物 …………………………… 137
  2015年中国媒体关注度最高的十大经济人物 …………………………… 148
  2015年中国媒体关注度最高的十大文化人物 …………………………… 159
  2015年中国媒体关注度最高的十大体育人物 …………………………… 170
  2015年中国媒体关注度最高的十大娱乐人物 …………………………… 181

2015年《新闻联播》《人民日报》使用最多的十大成语 ······ 192
2015年《新闻联播》《人民日报》使用最多的十大常用语 ······ 203
2015年《新闻联播》《人民日报》关注度最高的十大话题 ······ 214

附录一　2015年中国媒体关注度十大榜单发布会嘉宾现场点评 ······ 225

附录二　历年中国媒体关注度十大榜单 ······ 229

2014年中国媒体关注度十大榜单 ······ 229
2013年中国媒体关注度十大榜单 ······ 230
2012年中国媒体关注度十大榜单 ······ 232
2011年中国媒体关注度十大榜单 ······ 234

2015年中国媒体关注度十大榜单总榜

2015年中国媒体关注度十大榜单

1. 十大新闻热点
"一带一路""互联网+"、大阅兵、专车、难民、伊斯兰国、亚投行、恐怖袭击、创新创业、"四个全面"

2. 十大新举措
新《环保法》、全面二孩、新《预算法》、三证合一、疏解非首都功能、提速降费、新《食品安全法》、出租车改革、足球改革、农村土地制度改革

3. 十大"网事"
P2P、O2O、网贷、移动支付、"海淘"、农村电商、网约车、网签、网剧、网络订餐

4. 十大"痛点"
拥堵、吸毒、雾霾、贪腐、留守儿童、股灾、电信诈骗、强拆、虐童、奇葩证明

5. 十大"习"语
新常态、中国梦、政治规矩、精准扶贫、获得感、美丽中国、蛮拼的、关键少数、厕所革命、腾笼换鸟

6. 十大潮语
任性、颜值、小鲜肉、网红、脑洞大开、买买买、萌萌哒、也是醉了、约吗、主要看气质

7. 十大情感
担心、紧张、幸福、满意、快乐、轻松、高兴、遗憾、开心、痛苦

8. 十大电影
《捉妖记》《大圣归来》《速度与激情7》《狼图腾》《刺客聂隐娘》《战狼》《道士下山》《港囧》《老炮儿》《寻龙诀》

9. 十大电视剧

《平凡的世界》《何以笙箫默》《芈月传》《琅琊榜》《花千骨》《武媚娘传奇》《虎妈猫爸》《伪装者》《北平无战事》《活色生香》

10. 十大真人秀

《爸爸去哪儿》《奔跑吧兄弟》《极限挑战》《花儿与少年》《偶像来了》《真正男子汉》《花样姐姐》《我们相爱吧》《爸爸回来了》《真心英雄》

11. 十大"首虎"

福建"首虎"徐钢、证监会"首虎"张育军、体育"首虎"肖天、吉林"首虎"谷春立、两会后"首虎"仇和、环保"首虎"张力军、甘肃"首虎"陆武成、上海"首虎"艾宝俊、新疆"首虎"栗智、北京"首虎"吕锡文

12. 十大女性人物

李娜、希拉里、默克尔、郎平、朴槿惠、屠呦呦、董明珠、姚贝娜、彭帅、余秀华

13. 十大国际人物

奥巴马、普京、莫迪、安倍晋三、卡梅伦、李光耀、奥朗德、齐普拉斯、克里、金正恩

14. 十大经济人物

马云、王健林、李嘉诚、巴菲特、楼继伟、雷军、徐翔、周小川、马化腾、李彦宏

15. 十大文化人物

郭敬明、崔永元、莫言、单霁翔、刘慈欣、路遥、白岩松、汪国真、韩寒、琼瑶

16. 十大体育人物

刘翔、佩兰、马布里、林丹、梅西、孙杨、布拉特、宁泽涛、苏炳添、科比

17. 十大娱乐人物

范冰冰、赵薇、黄晓明、成龙、张艺谋、周杰伦、冯小刚、李晨、杨幂、邓超

18.《新闻联播》《人民日报》使用最多的十大成语

《新闻联播》：坚定不移、长治久安、与时俱进、来之不易、因地制宜、前所未有、绿水青山、实事求是、奋发有为、一如既往

《人民日报》：坚定不移、前所未有、与时俱进、因地制宜、实事求是、绿水青山、长治久安、不可或缺、来之不易、丰富多彩

19.《新闻联播》《人民日报》使用最多的十大常用语

《新闻联播》：伙伴关系、经济发展、务实合作、重要讲话、全面战略、全面深化改革、和平发展、建成小康社会、发展战略、贯彻落实

《人民日报》：持续发展、中国特色社会主义、全面深化改革、社会主义核心价值观、伙伴关系、小康社会、发展战略、"走出去"、伟大复兴、贯彻落实

20.《新闻联播》《人民日报》关注度最高的十大话题

《新闻联播》：极端组织、"一带一路"、领域合作、大众创业 万众创新、中国经济、气候变化、抗日战争、从严治党、基础设施建设、体制改革

《人民日报》："一带一路"、中国经济、抗日战争、生态环境、大众创业 万众创新、世界经济、传统文化、体制改革、依法治国、从严治党

2015年

中国媒体关注度十大榜单解读

2015年中国媒体关注度最高的十大新闻热点

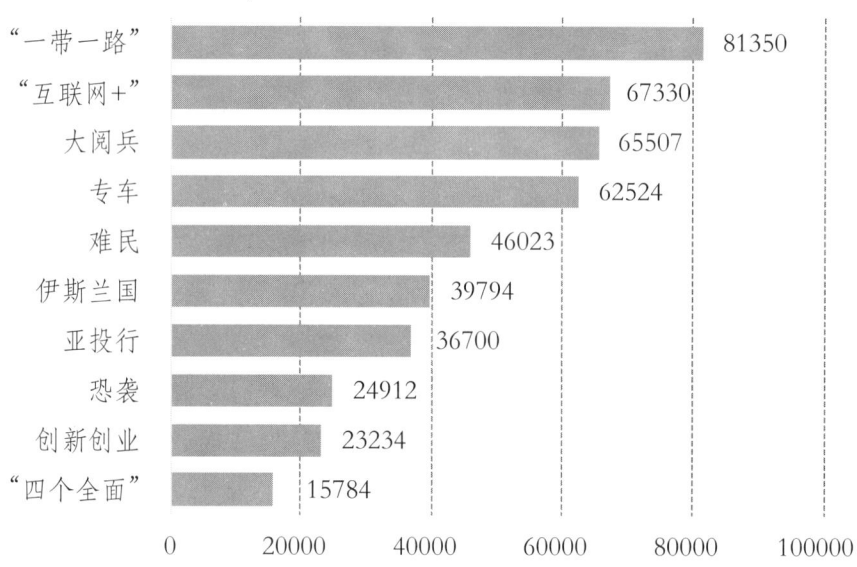

2015年中国媒体关注度最高的十大新闻热点是指在2015年的中国媒体上出现次数最多的新闻事件关键词。

2015年的中国在经济发展和战略方向上推出了一系列大手笔。"一带一路"作为欧亚经济整合大战略,在"亚投行"新动力的推动下,不断实现突破,从蓝图走向现实,对于中国经济转型的重要性不言而喻。"互联网+"由总理《政府工作报告》倡导,旨在使互联网和传统行业深度融合,形成经济发展的新形态,而"专车"则是"互联网+"最为典型的产物。归根结底,中国经济要形成"创新创业"的发展新思路,要让大众创业、万众创新成为经济发展的新引擎,要在战略全局的把握上做到"四个全面"(全面建成小康社会、全面深化改革、全面推进依法治国、全面从严治党)。此外,纪念中国抗日战争胜利70周年"大阅兵"吸引了全世界的目光,展示了中国保卫和平的决心。

2015年的世界则是动荡不安的一年。恐怖主义四处肆虐,难民潮淹没了欧洲,叙利亚溺亡小男孩让人心碎。中东反恐越反越重,"伊斯兰国"已成巨患,终酿成巴黎"恐袭"这一人道主义灾难。

愿我们在新的一年收获喜悦,远离灾难。

一带一路

"共同发展、共同繁荣的合作共赢之路"

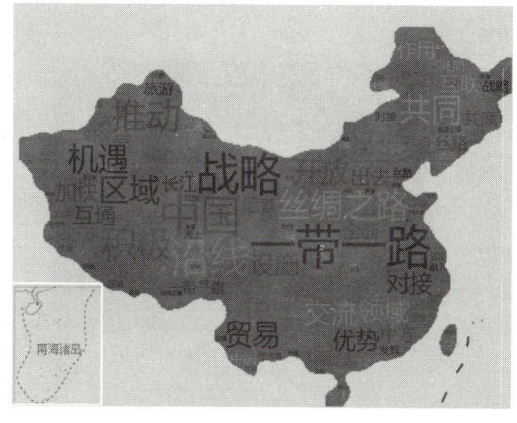

"一带一路"是"丝绸之路经济带"和"21世纪海上丝绸之路"的合称，是由中共中央总书记习近平于2013年9月和10月分别提出的经济合作概念。中国国务院总理李克强在亚洲和欧洲访问时进一步推广，并写进总理《政府工作报告》中，成为中国对外的主要经济战略。目前已有60个国家和国际组织响应"一带一路"号召，这些国家的总人口约44亿，经济总量约21万亿美元，分别占全世界的63%和29%。"一带一路"不是一个实体和机制，而是合作发展的理念和倡议，是中国与有关国家和地区依靠既有的双多边机制，借助既有的、行之有效的区域合作平台，借用古代"丝绸之路"的历史符号，高举和平发展的旗帜，共同打造的政治互信、经济融合、文化包容的利益共同体、命运共同体和责任共同体。

2015年"一带一路"媒体关注度逐月分布

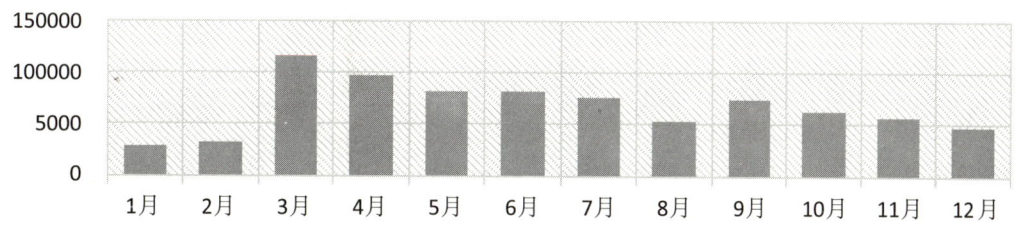

根据2015年"一带一路"媒体关注度的逐月分布，从3月至年末，媒体对"一带一路"给予了持续的高度关注，其中关注度在1万次左右的月份就有3月、4月、5月、6月。通过回查对应月份的语料，可以给出2015年最受媒体关注的"一带一路"大事记。

2015年最受媒体关注的"一带一路"大事记

- 3月：发改委、外交部、商务部联合发布《推动共建丝绸之路经济带和21世纪海上丝绸之路的愿景与行动》，"一带一路"规划正式出台。
- 4月：央视《新闻联播》推出系列报道《"一带一路"共建繁荣》，"一带一路"官方版图发布。
- 5月：中国海关总署出台16项措施服务"一带一路"建设。
- 6月：国家认监委发布《共同推动认证认可服务"一带一路"建设的愿景与行动》。

互联网+

"创新2.0下的互联网发展新形态、新业态"

"互联网+"是指利用信息通信技术将互联网与包括传统行业在内的各行业相结合。李克强总理于2015年3月5日在《政府工作报告》中首次提出"互联网+"行动计划。"互联网+"的"+",不仅仅是技术上的"+",也是思维、理念、模式上的"+",以人为本推动管理与服务模式创新与创业是其中的重要内容。"互联网+"行动计划的制订,推动了移动互联网、云计算、大数据、物联网等与现代制造业结合,促进了电子商务、工业互联网和互联网金融发展。随着这些新兴产业的发展,人们的生活方式、工作方式、组织方式、社会形态正在发生深刻变革。

2015年"互联网+"媒体关注度逐月分布

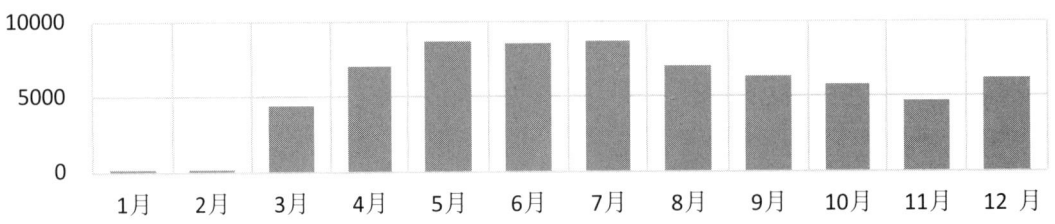

根据2015年"互联网+"媒体关注度的逐月分布,从3月至年末,媒体对"互联网+"给予了持续的高度关注,其中关注度较高的月份为5月、6月、7月。通过回查对应月份的语料,可以给出2015年最受媒体关注的"互联网+"大事记。

2015年最受媒体关注的"互联网+"大事记
● 5月:国务院常务会议提出,加快高速宽带网络建设,促进提速降费,为"互联网+"行动提供有力支撑。
● 6月:国务院部署推进"互联网+"行动,促进形成经济发展新动能。
● 7月:经李克强总理签批,国务院印发《关于积极推进"互联网+"行动的指导意见》。

大阅兵

"吸引全世界目光的重大盛会"

为纪念中国人民抗日战争暨世界反法西斯战争胜利70周年,中国于2015年9月3日举行了盛大的阅兵仪式,达到了铭记历史、缅怀先烈、珍视和平的目的。此次阅兵突出展示了中国对世界和平与国际秩序构建的主张与努力,展示了中国誓做和平国家的决心,同时也向世界说明中国将坚决维护国家的核心利益。此外,在阅兵中向世人展示先进的武器装备是世界各国的通行做法,这次阅兵集中展示的新型武器装备,体现了我军现代化建设的发展水平,传递了中国与世界各国人民共同维护世界和平的正能量。

2015年"大阅兵"媒体关注度逐月分布

根据2015年"大阅兵"媒体关注度的逐月分布,5月、8月、9月媒体的关注度较高,其中关注度在2万次左右的月份有8月、9月。通过回查对应月份的语料,可以给出2015年最受媒体关注的"大阅兵"大事记。

2015年最受媒体关注的"大阅兵"大事记
● 9月:万众瞩目的中国人民纪念抗日战争暨世界反法西斯战争胜利70周年大阅兵,在北京天安门隆重举行,全国人民和全球数以十亿计的民众通过电视直播和转播观看了阅兵全过程。

专车

"饱受争议的新生事物"

专车是一种基于移动互联网技术的交通出行服务，用户通过手机等移动设备上的打车软件完成车辆预约及支付。专车车辆一般为中高档车型，由租赁公司提供，司机则由劳务公司派遣，但难以避免私家车以挂靠方式从事专车运营。专车凭借高额补贴和高质量的服务，受到了用户欢迎，但对传统出租车行业形成了严重冲击，有关"专车是否为非法运营"的争议一直不断。如何在鼓励专车这种创新服务模式的同时对其进行规范，需要政府相关部门在深入调研的基础上拿出稳妥的解决办法。

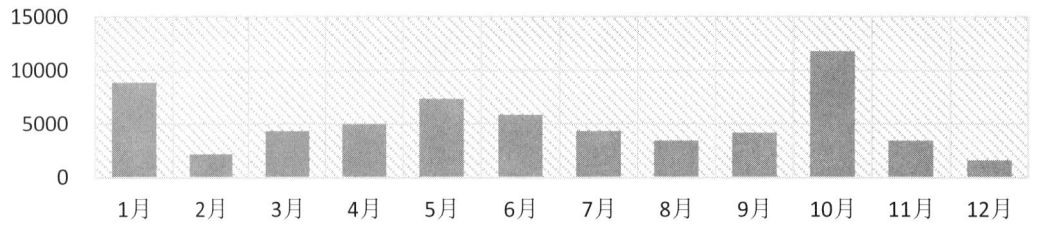

2015年"专车"媒体关注度逐月分布

根据2015年"专车"媒体关注度的逐月分布，媒体对"专车"关注度较高的月份是10月、1月和5月。通过回查对应月份的语料，可以给出2015年最受媒体关注的"专车"大事记。

2015年最受媒体关注的"专车"大事记

- 1月：交通运输部表态时直接使用了"专车"一词，肯定了专车的积极意义。
- 5月：全国有16个城市出现了抵制专车事件。
- 10月：交通运输部对外公布了《关于深化改革进一步推进出租汽车行业健康发展的指导意见》（征求意见稿）和《网络预约出租汽车经营服务管理暂行办法》（征求意见稿）。两份文件将"专车"这种运营形式归类为互联网预约出租车，允许其在中国境内合法运营。

难民

"活生生的人,活生生的需要"

"难民"指遭受灾难而流离失所的人。2015年的欧洲难民潮引起了全世界的关注。源源不断的难民主要来自叙利亚、利比亚等中东、北非地区。2015年上半年,这些地区战乱不断、持续动荡,加上"伊斯兰国"极端组织横行猖獗,使得大批难民外涌,引起欧洲难民危机。这场由于战争、灾难和贫困导致的难民潮已达到20世纪40年代后的最大规模,世界也因此

面临"二战"以来最为严重的难民危机。在2015年的前7个月,在地中海海难事故中死亡的难民人数为2100人,叙利亚小难民艾兰·库尔迪在土耳其海滩遇难的照片震惊世界。长期以来,对移民相对开放的态度以及总是高举的人道主义旗帜,使得欧洲成为难民寻求庇护的理想目的地。不过,从目前看来,急剧上升的难民潮显然已经超过了欧洲各国的收容能力,难民潮成了欧洲难以承受之重。

2015年"难民"媒体关注度逐月分布

根据2015年"难民"媒体关注度的逐月分布,从8月至年末,媒体对"难民"给予了持续的高度关注,其中关注度最高的是9月。通过回查对应月份的语料,可以给出2015年最受媒体关注的"难民"大事记。

2015年最受媒体关注的"难民"大事记
● 8月:欧洲正遭遇"二战"以来规模最大的难民危机。
● 9月:在土耳其发生的难民船沉没事件中,3岁男童艾兰·库尔迪遇难,遗体被冲上岸的照片撼动了全世界网民的心。
● 10月:涌入欧洲的难民数量创单月新高,接近去年全年水平。

伊斯兰国

"骇人听闻的极端组织"

"伊斯兰国"前称"伊拉克和大叙利亚伊斯兰国",英文缩写为"ISIS",是一个活跃在伊拉克和叙利亚的圣战组织,奉行极端恐怖主义,致力于在伊拉克及叙利亚地区建立政教合一的伊斯兰国家,实行严格的伊斯兰教法,极权主义、军国主义、伊斯兰法西斯主义倾向十分明显。2014年以来,伊斯兰国攻占了大量叙伊边境城市,与叙北部控制区连片割据,不断扩大势力范围,已成为中东地区甚至国际上的暴恐大患。截至2015年12月15日,世界各地有34个团体宣誓对"伊斯兰国"效忠,预计2016年"伊斯兰国"附属组织数量将会继续增加,其成员还将增多。"伊斯兰国"已成为世界上最富有的恐怖组织。

2015年"伊斯兰国"媒体关注度逐月分布

根据2015年"伊斯兰国"媒体关注度的逐月分布,2015年媒体对"伊斯兰国"给予了持续的高度关注,其中关注度较高的月份有2月、10月、11月、12月。通过回查对应月份的语料,可以给出2015年最受媒体关注的"伊斯兰国"大事记。

2015年最受媒体关注的"伊斯兰国"大事记

- 2月:2015年2月4日,极端组织"伊斯兰国"公布一段视频,扬言要对法国发起新的恐怖袭击,并杀害了21名埃及人质。
- 10月:俄罗斯在叙利亚境内展开针对极端组织"伊斯兰国"的军事行动,此后遭到"伊斯兰国"的报复。
- 11月:法国巴黎发生一系列恐怖袭击案件,"伊斯兰国"宣称对这些案件负责。
- 12月:全球智库简氏信息集团(IHS Jane's)发布报告指出,极端组织"伊斯兰国"在2015年丢掉约14%的"领土"。

亚投行

"政府间性质的亚洲区域多边开发机构"

"亚投行"是"亚洲基础设施投资银行"的简称,英文缩写为AIIB。2015年12月25日,亚洲基础设施投资银行正式成立,全球迎来首个由中国倡议设立的多边金融机构。作为由中国提出创建的区域性金融机构,亚投行的主要业务是援助亚太地区国家的基础设施建设。在全面投入运营后,亚投行将运用一系列方式为亚洲各国的基础设施项目提供融资支持——包括贷款、股权投资以及提供担保等,以振兴包括交通、能源、电信、农业和城市发展在内的各个行业。亚投行坚持国际性、规范性和高标准,确保专业运营、高效运作、透明廉洁。亚投行将借鉴现有多边开发银行在环境及社会框架、采购政策、项目管理、债务可持续性评价等方面好的经验和做法,制定切实可行的高标准业务政策。亚投行成立后的第一个目标就是投入"丝绸之路经济带"的建设,促进"一带一路"经济的发展。

2015年"亚投行"媒体关注度逐月分布

根据2015年"亚投行"媒体关注度的逐月分布,3月、4月、6月媒体对"亚投行"给予了高度关注。通过回查对应月份的语料,可以给出2015年最受媒体关注的"亚投行"大事记。

2015年最受媒体关注的"亚投行"大事记
● 3月:多个国家宣布申请作为意向创始成员国加入亚投行。
● 4月:筹建亚洲基础设施投资银行第4次谈判代表会议在北京举行。
● 6月:《亚洲基础设施投资银行协定》签署仪式在北京举行。

恐袭

"恐怖袭击"

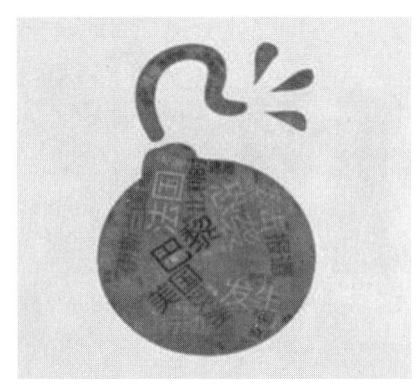

"恐袭"即恐怖袭击。随着"伊斯兰国"等恐怖组织的崛起,全球恐怖袭击有愈演愈烈之势,法国、土耳其等欧美、中东地区成为袭击高发区。最典型的是于2015年11月13日在法国巴黎发生的一系列恐袭事件。此次事件造成至少153人死亡,逾200人受伤。巴黎恐袭,震惊世界,如此血腥暴力的野蛮行径,是反人类的恶行,也挑战了人类底线。恐怖袭击手段之残忍令人发指,恐怖组织发动袭击能力之强大令人震惊,这些都应得到国际社会的高度重视。恐怖袭击阴霾笼罩着世界,而破坏最大的,往往不是恐怖主义本身,而是我们对恐怖主义的恐惧。我们虽然不可能完全消除恐怖主义根源,也不可能完全防止恐怖事件的发生,但是我们可以战胜恐怖主义威胁。愿恐袭远离这个世界。

2015年"恐袭"媒体关注度逐月分布

根据2015年"恐袭"媒体关注度的逐月分布,11月媒体对"恐袭"的关注度最高,其次为12月和1月。通过回查对应月份的语料,可以给出2015年最受媒体关注的"恐袭"大事记。

2015年最受媒体关注的"恐袭"大事记

- 1月:利比亚首都一酒店遭恐怖袭击,至少9人遇袭身亡。
- 11月:法国巴黎发生一系列恐怖袭击事件,造成至少153人死亡,逾200人受伤。
- 12月:美军发言人史蒂夫·沃伦表示,打击"伊斯兰国"国际联盟在本月24日的空袭中铲除了"伊斯兰国"负责策划的领导人查拉菲·穆阿丹,此人与巴黎恐袭事件的主谋有直接联系。

创新创业

"中国经济发展新引擎"

"创新创业"是指基于技术创新、产品创新、品牌创新、服务创新、商业模式创新、管理创新、组织创新、市场创新、渠道创新等方面的某一点或几点创新而进行的创业活动。创新是创新创业的特质,创业是创新创业的目标。李克强总理提出"大众创业、万众创新",需要整个社会构建好众创空间,降低创新创业的门槛,提升创新创业者的能力和创业的成功率。

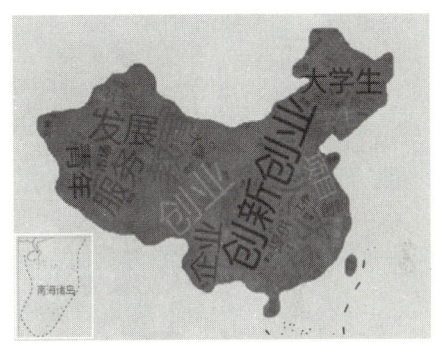

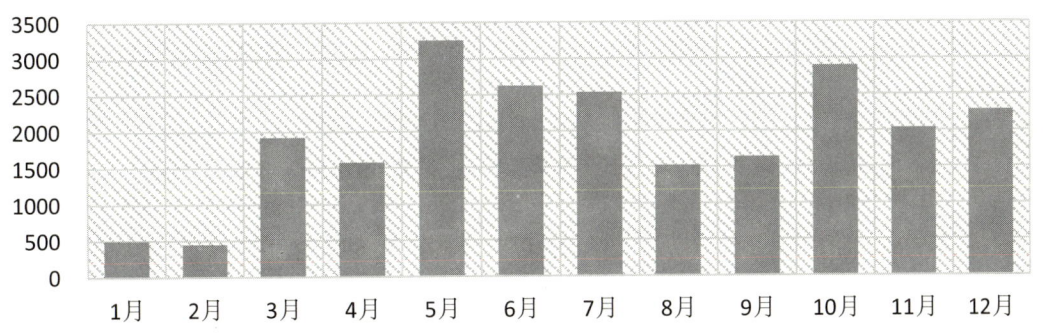

2015年"创新创业"媒体关注度逐月分布

根据2015年"创新创业"媒体关注度的逐月分布,从3月至年末,媒体对"创新创业"给予了持续的高度关注,其中关注度较高的有5月、10月、6月、7月。通过回查对应月份的语料,可以给出2015年最受媒体关注的"创新创业"大事记。

2015年最受媒体关注的"创新创业"大事记

- **5月**:经李克强总理签批,国务院印发《关于进一步做好新形势下就业创业工作的意见》,指出要把创业和就业结合起来,以创新创业带动就业。
- **6月**:"2015厦门创新创业千人论坛"在厦门大学成功举办,由此拉开历时3个月的"2015厦门创新创业分享季"序幕。
- **7月**:随着"创新创业"的浪潮扑面而来,越来越多的新兴小微个体在市场上涌现。
- **10月**:第4届中国创新创业大赛互联网和移动互联网行业总决赛在浙江桐乡成功举行。

四个全面

"引领民族复兴的战略布局"

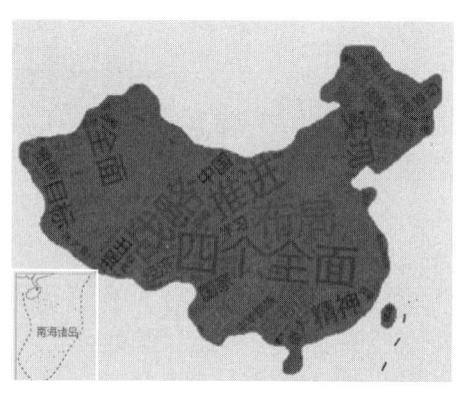

"四个全面"是"全面建成小康社会、全面深化改革、全面依法治国、全面从严治党"的合称，由习近平总书记提出。"四个全面"战略布局不是简单的并列、平行关系，而是一个有机联系、环环相扣的整体。从大的关系看，是目标引领举措。全面建成小康社会是战略目标，全面深化改革、全面依法治国、全面从严治党是一个都不能缺的三大战略举措，为全面建成小康社会提供动力源泉、法治保障和政治保证。从每一个"全面"之间的具体关系来看，也都是彼此联系的。全面深化改革，既为全面建成小康社会提供强大动力，也是全面依法治国、全面从严治党的需要。全面依法治国，本身就是全面建成小康社会的重要内容，同时又为全面建成小康社会提供法治保障。"四个全面"加起来，相辅相成、相得益彰，是我们党治国理政方略与时俱进的新创造、马克思主义与中国实践相结合的新飞跃。

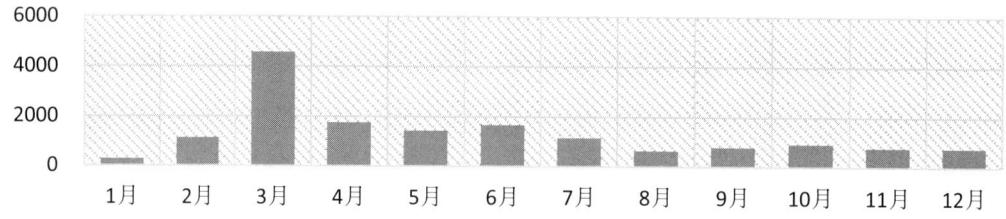

2015年"四个全面"媒体关注度逐月分布

根据2015年"四个全面"媒体关注度的逐月分布，3月媒体对"四个全面"的关注度最高，其次为4月、6月。通过回查对应月份的语料，可以给出2015年最受媒体关注的"四个全面"大事记。

2015年最受媒体关注的"四个全面"大事记
● 3月：人民日报社新闻研究中心主任张首映表示，"四个全面"乃今日中国思想理论的鲜亮旗帜。
● 4月：要以深入贯彻学习"四个全面"为契机，结合纪检部门大力开展的"三转"工作，做到集体意志与个人意愿、精神领会与个人定位、工作原则与工作创新的"三个统一"。

2015年中国媒体关注度最高的十大新举措

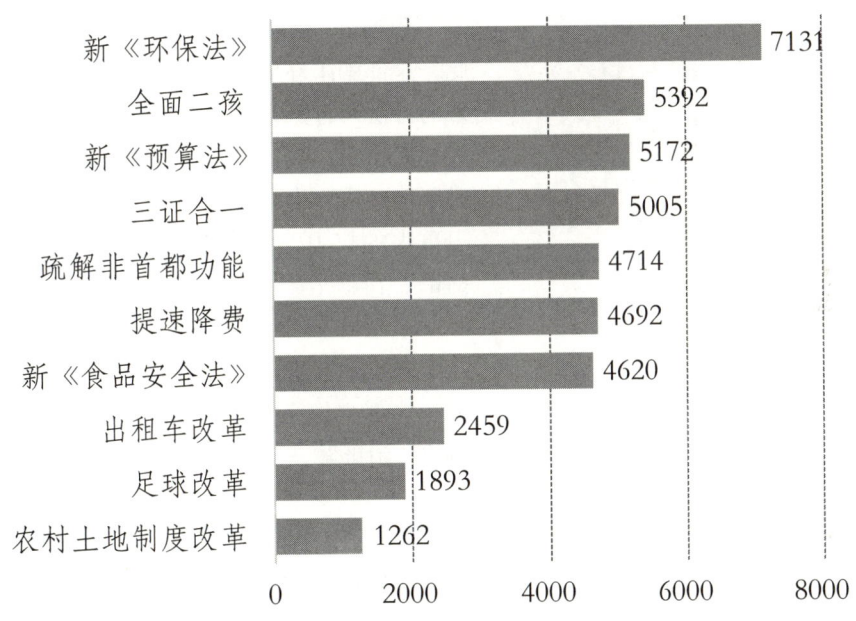

2015年中国媒体关注度最高的十大新举措是指在2015年的中国媒体上出现次数最多的新政新规关键词。

2015年是中国全面深化改革的攻坚之年,这十大新举措说到底也就是社会各领域的改革举措。全面推进依法治国,是深入推进各领域改革的重要保障,榜单上的三项新立法引人注目。位列第一的"新《环保法》",燃起公众对于依法建设美丽中国的希望;位列第三的"新《预算法》",能够加快推进依法建设阳光政府的进程;位列第七的"新《食品安全法》",彰显了国家依法保障食品安全、保障公众身体健康的决心。

榜单上紧随其后的是四项已经开始实施的具体措施:位列第二的"全面二孩"是我国计划生育政策在新形势下的改革与调整;位列第四的"三证合一"是提高市场准入效率的改革;位列第五的"疏解非首都功能"是对首都战略定位的改革;位列第六的"提速降费"是对中国宽带网络资源与机制的改革。

榜单上的后三项举措更是直接在字面上包含了"改革"二字:位列第八的"出租车改革",力图提升公众出行的速度与质量;位列第七的"足球改革",将为中国足球注入活力;位列第十的"农村土地制度改革",意在唤醒中国农村沉睡的土地。

新《环保法》

"构建美丽中国的法治屏障"

我国新《环保法》于2015年1月1日起施行。至此，这部中国环境领域的"基本法"，完成了25年来的首次修订。人称"史上最严"的新《环保法》的一大亮点，就是明确了"按日计罚"的新规定，对环境违法行为"零容忍"，并且它赋予了环保部门更大的权力，包括查封、扣押相关设备、行政拘留、罚款上不封顶、区域限批等。据不完全统计，截至2015年11月底，全国各级环保部门移送涉嫌环境污染犯罪案件共1478件。希望新《环保法》这部"史上最严之法"真正成为构建美丽中国的法治屏障。

2015年"新《环保法》"媒体关注度逐月分布

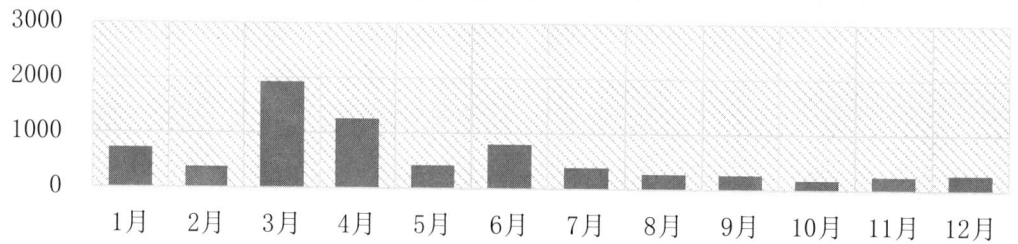

根据2015年"新《环保法》"媒体关注度的逐月分布，1月份至6月份，媒体对"新《环保法》"给予了持续的关注，其中关注度在700次以上的月份就有1月、3月、4月、6月。通过回查对应月份的语料，可以给出2015年最受媒体关注的"新《环保法》"相关新闻。

2015年最受媒体关注的"新《环保法》"相关新闻

- 1月：我国新《环保法》正式实施。
- 3月：环保部部长陈吉宁在十二届人大三次会议记者会上表示，有信心驱散雾霾，新《环保法》不是纸老虎，要有"钢牙利齿"。
- 4月：环境保护部召开"建立绿色GDP2.0核算体系"专题会，重新启动绿色GDP研究工作。
- 6月：环保部门开出天价罚单，涉事企业超排污染物，被罚款20万元，但是企业拒不整改和缴纳罚款，79天后这笔罚款飙升至1580万元。

全面二孩

"破除'银发危机'的人口新政"

全面二孩，是指所有夫妇，无论城乡、区域、民族，都可以生育两个孩子的政策。2015年中国共产党十八届五中全会明确提出"全面实施一对夫妇可生育两个孩子政策"后，全面二孩政策成为全社会关注的焦点。《2015中国劳动力市场发展报告》显示，90后比80后少了几千万人，00后比80后少了1亿人。再过10年，20岁年龄档人口比40岁年龄档人口将会少1亿人。可见人口问题对中国的影响正在逐渐显现，全面二孩政策正是在这样的背景下出台的。据预测，实施全面二孩政策后，到2050年，中国可增加3000多万劳动力，到2050年，老年人口在总人口中所占比重，与不调整政策相比降低2个百分点，将在一定程度上减缓人口老龄化进程。

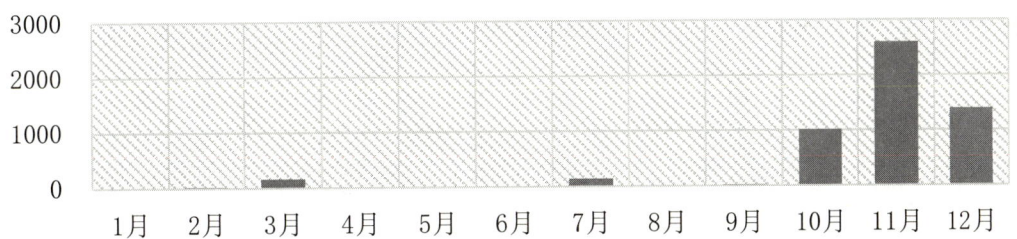

2015年"全面二孩"媒体关注度逐月分布

根据2015年"全面二孩"媒体关注度的逐月分布，从10月份至年末，媒体对"全面二孩"给予了持续的高度关注。通过回查对应月份的语料，可以给出2015年最受媒体关注的"全面二孩"相关新闻。

2015年最受媒体关注的"全面二孩"相关新闻

● 10月：中国共产党十八届五中全会决定，为缓解我国人口老龄化，全面实施一对夫妇可生育两个孩子的政策。

● 11月：国家卫生计生委副主任王培安介绍，经测算，在目前约1.4亿已育一孩的已婚育龄妇女中，按现行生育政策可生育二孩的约有5000多万人，占37%；实施全面二孩政策后，新增可生育二孩的目标人群约有9000多万人，占63%。

● 12月：在人口与未来研讨会上，多位专家表示，实行全面二孩政策是一个巨大的进步，但还需要政策的支持与法律的完善。

新《预算法》

"管住政府钱袋子的'经济宪法'"

预算报告是国家的"账本"。2014年8月31日,全国人大常委会审议通过了《预算法》修正案,在预算管理诸多方面取得了重大突破。2015年1月1日起,新《预算法》正式实施。新《预算法》最主要的特点就是全面推进预算公开,除涉密信息外,所有使用财政拨款的部门都要做好预算公开。新《预算法》提出了"建立健全全面规范、公开透明的预算制度",并对公开的主体、范围、内容、时限等做了具体规定,包括财政预决算公开和部门预决算公开两个层次。新《预算法》的出台是我国法律制度建设的一项重要成果,更是财政制度建设具有里程碑意义的一件大事,标志着我国向建立全面规范、公开透明的现代预算制度迈出了坚实的一步。

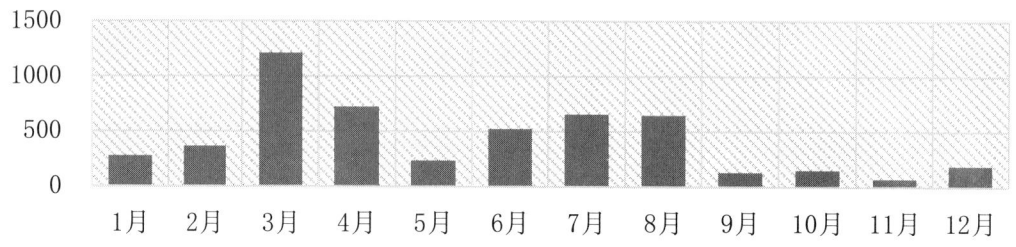

2015年"新《预算法》"媒体关注度逐月分布

根据2015年"新《预算法》"媒体关注度的逐月分布,从3月份至8月份,媒体对"新《预算法》"给予了持续的高度关注,其中关注度比较高的月份有3月、4月、7月、8月。通过回查对应月份的语料,可以给出2015年最受媒体关注的"新《预算法》"相关新闻。

2015年最受媒体关注的"新《预算法》"相关新闻

- 3月:财政部向社会公布经全国人大审议通过的2015年中央财政预算,首次晒出中央包括工资福利在内的详细账本。
- 4月:新《预算法》实施后,中央部门第一次公布"一般公共预算基本支出表"。
- 7月:中央部门决算向社会公开,首次依照今年实施的新《预算法》来公开中央部门决算。
- 8月:十二届全国人大常委会第十六次会议表决通过了全国人大常委会关于批准《国务院关于提请审议批准2015年地方政府债务限额的议案》的决议,确定2015年地方政府债务限额为16万亿元,预计债务率为86%。

三证合一

"原来跑断腿，如今一条龙"

所谓"三证合一"，就是将企业依次申请的工商营业执照、组织机构代码证和税务登记证三证合为一证，提高市场准入效率。"三证合一"实现了工商、税务、质监部门的信息共享，在加强税收征管、实施信用惩戒、严格市场退出等方面强化了部门联动，同时形成了监管合力，避免了信息孤岛现象，提高了商事制度改革的协同性。无疑，"三证合一"改革是对民间创业创新的有力促进，有利于厘清政府和市场的关系，减少管理部门对市场主体的不必要的干预，既是政府推动简政放权的举措之一，也可激发市场活力、创造更好的经商环境。

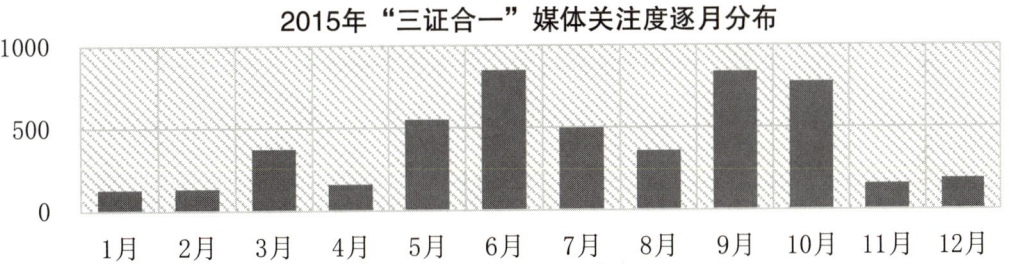

2015年"三证合一"媒体关注度逐月分布

根据2015年"三证合一"媒体关注度的逐月分布，从5月份至10月份，媒体对"三证合一"给予了持续的高度关注，其中关注度在500次以上的月份有5月、6月、9月、10月。通过回查对应月份的语料，可以给出2015年最受媒体关注的"三证合一"相关新闻。

2015年最受媒体关注的"三证合一"相关新闻

- 5月：国务院召开全国推进简政放权放管结合职能转变工作电视电话会议，李克强总理在会上提出，年内实现"三证合一""一照一码"。
- 6月：国务院办公厅发布《关于加快推进"三证合一"登记制度改革的意见》，要求各地区积极推进"三证合一"登记制度改革各项工作，2015年年底前在全国全面推行"一照一码"登记模式。
- 9月：北京市正式开始全面实施"三证合一""一照一码"登记制度改革。
- 10月：全国全面实施"三证合一""一照一码"登记制度改革。

疏解非首都功能

"治疗北京大城市病的一剂良药"

习近平总书记在2015年2月10日的中央财经领导小组第九次会议上提出，要疏解北京"非首都功能"。疏解非首都功能，首先要明确北京的城市定位。2014年2月，习近平总书记在北京市考察工作时提出，要明确城市战略定位，坚持和强化首都全国政治中心、文化中心、国际交往中心、科技创新中心的核心功能。非首都功能疏解的重点是产业转移，就是要调整发展方针，积极发展制造业跨国公司总部及其研发功能，疏解北京作为京津冀区域性铁路公路交通枢纽功能，着力疏解区域性物流基地、区域性专业市场等区域型商业功能，优化提升北京核心功能，推动京津冀协同发展的进程。

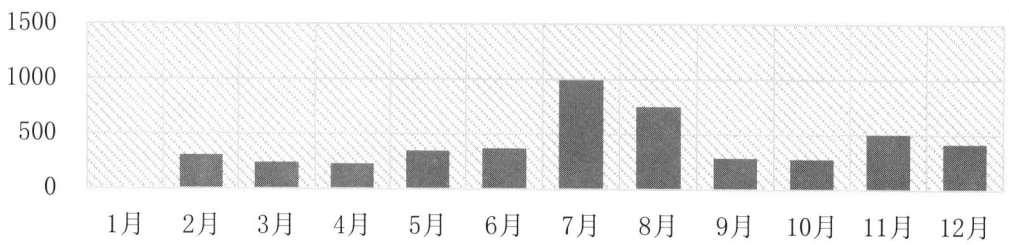

2015年"疏解非首都功能"媒体关注度逐月分布

根据2015年"疏解非首都功能"媒体关注度的逐月分布，7月、8月，媒体对"疏解非首都功能"给予了高度关注。通过回查对应月份的语料，可以给出2015年最受媒体关注的"疏解非首都功能"相关新闻。

2015年最受媒体关注的"疏解非首都功能"相关新闻
● 7月：北京市委书记郭金龙强调，有序疏解非首都功能、推动京津冀协同发展。 ● 8月：北京市"十三五"规划召开第三场建言会，专题为"疏解北京非首都功能与京津冀协同发展"。

提速降费

"提网速、降网费,共建'宽带中国'"

"流量费太高了。"李克强总理在2015年4月14日召开的一季度经济形势座谈会上感叹道,话题立刻引发了与会人士的热烈讨论。仅一个月后,李克强在5月13日主持召开国务院常务会议时再度明确促进提速降费的五大具体举措。其中包括鼓励电信企业尽快发布提速降费方案计划,使城市平均宽带接入速率提升40%以上,推出流量不清零、流量转赠等服务。中国互联网协会秘书长卢卫认为:网络是国家的基础设施,国家将大力发展和普及网络,加快基础设施建设,提升网速,同时降低每单位流量的网络价格。

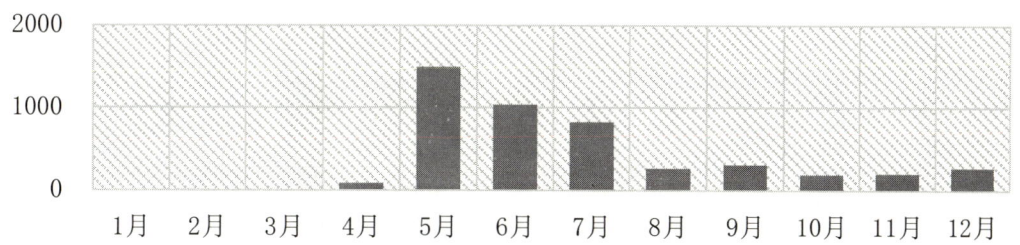

2015年"提速降费"媒体关注度逐月分布

根据2015年"提速降费"媒体关注度的逐月分布,从5月份至7月份,媒体对"提速降费"给予了持续的高度关注。通过回查对应月份的语料,可以给出2015年最受媒体关注的"提速降费"相关新闻。

2015年最受媒体关注的"提速降费"相关新闻

- 5月:国务院总理李克强主持召开国务院常务会议,确定加快建设高速宽带网络,促进提速降费的措施。
- 6月:三大运营商部分"提速降费"措施仍未落地,也没有具体落地时间表。
- 7月:工信部召开关于提速降费的新闻发布会,工信部新闻发言人张峰在会上督促相关企业按照承诺,务必落实全年网络提速任务。

新《食品安全法》

"确保舌尖上安全的最严之法"

十二届全国人大常委会第十四次会议表决通过了新修订的《食品安全法》，并于2015年10月1日起正式实施。党中央、国务院领导高度重视《食品安全法》的修改，提出了"四个最严"的要求，即用最严谨的标准、最严格的监管、最严厉的处罚、最严肃的问责来体现食品安全监管的执法力度。应该讲，新通过的《食品安全法》很好地体现了"严惩重处"的原则。新《食品安全法》的付诸实施是当前提升中国食品安全监管水平的重要契机，有助于打牢中国食品行业发展的基础，为真正优质企业打开市场空间。

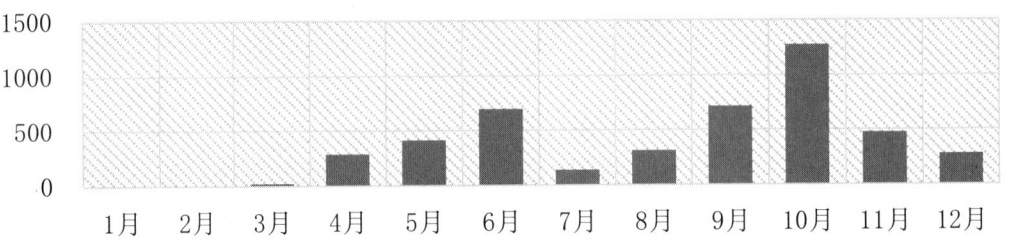

2015年"新《食品安全法》"媒体关注度逐月分布

根据2015年"新《食品安全法》"媒体关注度的逐月分布，从4月份至年末，媒体对"新《食品安全法》"给予了持续的关注，其中关注度在500次以上的月份有6月、9月、10月。通过回查对应月份的语料，可以给出2015年最受媒体关注的"新《食品安全法》"相关新闻。

2015年最受媒体关注的"新《食品安全法》"相关新闻

- 6月：2015全国食品安全宣传周主场活动暨第七届中国食品安全论坛召开，与会嘉宾强调，提升食品安全法治化水平，是从根本上保障食品安全的治本之策。
- 10月：堪称"史上最严"乃至"全球最严"的新《食品安全法》在我国正式施行。

出租汽车改革

"取消份子钱，攻破打车难，善待网约车"

《关于深化改革进一步推进出租汽车行业健康发展的指导意见(征求意见稿)》和《网络预约出租汽车经营服务管理暂行办法(征求意见稿)》（以下简称《管理办法》）自2015年10月10日起向社会公开征求意见，至11月9日24时结束。"网约车平台是否应纳入管理及管理方式"和"网约车车辆条件及准入问题"，这两个方面成为社会关注焦点。关于网约车平台管理方式，《管理办法》提出："申请从事网络预约出租汽车经营的，应当根据经营区域向相应的设区的市级或者县级道路运输管理机构提出申请。"

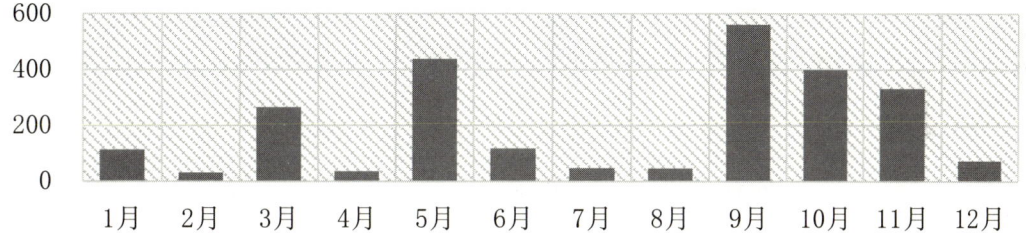

2015年"出租汽车改革"媒体关注度逐月分布

根据2015年"出租汽车改革"媒体关注度的逐月分布，5月、9月、10月，媒体对"出租汽车改革"给予了高度关注。通过回查对应月份的语料，可以给出2015年最受媒体关注的"出租汽车改革"相关新闻。

2015年最受媒体关注的"出租汽车改革"相关新闻

- 5月：《义乌市出租汽车行业改革工作方案》出台，取消了出租汽车营运权使用费，政府不再管控出租汽车数量，打车费由市场定价，并鼓励"专车"。
- 9月：《杭州市深化出租汽车行业改革的实施意见（征求意见稿）》日前正式发布。
- 10月：交通部公布了《关于深化改革进一步推进出租汽车行业健康发展的指导意见（征求意见稿）》和《网络预约出租汽车经营服务管理暂行办法（征求意见稿）》，并公开征求社会公众意见。

足球改革

"中国足球的春天来了"

2015年2月27日，中央全面深化改革领导小组第十次会议召开，会议审议通过了《中国足球改革总体方案》。会议强调，发展振兴足球事业关键是把路子走对，长期努力、久久为功，注重打好群众基础、夯实人才根基，从娃娃抓起，从基层抓起，从基础抓起，从群众性参与抓起。要让校园足球、新型足球学校、职业俱乐部、社会足球等各种培养途径衔接贯通，使中国足球事业发展动力更足、活力更强。作为中国体育职业化改革的试点和先锋，足球曾给国人带来无限的期望，但途中经历的弯曲和黑暗同样令国人无比失望。随着中国惩治贪腐、铲除"毒瘤"等一系列举措的实施，中国体育环境得到充分净化，中国足球也再次回到正途。这次《中国足球改革总体方案》的通过，将中国足球再次推到体育改革试点的浪尖，中国足球必将抓住这难得的机遇，重新冲出亚洲、走向世界！

2015年"足球改革"媒体关注度逐月分布

根据2015年"足球改革"媒体关注度的逐月分布，3月和8月，媒体对"足球改革"给予了高度关注。通过回查对应月份的语料，可以给出2015年最受媒体关注的"足球改革"相关新闻。

2015年最受媒体关注的"足球改革"相关新闻

- 3月：中国政府网正式对外公布《中国足球改革总体方案》，把发展足球运动纳入经济社会发展规划，并设定了近期、中期、远期目标。
- 8月：《中国足球协会调整改革方案》公布，中国足球在"去行政化"方面迈出了实质性一步。

农村土地制度改革

"唤醒中国农村多年沉睡的'资本'"

《中共中央关于全面深化改革若干重大问题的决定》明确了农村土地制度改革的方向和任务。2014年12月31日,中共中央办公厅、国务院办公厅印发了《关于农村土地征收、集体经营性建设用地入市、宅基地制度改革试点工作的意见》,这标志着我国农村土地制度改革进入试点阶段,试点工作将在2017年年底完成。这一关系亿万农民切身利益的土地制度改革、关系新型城镇化建设进程的重大制度改革,受到了各界的广泛关注。土地制度是国家的基础性制度,随着实践的发展和改革的深入,我国现行农村土地制度与社会主义市场经济体制不相适应的问题日益显现,必须通过深化改革来破解。改革完善农村土地制度,有利于健全城乡发展一体化体制机制,有利于建立城乡统一的建设用地市场,有利于推进中国特色农业现代化和新型城镇化同步协调发展。

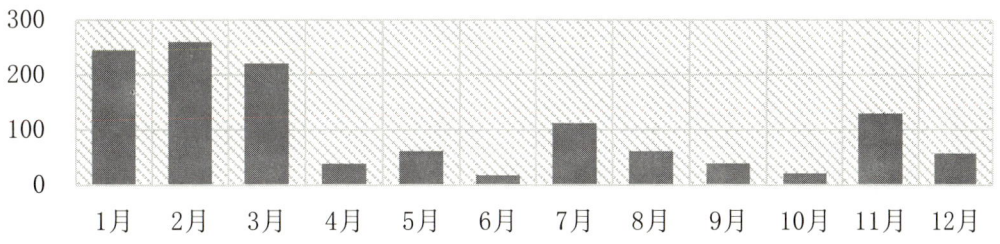

2015年"农村土地制度改革"媒体关注度逐月分布

根据2015年"农村土地制度改革"媒体关注度的逐月分布,从1月份至3月份,媒体对"农村土地制度改革"给予了持续的关注。通过回查对应月份的语料,可以给出2015年最受媒体关注的"农村土地制度改革"相关新闻。

2015年最受媒体关注的"农村土地制度改革"相关新闻

● 1月:中共中央办公厅和国务院办公厅联合印发了《关于农村土地征收、集体经营性建设用地入市、宅基地制度改革试点工作的意见》。
● 2月:中央一号文件提出包括农村土地制度改革试点、农村金融改革、农村集体产权制度改革、乡村治理机制改革,以及水利、林业、农垦等一系列新改革举措。
● 3月:我国农村土地制度改革试点工作在完成顶层设计、法律授权的基础上,正式进入启动实施阶段。

2015年中国媒体关注度最高的十大"网事"

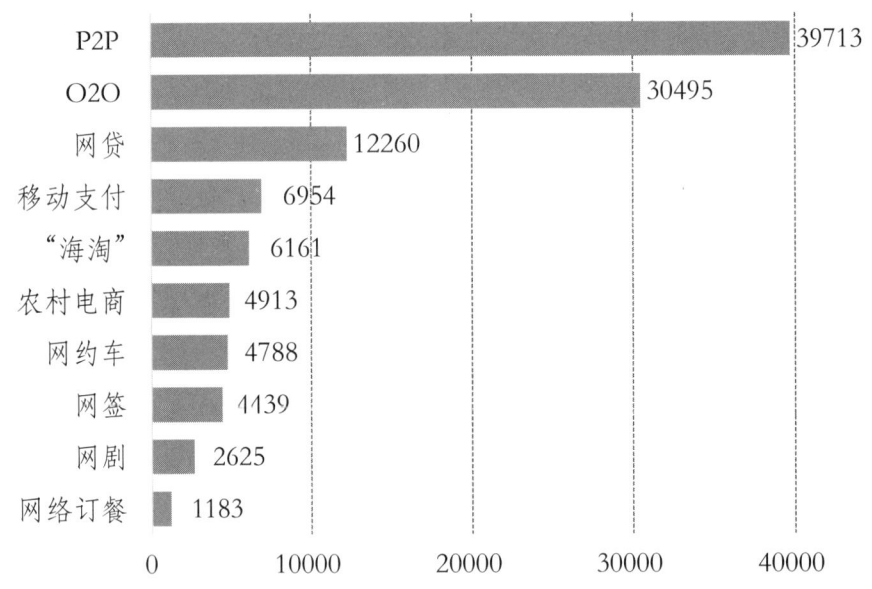

2015年中国媒体关注度最高的十大"网事"是指在2015年中国媒体上出现次数最多的互联网事物。

2015年被称为"互联网+"元年,互联网产业与传统行业相互融合,催生出的事物更接地气,并逐渐融入人们的日常生活。互联网与金融相结合,"P2P"借势发展,高居榜首,"网贷"和"移动支付"紧随其后,位列榜单第3、4位。互联网与生活服务相结合,线上线下全贯通,"O2O"模式大行其道,位居榜眼,"网约车""网签"和"网络订餐"渗透到人们的吃穿住行中,分列榜单的第7、8、10位。互联网与营销相结合,"海淘"拓展到了海内外,"农村电商"进入了广大农村市场,两个词分列榜单第5、6位。互联网与影视剧相结合,"网剧"让人们体验到了互动式观剧的乐趣,位居榜单第9位。

P2P

"点对点的网络借贷"

P2P（Peer to Peer）意为"个体对个体"，是一种将小额资金聚集起来借贷给有资金需求人群的借贷模式，属于民间小额借贷。互联网P2P则是借助互联网技术的网络信贷平台及相关理财和金融服务，是个人通过第三方平台向他人提供小额借贷的金融模式。在中国，最早的P2P网贷平台成立于2006年，近几年在国内迅速增长，目前已达几千家。由于行业门槛低、无行业准则、无监管机构，P2P虽然发展迅猛但却是野蛮生长，非法集资、"跑路"等事件时有发生，对行业生态造成了巨大的破坏。2015年各方监管条例的出台，为P2P的健康发展提供了保障，才使P2P终于不再"裸奔"。

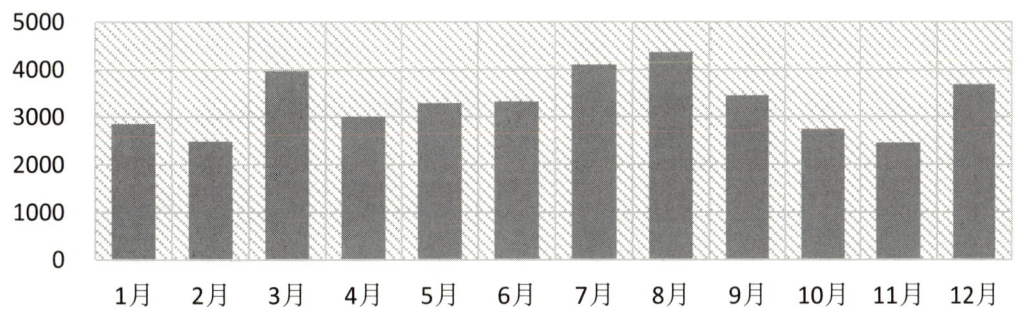

2015年"P2P"媒体关注度逐月分布

根据2015年"P2P"媒体关注度的逐月分布，媒体对"P2P"给予了持续的高度关注，月关注度超过2000次，其中3月、7月、8月达到了4000次左右。通过回查对应月份的语料，可以给出2015年最受媒体关注的"P2P"相关新闻。

2015年最受媒体关注的"P2P"相关新闻

- 3月：P2P成两会热词，行业监管受到关注。
- 7月：央行等十部委联合发布《关于促进互联网金融健康发展的指导意见》，要求P2P平台资金有第三方存管之后，十天的时间里已有爱钱帮、邦帮堂等多家P2P平台宣布与银行达成存管合作，集体"傍"银行。
- 8月：新规的相继出台，为P2P行业设定了边界，树立起了"合规"的发展框架。

O2O

"线上线下相结合的电商模式"

O2O（Online to Offline）就是将线下（非网络上）的商务机会与互联网相结合，通过线上（网络上）的营销、购买和支付带动线下经营和消费。近两年，O2O在中国高速发展，把我们的生活从线下搬到了线上，餐饮、电影、美容、旅游、健身、租车、租房……都可以在线上完成，开启了传统行业的互联网时代。与此同时，各类O2O平台和企业也在传统行业"跑马圈地"，因此，2015年也被称为O2O的"混战元年"。

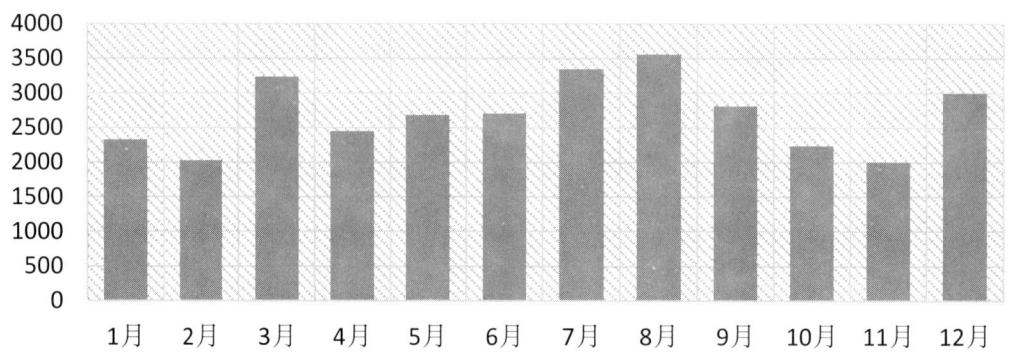

2015年"O2O"媒体关注度逐月分布

根据2015年"O2O"媒体关注度的逐月分布，媒体对"O2O"给予了持续的高度关注，其中3月、7月、8月关注度较高。通过回查对应月份的语料，可以给出2015年最受媒体关注的"O2O"相关新闻。

2015年最受媒体关注的"O2O"相关新闻
● 3月：京东设立O2O独立全资子公司，上线O2O产品——"拍到家"。 ● 7月：百度开放十余个对外融资项目，加速O2O生态构建。 ● 8月：有媒体称外卖O2O烧钱"已经到了丧心病狂的地步"。

网贷

"足不出户的网络借贷"

网贷即网络借贷，就是借入者和借出者均可利用网络平台进行借贷，实现借贷的在线交易。网贷平台为借贷双方提供从信息发布、资料审核到转账借款、利率计算、还款的"一站式"服务。网贷丰厚的投资收益和相比于银行贷款更简单的手续，对放贷者和借款人来说都具有相当的诱惑力。网络借贷作为新型借贷平台，其快速增长给传统借贷带来压力。

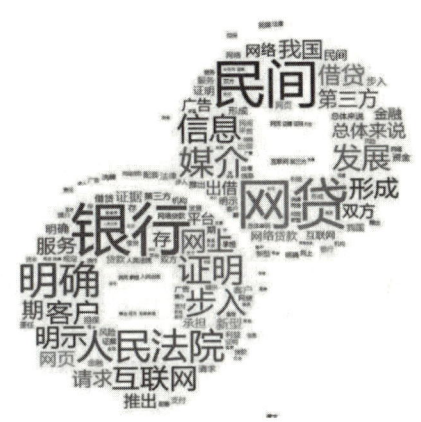

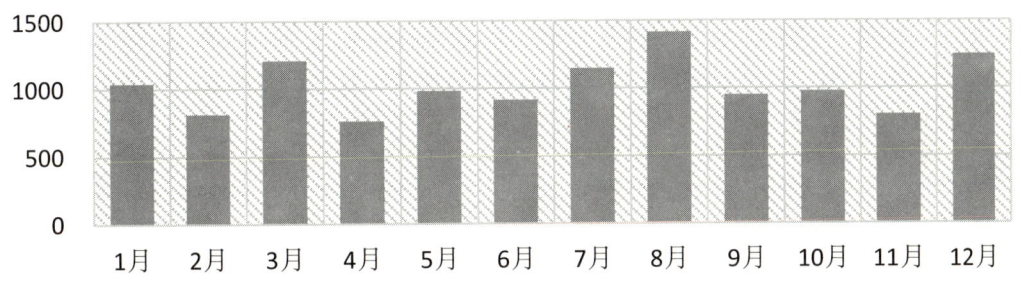

2015年"网贷"媒体关注度逐月分布

根据2015年"网贷"媒体关注度的逐月分布，媒体对"网贷"的关注度在3月、8月和12月较高。通过回查对应月份的语料，可以给出2015年最受媒体关注的"网贷"相关新闻。

2015年最受媒体关注的"网贷"相关新闻
● 3月：网贷频曝风险事件，资本趋势掘金P2P征信。
● 8月：调查显示，近4成大学生找P2P网贷平台借钱进行高消费，利率逼近高利贷。
● 12月：网贷监管新规发布，超17%的P2P平台"装聋作哑"。

移动支付

"便捷的手机钱包"

移动支付也称为手机支付,是指交易双方为了某种货物或者服务,以移动终端设备为载体,通过移动通信网络实现的商业交易。对很多消费者来说,移动支付和现金、银行卡支付一样,已成为消费结账时,最常用的支付方式之一。移动支付的普及推动了无纸质货币时代的到来,已经成为一种不可抗拒的时代潮流。

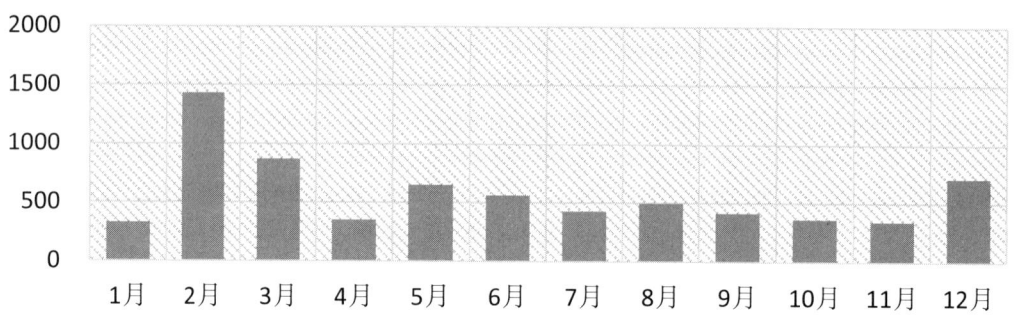

2015年"移动支付"媒体关注度逐月分布

根据2015年"移动支付"媒体关注度的逐月分布,除2月、3月和12月媒体关注度较高外,其他月份关注度基本持平。通过回查对应月份的语料,可以给出2015年最受媒体关注的"移动支付"相关新闻。

2015年最受媒体关注的"移动支付"相关新闻

- 2月:"红包大战"无输家,春节变成一次移动支付全民培训。
- 3月:第三方支付迎来行业"整肃风暴",出路在移动支付。
- 12月:新版网络支付管理办法正式发布,移动支付概念受关注。

海淘

"通过互联网购买海外商品"

"海淘"即海外购物,消费者在国内"海淘"购物平台或跨境的海外购物网站搜索查询商品信息,提交电子订购单并支付,由海外购物网站通过国际快递发货,或由转运公司代收货物再转寄回国内。"海淘"的付款方式一般都是在线支付,款到发货。国内出现"海淘"热的原因一方面是消费者对国内产品质量的不信任,另一方面是消费者对国外品牌的盲目信任和崇拜。

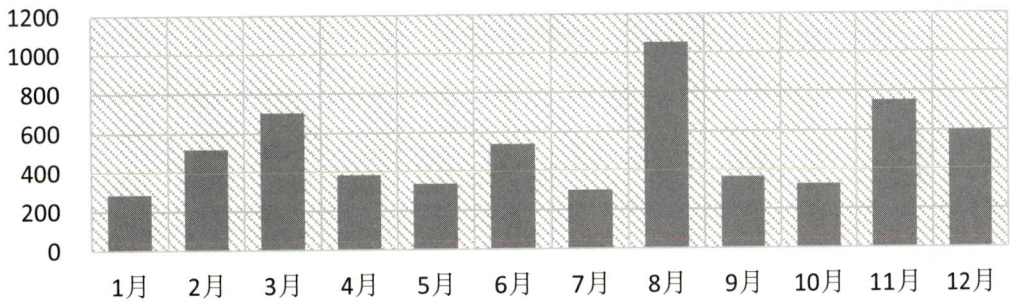

2015年"海淘"媒体关注度逐月分布

根据2015年"海淘"媒体关注度的逐月分布,媒体对"海淘"的关注度在3月、8月、11月较高。通过回查对应月份的语料,可以给出2015年最受媒体关注的"海淘"相关新闻。

2015年最受媒体关注的"海淘"相关新闻

- 3月:"海淘"购名包真假无处辨,消费者维权举证难。
- 8月:人民币贬值不会打击境外游和"海淘"。
- 11月:支付宝数据显示,"海淘"买家75%是女性。

农村电商

"农村电子商务"

农村电商即农村电子商务,是指利用互联网、计算机、多媒体等现代信息技术,为从事涉农领域的生产经营主体提供在网上完成产品或服务的销售、购买和电子支付等业务交易的过程。农村电商服务包含网上农贸市场、数字农家乐、特色旅游和招商引资等内容,以农业网站平台为主要载体,涉及政府、企业、商家、消费者、农民,以及认证中心、配送中心、物流中心、金融机构、监管机构等各方面因素,通过网络将相关要素组织在一起,其中信息技术扮演着极其重要的基础性角色。

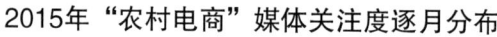

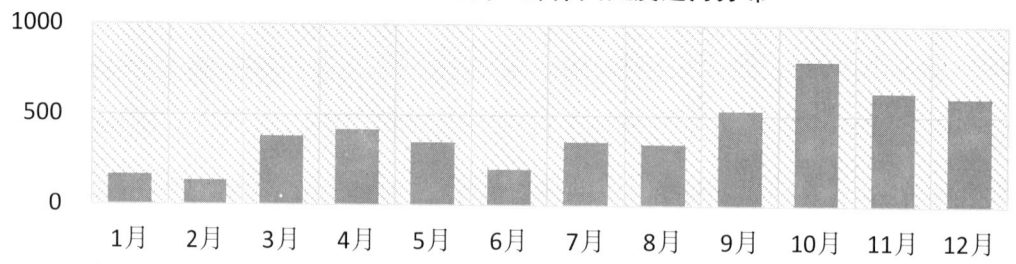

根据2015年"农村电商"媒体关注度的逐月分布,2015年下半年,媒体对"农村电商"给予了持续的高度关注,其中关注度较高的月份是10月、11月和12月。通过回查对应月份的语料,可以给出2015年最受媒体关注的"农村电商"相关新闻。

2015年最受媒体关注的"农村电商"相关新闻
● 10月:国务院总理李克强10月14日主持召开国务院常务会议,部署加快发展农村电商。
● 11月:国务院办公厅于11月9日发布《关于促进农村电子商务加快发展的指导意见》。
● 12月:抢先巨头,微商"抄底"农村电商。

网签

"购房合同的网上签约"

"网签"在房地产领域就是交易双方签订合同后,到房地产相关部门进行备案,并公布在网上。通过系统生成的网签号,用户可以在网上进行查询。网签让房地产交易更加透明,防止了"一房多卖",签合同后可以撤销。一般的"网签"程序是:交易双方当事人根据网上公示的商品房定金协议或买卖合同文本协商拟定相关条款→由房地产开发企业通过网上签约系统,打印经双方确认的协议或合同→双方当事人签字(盖章)→在电子楼盘表上注明该商品房已被预订或签约。网签摆脱了繁杂的传统纸质合同,让交易过程更便捷、更高效,成本也更低,不再受时间、地域等的限制,给网签各方都带来了极大的便利。

2015年"网签"媒体关注度逐月分布

根据2015年"网签"媒体关注度的逐月分布,1月、4月、6月,媒体对"网签"的关注度较高。通过回查对应月份的语料,可以给出2015年最受媒体关注的"网签"相关新闻。

2015年最受媒体关注的"网签"相关新闻
● 1月:自1月1日二手房网签正式实施以来,一线城市前两周的房屋交易量出现了大幅下滑。 ● 4月:二手房新政出台后,广州二手房网签量上涨35%,改善型买家是成交主力。 ● 6月:端午节期间,北京二手住宅网签量同比升九成。

网剧

"互联网上的连续剧"

网剧也称网络剧，是通过互联网播放的一类影视剧。网剧在视频播放平台上通过弹幕和网友评论等形式增加与观众的互动。2015年被称为"网剧井喷之年"，网剧全年播放量达274.5亿次，比2014年的123亿次增加了1.1倍，总部数为379部，增加了85%，总集数为5008集，增加了72%。其产量、播放量都达到了一个新高度，大投入、大制作、大明星、高点击量开始出现在网剧领域。由于网剧大热带来的巨大影响，国家新闻出版广电总局对网剧的审查标准也逐渐变得更加严格、规范和明确。

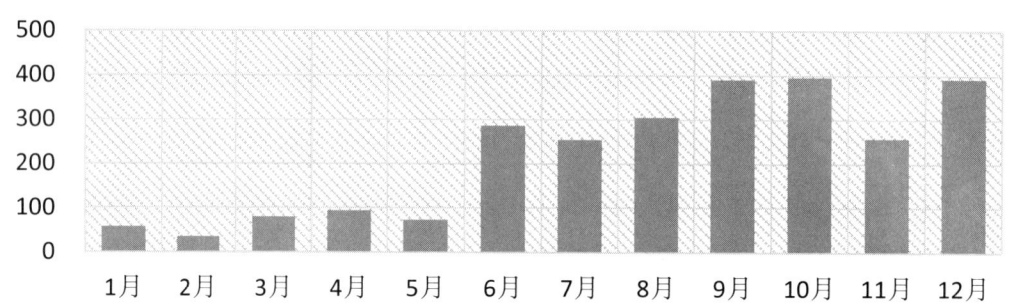

2015年"网剧"媒体关注度逐月分布

根据2015年"网剧"媒体关注度的逐月分布，媒体对"网剧"的关注度整体呈现逐步上升的趋势。其中，关注度较高的月份有9月、10月和12月。通过回查对应月份的语料，可以给出2015年最受媒体关注的"网剧"相关新闻。

2015年最受媒体关注的"网剧"相关新闻
● 9月：《花千骨》破《古剑奇侠传》收视纪录，番外网剧穿越到现代。 ● 10月：各大视频网站烧钱做网剧，电视剧遭遇前所未有的"变天"。

网络订餐

"互联网上的好口福"

网络订餐就是通过互联网订餐平台订购餐饮产品。与网上购物相比，网络订餐算是一个新兴的消费领域，传统餐饮业加上互联网，开辟出了新的营销渠道。网络订餐既可以通过第三方网站预订，也可以通过餐厅自营网站实现订餐。通过订餐系统，用户还可以查询订单即时状态。在移动互联网时代，"懒人经济"日益凸显，为在线外卖市场提供了足够的市场需求。网络订餐一方面给传统餐饮服务行业注入了新的商机和活力，另一方面也出现了安全卫生、监管不完善等诸多问题。

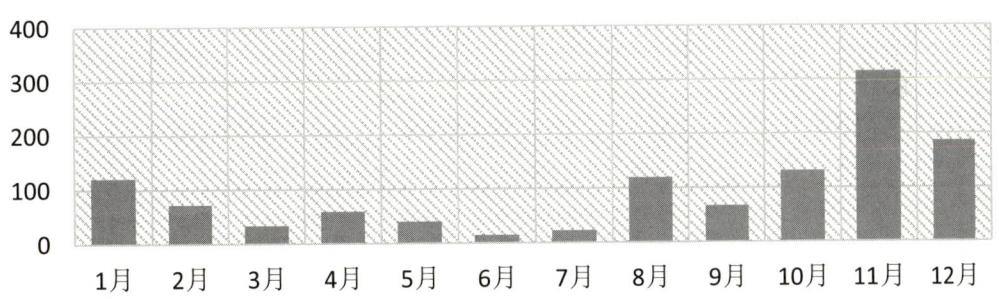

2015年"网络订餐"媒体关注度逐月分布

2015年"网络订餐"媒体关注度的逐月分布大体呈现U形变化，年初和年末几个月媒体关注度较高。通过回查对应月份的语料，可以给出2015年最受媒体关注的"网络订餐"相关新闻。

2015年最受媒体关注的"网络订餐"相关新闻

- 10月：网络订餐安全隐患多，专家：细则配套方能有效监管。
- 11月：网络订餐乱象频生，食品安全面临大考。
- 12月：网络订餐火爆，实名登记为何仍未杜绝"黑窝点"？

2015年中国媒体最关注的十大"痛点"

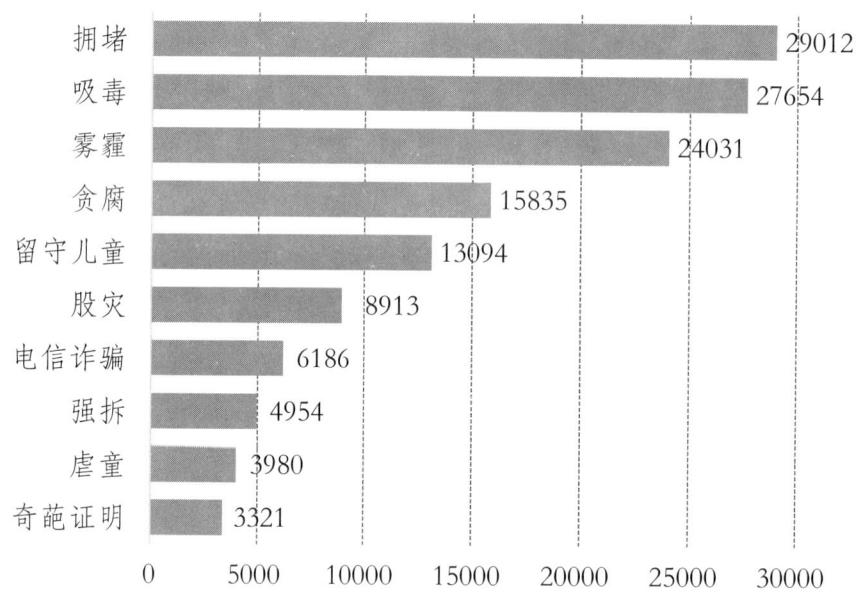

  2015年中国媒体关注度最高的十大"痛点"是指在2015年的中国媒体上出现次数最多的让人痛心的社会问题。

  翻开这份榜单，老问题尚未解决，新问题又接踵而至。交通"拥堵"从道路漫上民众的心头。明星"吸毒"事件频发，诱惑不是理由，压力也不应作借口。空气指数持续爆表，穹顶之下"雾霾"不散。"贪腐"二字，贪为大之忌，腐乃病之态也。同年无童年，"留守儿童"亲情残缺、悲剧频发。"疯牛"遇到"股灾"，中国股市在跌宕起伏中，上万亿元财富灰飞烟灭。"电信诈骗"的伎俩花样翻新，让人防不胜防。法治之下"强拆"不断，一半是暴力，一半是暴利。"虐童"事件令人发指，需要社会的关注和法律的介入来把虐童者关进制度的笼子。"奇葩证明"让人啼笑皆非，更让人欲哭无泪。

  记住美好，让人充满力量；铭记伤痛，促人反思警醒。梳理这些与你我息息相关的痛点，不是为了沉溺伤痛，而是为了社会更好地前行。

拥堵

"莫让拥堵再'添堵'"

近年来，我国城市道路交通拥堵已经逐渐成为广大市民感触最深、影响最大、积怨最多的问题。城市人口越来越多、机动车增长迅猛、道路资源严重不足、交通参与者法制意识较差、路网结构不合理、交通基础设施薄弱、公共交通不规范，以及管理效能低等都是造成市区交通拥堵的原因。政府也为缓解交通压力做了不少努力，很多城市推出车辆限购、限号、限行等方法解决交通拥堵问题，但是在高峰期，部分路段仍旧拥堵不堪。在2015年全国两会上，不少代表和委员纷纷建言献策：有的主张采用大数据智能技术，开辟交通治理新路径；有的主张加强部门间协同运作，提高城市交通综合治理水平。总之，"拥堵"这一全球性难题的解决，非一朝一夕之功，而科学的决策和政策的落地执行，则考验着政府的智慧。

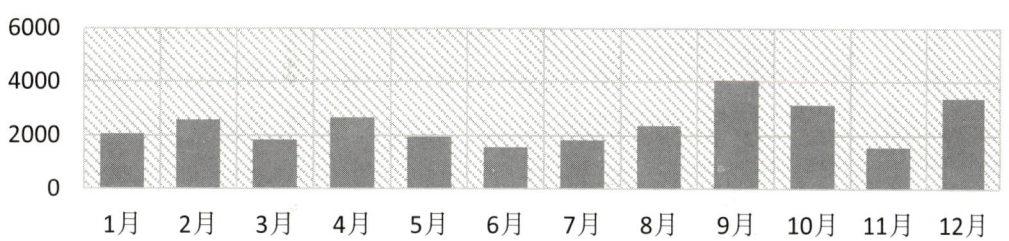

2015年"拥堵"媒体关注度逐月分布

根据2015年"拥堵"媒体关注度的逐月分布，2015年媒体对"拥堵"给予了持续的关注，其中9月、10月、12月相对较高，这与节假日公众集中出行有关。通过回查对应月份的语料，可以给出2015年最受媒体关注的"拥堵"相关新闻。

2015年最受媒体关注的"拥堵"相关新闻
● 9月：北京多个工作日道路交通达到严重拥堵状态，交通指数破9，接近爆表。 ● 10月：国庆假期返程高峰，北京、上海、南京等地出现交通拥堵。 ● 12月：冬至即将来临，上海又将迎来集中祭扫出行高峰。12月19日、20日和22日（冬至日）3天的上午8:00~11:30，通往墓区的主要道路将出现拥堵。

吸毒

"珍爱生命 远离毒品"

2015年，明星和公职人员吸毒事件频频曝光引起了社会和媒体的广泛关注。毒品不仅严重侵害人的身体健康、销蚀人的意志、破坏家庭幸福，而且会带来一系列社会问题，已成为当前影响国家社会治安稳定的重要因素。国家禁毒委员会办公室公布的《2015年中国毒品形势报告》显示，截至2015年年底，全国现有吸毒人员234.5万名，并且表现出国际化、低龄化、网络化的特点，禁毒工作仍然任重而道远。禁毒工作事关国家安危、民族兴衰、人民福祉，既需要政府部门的宣传引导和严厉打击，也需要我们每个人的自我约束和坚决抵制。

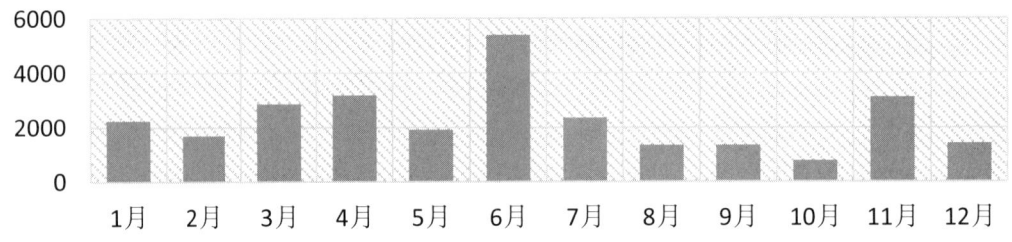

2015年"吸毒"媒体关注度逐月分布

根据2015年"吸毒"媒体关注度的逐月分布，2015年媒体对"吸毒"的关注度最高的月份为6月，其次为4月、11月、3月。通过回查对应月份的语料，可以给出2015年最受媒体关注的"吸毒"相关新闻。

2015年最受媒体关注的"吸毒"相关新闻
● 3月：演员王学兵、张博因涉嫌吸毒被朝阳警方抓获。
● 4月：湖南省临湘市原市长龚卫国涉嫌吸毒被公安机关正式立案调查。
● 6月：主持人边策吸毒坠亡。
● 11月：曾在2014年因涉嫌吸毒被判刑的歌手尹相杰再次因涉嫌非法持有毒品被警方抓获。

雾霾

"冲破十面'霾'伏，圆蓝天白云梦"

2015年，全国许多地方出现严重雾霾天气，可吸入颗粒物PM2.5大大超标，北京一个月内两次启动空气重污染红色预警。面对一波波来势汹汹的雾霾，人们的"心肺之患"无法排解，治霾期盼愈加迫切。治霾要先知道霾从哪里来，否则无法对症下药。机动车尾气、工业排放、燃煤取暖……尽管雾霾成因众说纷纭，但是我国长期以来粗放的工业化发展模式对环境造成的恶劣影响难辞其咎，优化产业结构、建设资源节约型社会是当务之急。另外，治霾不能"等风来"，政府部门应以实事求是的态度，下大力气治理雾霾，让人们看到治理的坚定决心和行动能力。防霾、治霾是一场持久战、攻坚战，若不采取强硬措施，只怕结果非人所愿，蓝天白云只是浮梦一场。

2015年"雾霾"媒体关注度逐月分布

根据2015年"雾霾"媒体关注度的逐月分布，2015年媒体对"雾霾"的关注度与季节关系密切相关，其中12月、3月、11月的关注度明显高于其他月份。通过回查对应月份的语料，可以给出2015年最受媒体关注的"雾霾"相关新闻。

2015年最受媒体关注的"雾霾"相关新闻

- 3月：雾霾成两会热议话题，代表委员就加强环保、治理雾霾建言献策。
- 11月：华北、东北地区遭遇大范围雾霾侵袭。北京启动今年入冬后首个空气重污染黄色预警，并于29日升级至橙色预警。
- 12月：全国出现大范围持续性雾霾天气，北京一个月内两次启动空气重污染红色预警。

贪腐

"有贪必肃 有腐必反"

2015年是中国反腐的突破之年。今年以来，30余名省部级官员被查，8名省部级官员因违反"八项规定"被处理，中国反腐实现了31省份"打虎"全覆盖。"巡视"这把反腐利剑出鞘频度更密、挥舞招式更多，实现了国有重要骨干企业和金融企业全覆盖。百人"红通令"发布，反腐风暴的"国际版"再次升级，中国开启了被称为"第二战场"的海外追逃。"有权不可任性"，2015年，中国下大气力拔"烂树"、治"病树"、正"歪树"，修订了《中国共产党廉洁自律准则》和《中国共产党纪律处分条例》，为全党树立"道德高线"、划出"纪律底线"，把权力真正关在制度的笼子里。

2015年"贪腐"媒体关注度逐月分布

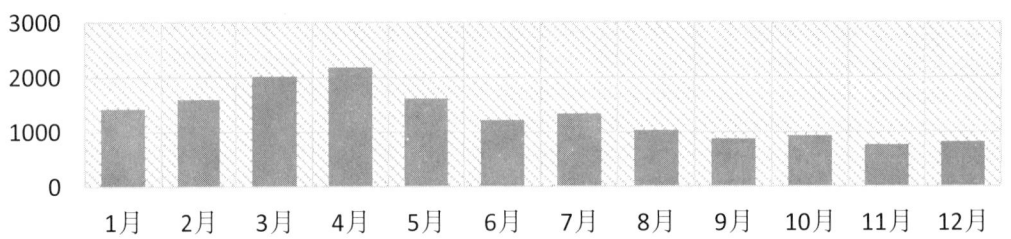

根据2015年"贪腐"媒体关注度的逐月分布，2015年媒体对"贪腐"的关注度分布均衡，表现出党和政府打击贪腐的持续高压态势。通过回查语料，可以给出2015年最受媒体关注的"贪腐"相关新闻。

2015年最受媒体关注的"贪腐"相关新闻
● 2月：南航集团营销领域贪腐问题多发，在协调航线、编排航班、客货销售中存在权钱交易、利益输送等问题。 ● 3月：军方公布了14名被查处的军级干部重大贪腐案件，其中包括浙江省军区副政委郭正钢，至此，"郭家军"的核心人物逐渐浮出水面。 ● 4月：中石油、中石化、中海油"三桶油"均有高层被查，能源领域成了贪污腐败"重灾区"。 ● 5月：外逃贪污腐败犯罪嫌疑人、中国红色通缉令"一号人物"杨秀珠被美方羁押。

留守儿童

"如何'留'下希望,'守'住幸福"

儿童应该是快乐的,加上了"留守"的字眼,却让人心疼。自杀、性侵、车祸、溺水……也许只有当一件件骇人听闻的悲剧发生时,人们才会想起留守儿童这个特殊的群体。目前,我国农村留守儿童的数量已达到6100多万。"父母在远方,身边无爹娘,读书无人管,心里闷得慌,安全无保障,生活没希望。"这则顺口溜,是对当前一些留守儿童生存现状的形象反映。留守儿童心理和情感上的"贫困"远远大于物质贫困,后者别人或许还能帮得上,前者却终生无法弥补。我们在享受经济快速发展成果的同时,也应尽力为留守儿童治疗伤口,化解他们的不幸。消除城乡差距、加强权利平等、重视人文关怀都是必不可少的,政府更须主动作为,完善工作机制和服务体系,还这些孩子一个幸福的童年。

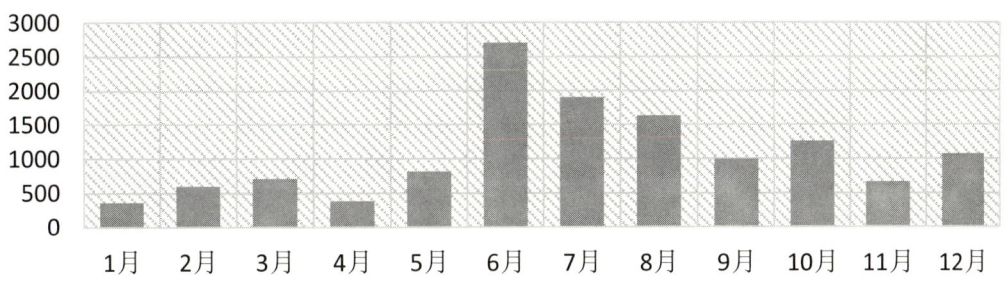

2015年"留守儿童"媒体关注度逐月分布

根据2015年"留守儿童"媒体关注度逐月分布,媒体对"留守儿童"的关注度在6月最高,其次为7月、8月、10月。通过回查对应月份的语料,可以给出2015年最受媒体关注的"留守儿童"相关新闻。

2015年最受媒体关注的"留守儿童"相关新闻
● 6月:贵州省毕节市七星关区田坎乡的4名留守儿童喝农药自杀,经抢救无效死亡。 ● 7月:宁夏一幼儿园12名女童遭性侵,其中11名受害者为留守儿童。 ● 8月:湖南衡阳县一名8岁留守儿童在玩耍途中被同村村民抱走,随后遭强奸杀害。 ● 10月:湖南邵东县一名小学教师在校内遇害,3名行凶者均为留守儿童。

股灾

"一场全民性的风险教育"

2015年6月至7月，中国股市暴跌，被称作中国式"股灾"。一时间，绝望、猜疑的情绪迅速蔓延。股市的震荡，暴露出了中国资本市场和股民的不成熟。中国作为一个发展中国家，正处在深化改革的关键时期，金融决策层对中国股市在国家经济体系中的作用还在不断地认识和调整中。监管部门官员锒铛入狱、证券公司老总自杀、私募大佬神话破灭、上市公司遭遇"野蛮人"举牌，人性的贪婪和恐惧也一览无遗。这次股灾不折不扣地给我们上了一堂风险课。如何在全球市场联动性增强的新态势下防范市场风险，避免因市场反复动荡影响实体经济，是中国和其他新兴经济体面临的一个新课题。

2015年"股灾"媒体关注度逐月分布

根据2015年"股灾"媒体关注度的逐月分布，媒体对"股灾"关注度较高的月份有7月、8月、9月。通过回查对应月份的语料，可以给出2015年最受媒体关注的"股灾"相关新闻。

2015年最受媒体关注的"股灾"相关新闻

- 7月：股灾中，市场"去杠杆"带来的暴跌踩踏之痛使杠杆成了当下的烫手山芋，不少投资者"谈杠杆色变"。
- 8月：沪指接连跌破"政策底"和股民心理预期底，严重挫伤了投资者的信心。8月18日，沪指大跌6.15%之后产生连锁反应，连跌5天，跌破3000点，酿成此轮股灾。
- 9月：在本轮股灾之后，证监会加大了监管力度，力争还市场一个公平、公正的投资环境。

电信诈骗

"天网恢恢 疏而不漏"

"电信诈骗"是违法犯罪分子利用手机短信、电话、传真和互联网等通讯工具,假冒国家机关、公司、医院、朋友等名义,谎称被骗人中奖、退税、家人意外受伤、朋友急事、有人加害等情况,骗取受害人信任后,谋取钱财的一种诈骗活动。随着电信技术的发展,人们之间的沟通、联系更为方便快捷,与此同时,一些图谋不轨的犯罪分子蠢蠢欲动,费尽心机利用电信等技术实施诈骗活动,五花八门的诈骗手段层出不穷,令广大群众防不胜防。电信诈骗的日益猖獗,无论是电信运营商,还是执法机关都应该反思:一条短信、一个电话,没有伤害到人时,或许不值得关注,可万一伤害了呢?百姓期待着警方的雷霆出击,但更期待有一个让人不敢且不能进行电信诈骗的社会环境。

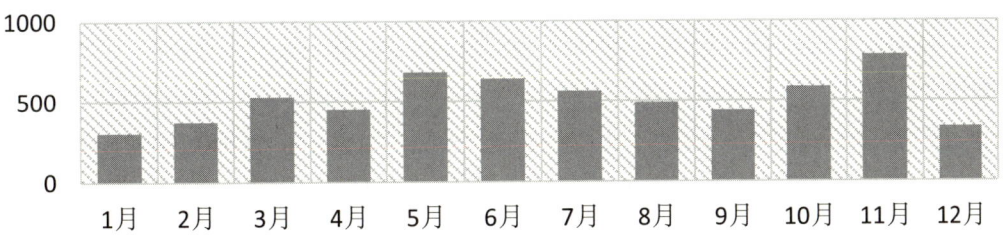

2015年"电信诈骗"媒体关注度逐月分布

根据2015年"电信诈骗"媒体关注度逐月分布,媒体对"电信诈骗"的关注度较高的月份有11月、5月、6月、10月。通过回查对应月份的语料,可以给出2015年最受媒体关注的"电信诈骗"相关新闻。

2015年最受媒体关注的"电信诈骗"相关新闻
● 5月:湖北武汉"5·7"特大跨国电信诈骗案开庭审理。 ● 6月:广州警方发现一个以中国台湾籍人员为首,招募大陆地区广西籍人员到泰国,冒充电信公司及执法机关人员对国内群众实施电信诈骗的犯罪集团。 ● 10月:珠海发生特大电信诈骗案,涉及金额1400万元。 ● 11月:全国公安机关与工信部、中国人民银行、银监会等23家部门和单位密切配合,开展打击治理电信网络新型违法犯罪专项行动。

强拆

"一半暴力 一半暴利"

随着城市化进程加快，因拆迁补偿等问题难以达成一致，暴力拆迁事件时有发生。2015年，因为强拆引发人员伤亡事件时有发生，把这一问题推向了舆论的风口浪尖。

暴力拆迁，甚至强拆致死屡屡发生，不禁令人咋舌。尽管中央高度重视，出台了系列措施加以规范和制止，却仍有发生。究其原因，既有一些地方官员发展观错位、权力失控等原因，也有部分开发商目无法纪、各种黑恶势力在其中的推波助澜。一些地方相关部门和公职人员的姑息纵容，使得强拆屡禁不止，严重侵害了人民群众的人身财产权益，破坏了社会和谐稳定。在依法治国的大背景下，加大法治力度，严惩涉案官员，根治强拆不是难事，难的是真正敬畏法律。树立正确的法治观念，建立社会的法治秩序依然任重道远。

2015年"强拆"媒体关注度逐月分布

月份	1月	2月	3月	4月	5月	6月	7月	8月	9月	10月	11月	12月
关注度	~380	~500	~430	~480	~490	~200	~190	~490	~1000	~220	~190	~190

根据2015年"强拆"媒体关注度逐月分布，媒体对"强拆"的关注度在9月最高，其次为2月、8月、5月、4月。通过回查对应月份的语料，可以给出2015年最受媒体关注的"强拆"相关新闻。

2015年最受媒体关注的"强拆"相关新闻

- ● 2月：大年初一上午，河北省石家庄市一村支书何某被村民贾某用射钉枪击中头部，后经抢救无效身亡。多名村民称嫌疑人贾某房屋曾被强拆，行凶早有蓄谋。
- ● 4月：河北省邢台市发生一起由强拆引发的命案，一名疑似拆迁人员的男子当场死亡。
- ● 5月：北京一镇政府违法强拆，原告索585万国家赔偿。
- ● 8月：广西壮族自治区南宁市大鸡村发生奔驰车闯入强拆现场撞人事件。
- ● 9月：山东省临沂市平邑县发生强拆住宅致人死亡事件。

虐童

"呼唤法律亮剑"

一起又一起的虐童事件频频发生，让人震惊，让人愤怒。俗话说"棍棒底下出孝子"，但是一味野蛮地暴打孩子，只会给孩子留下痛苦和屈辱的回忆，这已经不是爱孩子的表现，而是暴露出施暴者心灵的扭曲。虐童事件的背后，是家庭关爱的缺失，是师德教育的缺失，更是相关法律的缺失。随着儿童社会生活的多样化和复杂化，现行法律逐渐显现出对儿童利益保护的漏洞和不足。一系列虐童事件的曝光，凸显出法律对儿童保护的严重缺位。虐待儿童，法理不容。在从道德上声讨和谴责这些恶劣行为的同时，也需要从法律制度的角度深入思考应该如何从根本上减少和遏制此类事件的再次发生。

2015年"虐童"媒体关注度逐月分布

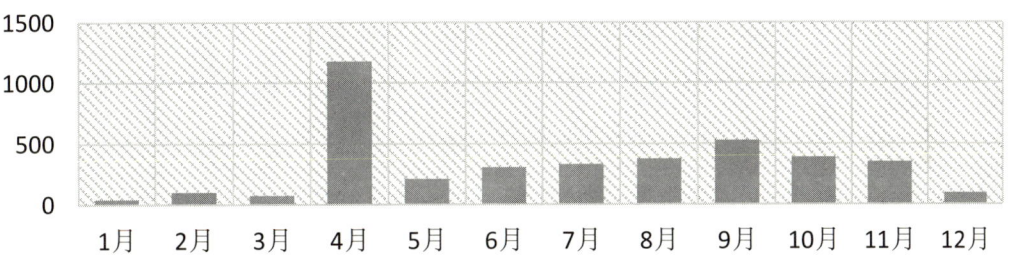

根据2015年"虐童"媒体关注度逐月分布，媒体对"虐童"的关注度在4月最高，其次为9月、10月、8月。通过回查对应月份的语料，可以给出2015年最受媒体关注的"虐童"相关新闻。

2015年最受媒体关注的"虐童"相关新闻

- 4月：一组虐童照片在网上疯传。警方介入调查，男童养母李某因涉嫌故意伤害被警方逮捕。
- 8月：《刑法修正案（九）》草案表决稿在全国人大常委会第16次会议上通过，该草案中对虐童、猥亵儿童、收买被拐卖儿童等问题进行了积极关注。
- 9月：有网络爆料后妈虐待儿童，致其浑身是伤，引起了全国网友对这位虐童后妈的谴责与声讨。
- 10月：湖南省邵东县发生恶性虐童事件，6岁男童遭砍十余刀。

奇葩证明

"简政放权不能永远在纸上"

2015年,一张被简称为"证明你妈是你妈"的证明,引发了公众对种种"奇葩证明"的吐槽。出国旅游需要证明"你妈是你妈",老人领养老金需要证明自己"还活着",再婚生娃要前任配偶开证明……这不是趣闻,而是"重症"。证明的奇葩之处虽让人哑然失笑,但却反映了一个社会问题:这些原本应由相关职能部门之间相互核实的问题,却在职能部门之间互相推诿,谁也不愿担责。各职能部门就像一个个行政"堡垒"、信息"孤岛",相互隔绝、壁垒森严,让百姓跑断腿。要想根治办证多、办证难问题,各级政府部门就要做到信息共享,简化办事内容和程序,同时列好权力清单和责任清单,让民众明白有多少证必须办、由谁负责办、具体怎么办、办不好谁担责。

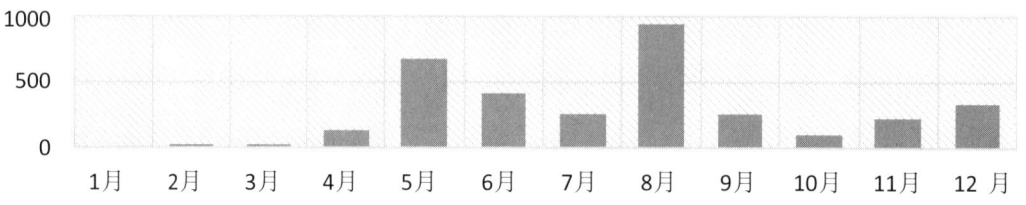

2015年"奇葩证明"媒体关注度逐月分布

根据2015年"奇葩证明"媒体关注度逐月分布,媒体对"奇葩证明"的关注度在8月最高,其次为5月、6月、12月。通过回查对应月份的语料,可以给出2015年最受媒体关注的"奇葩证明"相关新闻。

2015年最受媒体关注的"奇葩证明"相关新闻

- 5月:陈先生准备出境旅游时,要填写紧急联系人,他写了母亲的名字,却被要求开具能够证明"你妈是你妈"的奇葩证明。
- 6月:中央电视台《焦点访谈》栏目以《未婚时如何证明"未婚"——荒唐的证明》为题,报道了胡女士为将户口从昆明迁至成都,花了近两年时间办理奇葩证明的问题。
- 8月:福建漳州一74岁老人到电信局办理业务,被要求开具证明自己健在的奇葩证明。
- 12月:《关于简化优化公共服务流程方便基层群众办事创业的通知》要求加快推进部门间信息共享和业务协同,从源头上避免各类"奇葩证明""循环证明"等现象的出现。

2015年中国媒体最关注的十大"习"语

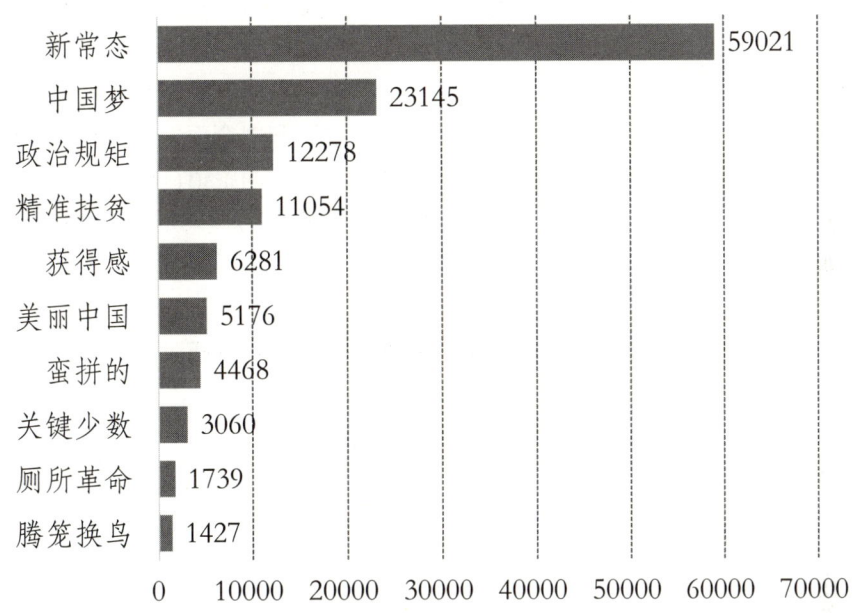

2015年中国媒体关注度最高的十大"习"语是指在2015年的中国媒体上出现最多的习近平总书记在讲话和文章中提出或使用的概念和词语。

语言是思想的外衣,解码独具风格的习式语言,能让我们真正体会到党和国家领导人治国理政的超人智慧。实现中华民族伟大复兴的"中国梦",既要全面布局,也要政策落地;既要严管党内,也要惠及百姓。我们要认清当下经济发展变化的"新常态",把握重要战略机遇期,"腾笼换鸟",推动经济转型、产业升级。我们要抓住领导干部这个"关键少数",严明政治纪律和"政治规矩",让"蛮拼的"成为干部新常态。山要绿起来,人要富起来,在"精准扶贫"上多下功夫,启动"厕所革命",提高农村生活质量,建设"美丽中国",让老百姓体会到实实在在的"获得感"。

新常态

"适应新常态 引领新常态"

"新常态"之"新"意味着不同以往,"新常态"之"常"意味着相对稳定。与新常态联系最紧密的是经济,我们可以看到经济"增长""转型"和"创新",而新常态说的只是经济吗?我们还看到了"社会""环境"和"全面"。那么我们该怎样面对新常态?其实,媒体的报道已经给出了答案:进入了新常态的中国,要做的不只是适应,更要积极、主动地引领。

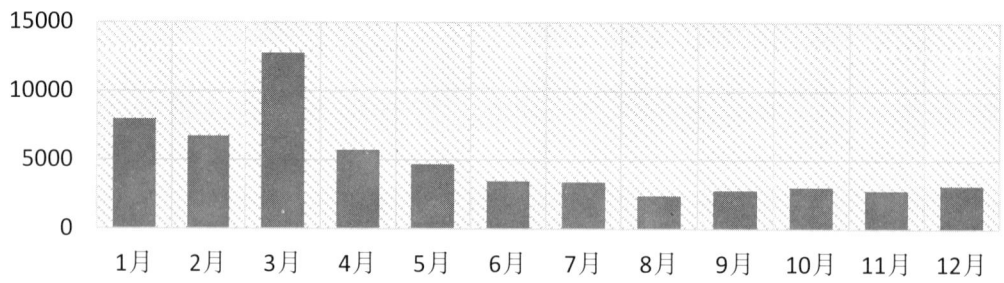

2015年"新常态"媒体关注度逐月分布

自2014年5月习近平总书记在河南考察时首次提及"新常态"以来,"新常态"作为执政理念关键词成了媒体关注的重要内容。根据2015年"新常态"媒体关注度的逐月分布,2015年媒体对"新常态"给予了持续的关注,1月至4月关注度较高,3月达到了峰值。通过回查对应月份的语料,可以给出2015年最受媒体关注的"新常态"相关报道。

2015年最受媒体关注的"新常态"相关报道

- 1月:国务院发展研究中心副主任刘世锦在24日的第六届中国经济前瞻论坛上表示,"以速度论英雄的时代已经过去,确立发展质量导向目标,以质取胜应当成为新常态下的大战略"。
- 2月:北京市市长王安顺在今年的《政府工作报告》中重点指出,北京市要适应新常态、落实新定位、迈向新目标,积极推动京津冀协同发展是必由之路。
- 3月:李克强总理指出,要以精神面貌新状态适应经济发展新常态。
- 4月:"新常态、新成效",中国吸引外资量、质双升。

2015年中国媒体关注度十大榜单解读

中国梦

"实现中华民族的伟大复兴"

"中国梦"自2012年习近平总书记在十八大上正式提出以来，受到了媒体的持续关注。无论是"雄关漫道真如铁"的过去，还是"人间正道是沧桑"的今天，抑或"长风破浪会有时"的明天，中华民族始终有着伟大复兴的梦想，这就是"中国梦"。"战略""目标"之于"梦想"，更能反映出党和国家领导人带领全国人民锐意进取的决心和脚踏实地的态度。"中国梦"意味着国家的发展、社会的进步、文化的繁荣，这需要每个中国人的坚持、努力，以及不懈的奋斗。

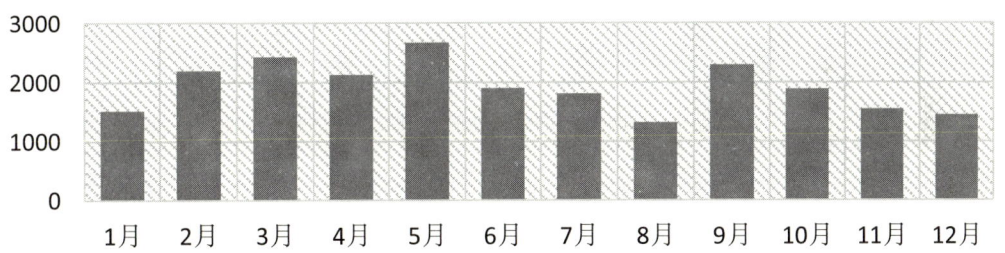

2015年"中国梦"媒体关注度逐月分布

根据2015年"中国梦"媒体关注度的逐月分布，媒体对"中国梦"关注度在2月、3月、5月和9月相对更高。通过回查对应月份的语料，可以给出2015年最受媒体关注的"中国梦"相关报道。

2015年最受媒体关注的"中国梦"相关报道

- 2月：实现中国梦，全面建成小康社会是基础，全面深化改革是动力，全面依法治国是支撑，全面从严治党是关键。
- 3月：国务院总理李克强向大会做《政府工作报告》时指出，我们要凝神聚力、开拓创新，努力完成今年经济社会发展目标任务，为实现中华民族伟大复兴的中国梦作出新的更大贡献。
- 5月：习近平总主席在同各界优秀青年代表座谈时的讲话中指出，广大青年要勇敢肩负起时代赋予的重任，志存高远、脚踏实地，努力在实现中华民族伟大复兴的中国梦的生动实践中放飞青春梦想。
- 9月：彭丽媛在联合国一日内发表两场英文演讲，阐述自己的中国梦。

政治规矩

"不以规矩 不成方圆"

2015年1月13日，在十八届中央纪委第五次全会上，习近平总书记在讲话中提到了"政治规矩"一词，由此这一提法走进了公众视野并受到广泛关注。欲知平直，则必准绳；欲知方圆，则必规矩。一个拥有8600多万党员的政党，没有政治纪律和政治规矩，就注定成为一盘散沙。严守政治规矩首先要从党员、领导干部做起，内化于心，外化于行，坚持党的领导，同党中央保持高度一致。政治规矩这条"红线"没有弹性，任何违反政治规矩的行为都将受到严厉惩处。

2015年"政治规矩"媒体关注度逐月分布

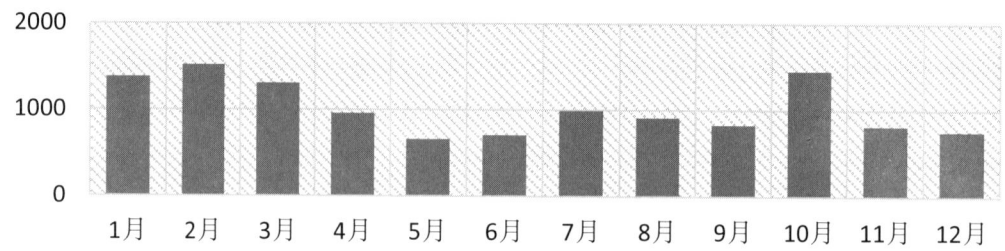

根据2015年"政治规矩"媒体关注度的逐月分布，1月、2月、3月、10月的关注度相对更高。通过回查对应月份的语料，可以给出2015年最受媒体关注的"政治规矩"相关报道。

2015年最受媒体关注的"政治规矩"相关报道

- 1月：在13日的十八届中央纪委第五次全会上，习近平总书记提出，"要严明政治纪律和政治规矩"；在16日的中央政治局常委会上，习近平总书记进一步提出，"坚持党的领导，首先是要坚持党中央的集中统一领导，这是一条根本的政治规矩"。
- 2月：中央纪委通报4名副省级领导干部严重违纪，首提"违反政治规矩"。
- 3月：中共中央政治局常委、中央纪委书记王岐山参加北京代表团审议时指出，坚持全面从严治党、依规治党，严明政治纪律和政治规矩，把纪律立起来、严起来，执行到位。
- 10月：4名省部级高官同日被"双开"，均涉嫌违反政治规矩。

精准扶贫

"贵在精准，重在精准"

扶贫工作任重道远，自2013年11月习近平总书记在湖南湘西考察时首次提出"精准扶贫"的概念后，"精准扶贫"就成了媒体关注的重要内容。"民伤寒心，民伤寒国"，如何解决贫困及其衍生出来的一系列社会问题是中国发展道路上的难题。"看真贫、扶真贫、真扶贫"是党和国家顺应社会发展规律作出的英明决策；攻坚克难、真抓实干，"绝不让困难地区和困难群众掉队"是党和国家对人民群众作出的庄严承诺。

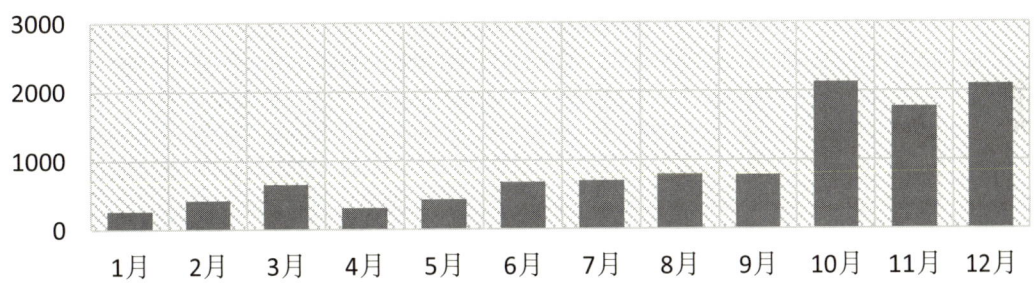

2015年"精准扶贫"媒体关注度逐月分布

根据2015年"精准扶贫"媒体关注度的逐月分布，媒体对"精准扶贫"的关注度在10月、11月、12月这3个月较高。通过回查对应月份的语料，可以给出2015年最受媒体关注的"精准扶贫"相关报道。

2015年最受媒体关注的"精准扶贫"相关报道
● 10月：习近平总书记在2015减贫与发展高层论坛上强调，中国扶贫攻坚工作实施精准扶贫方略，增加扶贫投入，出台优惠政策措施，坚持中国制度优势，注重"6个精准"，坚持分类施策，广泛动员全社会力量参与扶贫。 ● 11月：中央扶贫开发工作会议在北京召开。习近平指出，要坚持精准扶贫、精准脱贫，重在提高脱贫攻坚成效。 ● 12月：全国扶贫开发工作会议在北京召开。国务院扶贫开发领导小组副组长、办公室主任刘永富在会上指出，各地各部门和全国扶贫系统应坚决落实中央决策部署，深入实施精准扶贫、精准脱贫方略。

获得感

"让人民群众有更多的获得感"

2015年2月27日，习近平总书记在中央全面深化改革领导小组第十次会议上指出，要科学统筹各项改革任务，推出一批能叫得响、立得住、群众认可的硬招、实招，把改革方案的含金量充分展示出来，让人民群众有更多的获得感。随后，获得感不仅成为两会热词，也深入街谈巷议中，成为全民热词。什么是获得感？获得感强调的是一种实实在在的"得到"；获得感是"收入"，是"富裕"，是"服务"，是整个社会的公平正义；获得感应贴近民生，让人民群众共享改革发展的成果。

2015年"获得感"媒体关注度逐月分布

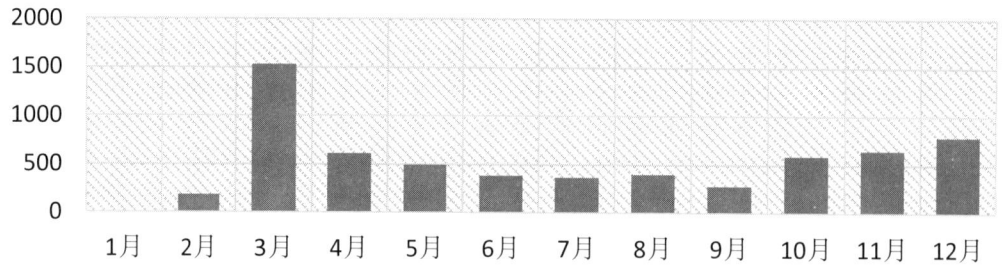

根据2015年"获得感"媒体关注度的逐月分布，媒体对"获得感"的关注度在3月最高，其次为12月、11月、10月。通过回查对应月份的语料，可以给出2015年最受媒体关注的"获得感"相关报道。

2015年最受媒体关注的"获得感"相关报道

- 3月：让百姓拥有更多的获得感，这是两会上代表委员的共同心声。
- 10月：十八届五中全会公报提出，必须坚持发展为了人民、发展依靠人民、发展成果由人民共享，作出更有效的制度安排，使全体人民在共建、共享发展中有更多获得感。
- 11月：凝聚合力，精准扶贫，让农民群众有更多的获得感，增强发展动力，增进人民团结，朝着共同富裕方向稳步前进。
- 12月：2015中央经济工作会议指出，要敢于啃硬骨头，敢于涉险滩，抓好改革举措落地工作，使改革不断见到实效，使群众有更多获得感。

美丽中国

"天蓝　地绿　水清"

生态文明建设，是关系人民福祉、关乎民族未来的长远大计。自2012年党的十八大首次把"美丽中国"列为生态文明建设的宏伟目标，"美丽中国"便成为媒体报道的关键词。"美丽中国"为我们展现了一幅鸟语花香、碧水蓝天、人与自然和谐相处的美好画卷。但改善生态环境并非一朝一夕之功，从2012年"美丽中国"写进十八大报告，到2015年写入"十三五"规划，我们看到了中国坚持绿色发展，保护生态环境，推进美丽中国建设的意志和决心。

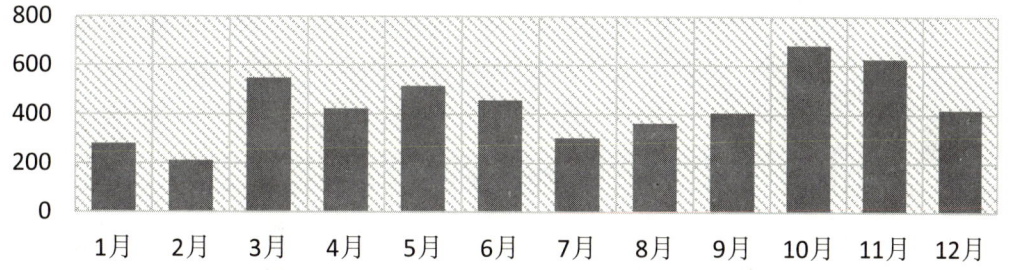

2015年"美丽中国"媒体关注度逐月分布

根据2015年"美丽中国"媒体关注度的逐月分布，3月、10月和11月的关注度相对较高。通过回查对应月份的语料，可以给出2015年最受媒体关注的"美丽中国"相关报道。

2015年最受媒体关注的"美丽中国"相关报道

- 3月：助力美丽中国建设，两会聚焦生态环境保护。
- 10月：十八届五中全会审议通过了《中共中央关于制定国民经济和社会发展第十三个五年规划的建议》，并首次将"推进美丽中国建设"列入五年规划中，由此引发社会对环境保护的高度关注。
- 11月：十八届五中全会提出，中国要坚持绿色发展，推进美丽中国建设，为全球生态安全作出新贡献。

蛮拼的

"爱拼才会赢"

2015年前夕，习近平总书记发表新年贺词时说道"各级干部也是蛮拼的"，"蛮拼的"因此一夜走红。对于推进改革、正风肃纪、国际合作等一系列工作，各级干部也是"蛮拼的"。工作的开展离不开人民的支持，也要为伟大的人民"点赞"，当这些网络新词首次出现在国家主席习近平的新年贺词中时，让人感觉既接地气又有亲和力。其实，接地气，才有底气、有人气；有亲和力，才有魅力、有凝聚力。新潮的网络语言背后，是党和政府与人民心贴心的真诚，是自然流露出的家国情怀。

2015年"蛮拼的"媒体关注度逐月分布

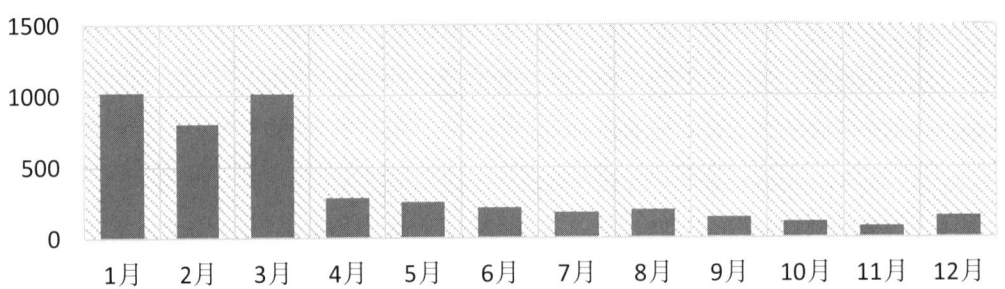

根据2015年"蛮拼的"媒体关注度的逐月分布，1月、2月、3月的媒体关注度较高。通过回查对应月份的语料，可以给出2015年最受媒体关注的"蛮拼的"相关报道。

2015年最受媒体关注的"蛮拼的"相关报道

- 1月：中国国家主席习近平通过中国国际广播电台、中国中央人民广播电台、中国中央电视台，发表2015年新年贺词，其中提到"我们的各级干部也是蛮拼的"。
- 2月：回顾2014年，中央纪委监察部网站的"案件查处"栏目不间断地发布反腐信息，这一栏目的刷新频率之高也说明一个事实:2014年中国反腐也是蛮拼的。
- 3月：2015年全国两会，蛮拼的、点赞、很任性、铁帽子王等网络热词不断出现在官方话语中，尽显亲民本色。

关键少数

"抓住领导干部这个'关键少数'"

2015年,习近平总书记多次重申和强调,全面依法治国必须抓住领导干部这个"关键少数"。把"领导干部"定位为全面依法治国的"关键少数",是由他们承担的特殊政治社会角色决定的。各级领导干部是我们国家治国理政的政治精英,是执政兴国的骨干力量。这个群体人数不多,但在推进依法治国、从严治党方面肩负着重要责任,作用非常关键。

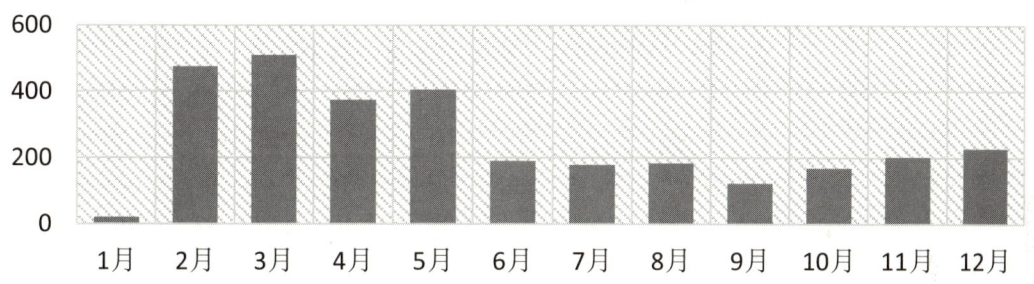

2015年"关键少数"媒体关注度逐月分布

根据2015年"关键少数"媒体关注度的逐月分布,2月、3月、4月、5月的媒体关注度较高。通过回查对应月份的语料,可以给出2015年最受媒体关注的"关键少数"相关报道。

2015年最受媒体关注的"关键少数"相关报道
● 2月:习近平在省部级主要领导干部学习贯彻十八届四中全会精神全面推进依法治国专题研讨班开班仪式上指出,全面依法治国必须抓住领导干部这个"关键少数"。 ● 3月:习近平在参加十二届全国人大三次会议上海代表团审议,谈到从严治党时指出,要抓住领导干部这个"关键少数"。 ● 4月:在党的群众路线教育实践活动结束后不久,中央在县处级以上领导干部中开展"三严三实"专题教育,各级领导干部这个"关键少数"成为教育对象。 ● 5月:刘云山在出席中央党校2015年春季学期第二批进修班开学典礼时指出,各级领导干部是营造良好政治生态的"关键少数"。

厕所革命

"小厕所,大民生"

2015年4月,习近平总书记就厕所革命和文明旅游作出重要批示。2015年7月,习近平总书记在吉林延边考察时又指出,随着农业现代化步伐加快,新农村建设也要不断推进,要来场"厕所革命"。小厕所,大民生。一方面,把小事当作大事来抓,把解决群众如厕难当作一次彻底的革命来实施,为农村创造优美的环境,是新农村建设的题中要义;另一方面,厕所是旅游的要素、文明的体现,面对长久以来的景区厕所脏乱差的现象,加强旅游厕所的管理和建设迫在眉睫。

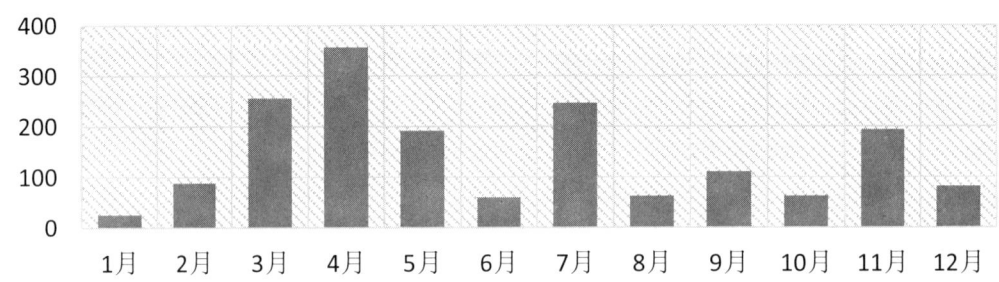

2015年"厕所革命"媒体关注度逐月分布

根据2015年"厕所革命"媒体关注度的逐月分布,媒体对"厕所革命"关注度较高的月份为4月、3月、7月。通过回查对应月份的语料,可以给出2015年最受媒体关注的"厕所革命"相关报道。

2015年最受媒体关注的"厕所革命"相关报道
● 4月:习近平总书记在国家旅游局《关于厕所革命和文明旅游工作情况报告》上作出重要批示,要求推进"厕所革命",下决心整治旅游不文明的各种顽疾陋习,推动我国旅游业发展迈上新台阶。 ● 7月:习近平总书记在吉林延边考察时指出,随着农业现代化步伐加快,新农村建设也要不断推进,要来个"厕所革命",让农村群众用上卫生的厕所。

腾笼换鸟

"转方式、调结构，实现凤凰涅槃"

转方式、调结构，始终是改革发展中一道必须破解的课题。而"腾笼换鸟、凤凰涅槃"八个字形象地说明了"转方式、调结构"的重大意义和方向路径。"腾笼换鸟"就是把现有的传统制造业从目前的产业基地转移出去，再把先进生产力转移进来。它是中国经济在新的时代背景下，达到经济转型、产业升级，实现凤凰涅槃的一项重要战略举措。

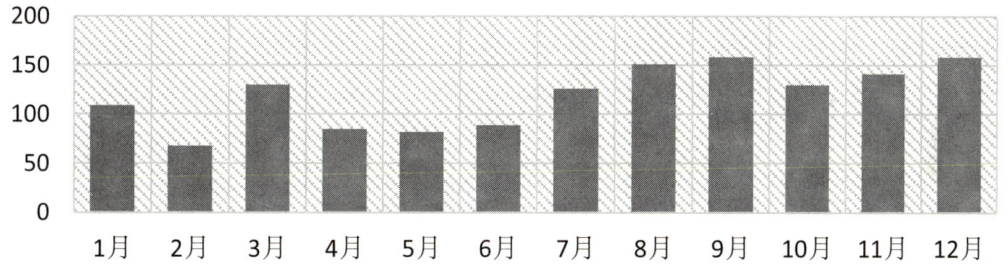

2015年"腾笼换鸟"媒体关注度逐月分布

根据2015年"腾笼换鸟"媒体关注度的逐月分布，媒体对"腾笼换鸟"的关注度较高的月份有3月、8月、9月、11月、12月。通过回查对应月份的语料，可以给出2015年最受媒体关注的"腾笼换鸟"相关报道。

2015年最受媒体关注的"腾笼换鸟"相关报道
●3月：习近平总书记在参加十二届全国人大三次会议吉林代表团审议时指出，东北老工业基地"工业一柱擎天，结构单一"的"二人转"组合并没有根本改变。这个问题不解决，老工业基地难以"腾笼换鸟、凤凰涅槃"。 ●8月："互联网+"要为振兴制造业服务，实现"腾笼换鸟、凤凰涅槃"。 ●11月：随着"腾笼换鸟"的进一步深入，东莞对于经济变革的思考与探索，正在铸就新的中国奇迹与辉煌。 ●12月：用"腾笼换鸟"的思路去换产品、换技术、换新的运营方式，提供有效供给，是国有企业去产能和解决"僵尸企业"问题的一大路径。

2015年中国媒体使用最多的十大潮语

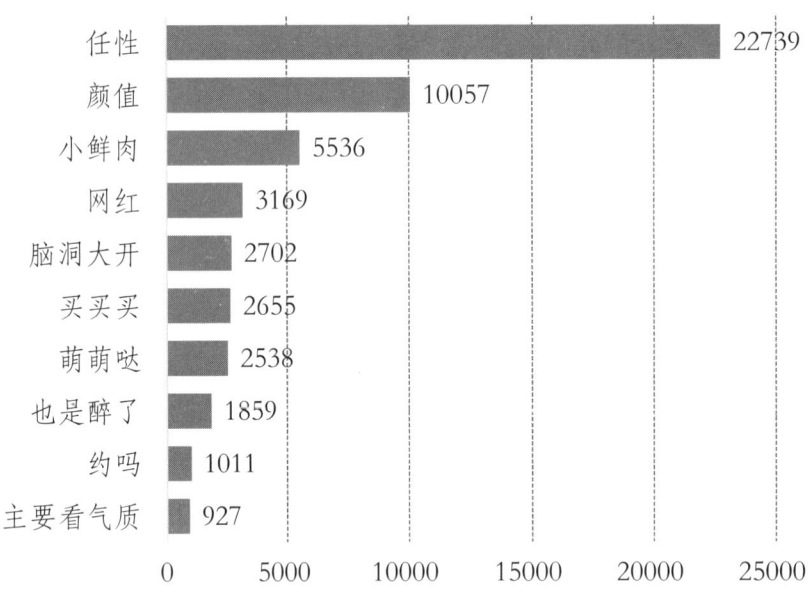

2015年中国媒体使用最多的十大潮语是指在2015年的中国媒体上出现最多的网络词语。

刚刚过去的2015年注定是"任性"又"脑洞大开"的一年。这一年里，人们喜爱"网红"，更爱"小鲜肉"，对"颜值"愈加青睐。他们认为自己"萌萌哒"，争相发图片称"主要看气质"，不管有钱没钱都喊着"买买买"，"也是醉了"。现代人聚会邀请更简单，只需问一句"约吗？"就搞定一切。

潮语是一种流行，先天具有自嘲、反讽、解构、戏谑的内涵，且往往是可变的、短暂的，但其影响面却是广泛的。我们要做的就是拨开潮语的面纱，读懂其中蕴含的社会情绪、折射出的社会心态、流露出的社会感情。

任性

"由着性子，毫无约束"

2015年，"任性"一词红遍大江南北，通过对媒体上"任性"出现的语境进行统计，绘制出以"任性"为中心的词云图，让我们来看看媒体上的"任性"。"市场"可以"任性"，"政府"不能"任性"；"有钱"可以"任性"，"权力"不能"任性"；"行为"可以"任性"，"制度"不能"任性"；"问题"可以"任性"，"工作"不能"任性"。我们将媒体上出现频次较高的"任性"语句片段摘录如下。

2015年媒体上的"任性"
● 大道至简，有权不可任性。 ● 经济发展不能任性。 ● 当"群众"与"获得感"联结在了一起，当"权力"与"不可任性"形成固定搭配，折射出的，是对人民群众期待、期盼的重视，是对执政者监督、约束的强化。 ● 时下有一种流行说法叫"有钱就是任性"，但我觉得应该是"有能力就是任性"。 ● 在甘肃等沙尘暴"重灾区"，沙尘天气不再那么"任性"了。

颜值

"容貌好看的程度"

颜，来自日语中"脸"的汉字，颜值表示人物容貌英俊或靓丽的程度。通过对媒体上"颜值"出现的语境进行统计，绘制出以"颜值"为中心的词云图，让我们来看看媒体上的"颜值"。有颜值就要有比较，所以我们看到了"高""爆表""超高"。谁在关心颜值呢？我们看到了"观众""网友""微博"。哪个领域最重视颜值呢？我们看到了"演员""剧""电影""节目"。2015年，越来越多的影视作品倾向于邀请俊男美女来主演，追求所谓的"高颜值"，以求吸引更多观众。爱美之心人皆有之，欣赏美并无不妥。我们不否定"颜值"的作用和意义，但评价一个人，绝非只有"颜值"一个标准，还得综合考虑道德值、文化值、智商值、情商值、健康值等。我们将媒体上出现频次较高的"颜值"语句片段摘录如下。

2015年媒体上的"颜值"

● 其实没必要过度忧虑，虽然在颜值、赏色大行其道的时代，"时代美学"变了，但这既然能成为公共文化现象，我们也不必一味抵触。

● 如今演员都在拼"颜值"，女演员除了仪容端秀，更甚身量纤纤，只有"瘦得像一道闪电"，才能驾驭各种风格服饰，否则稍有闪失就成了网上嘲讽的对象。

● 当下的青春片，演员无一不是"高颜值"，以至有网友戏称，"长得好看的人才有青春"。

● 今年夏天，北京的天气给人们带来诸多惊喜：清透的"北京蓝"屡屡再现，天空"颜值"直线上升。

小鲜肉

"年轻、帅气的新生代男偶像"

　　"小鲜肉"时下正当红,通过对媒体上"小鲜肉"出现的语境进行统计,绘制出以"小鲜肉"为中心的词云图,让我们来看看媒体上的"小鲜肉"。"小鲜肉"的特点是颜值高、男、帅气、年轻、青春。当红的"小鲜肉"有鹿晗、吴亦凡、宁泽涛、TFboys……"小鲜肉"都拥有数量众多的狂热粉丝,以至于新生代当红小鲜肉鹿晗单条微博评论创下了吉尼斯世界纪录,TFboys的小成员更是以动辄上百万的微博转发量和评论量引领着话题。"小鲜肉"借助电影、节目、微博"吸粉"无数。层出不穷的颜值剧、真人秀节目,为了收视率大打"小鲜肉"的噱头,契合了观众的某些审美心理。但是若干年后,当人们回眸我们今天的影视艺术,如果只能看到"颜值""小鲜肉"这些元素,会不会有一丝悲凉?这可能也是人们对"小鲜肉"的演技和实力存在争议、质疑和期待的原因。我们将媒体上出现频次较高的"小鲜肉"语句片段摘录如下。

2015年媒体上的"小鲜肉"

- "小鲜肉"被看作是"年轻+颜值高"的代表词,也是"男色消费"最直接的体现,作品、演技、唱功对他们而言都是附加值,他们只需要一直安安静静地美下去。
- 在时下越来越娱乐化的市场中,"小鲜肉"当道,颜值剧成为新宠。
- 当被问及如何看待"小鲜肉"走红现象时,胡歌说,如果这些"小鲜肉"还想走远,就不要太把"鲜"当回事,因为"小鲜肉"有"保鲜期",颜值不会永驻,需要慢慢靠演技把自己炼成"老戏骨"。

网红

"网民追捧，网络走红的草根大众"

"网红"是指在现实或者网络生活中因为某个事件或者某个行为而被广大网友关注从而走红的人。通过对媒体上"网红"出现的语境进行统计，绘制出以"网红"为中心的词云图，让我们来看看媒体上的"网红"。2015年的"网红"和网络、微博、明星密切联系在一起，而淘宝、粉丝、经济、店铺、平台等词则揭示了"网红"的经济动机和幕后推手。"网红"是网络时代的产物，迎合了网络世界的审美或审丑心理，也赢得了广大网民的理性或非理性关注。"网红"在2015年热度飙升，和媒体纷纷爆出明星与"网红"女友的恋情有关。此外，很多"网红"凭借自己的话题度和粉丝量纷纷转战淘宝、微商，探索社交电商的发展路径，发展"网红经济"。我们将媒体上出现频次较高的"网红"语句片段摘录如下。

2015年媒体上的"网红"

- "网红"可以对时尚产品起到很好的推广作用，自身往往也能获益丰厚，他们本身就是时尚产业中的一个重要链条。
- 既然定义为"网红"，那么无论被赞还是被骂，出名就对了。
- 2015年，郭富城第一次主动公开承认恋情，对方27岁的年纪、时下流行的"网红"模特儿的身份，使我们不得不惊叹天王从身体到择偶心态依然如此青春。
- 2015年8月，淘宝首次提出了"网红经济"的概念，并且计划加大力度支持"网红"店铺的运营。

脑洞大开

"丰富多彩的世界需要脑洞随时打开"

"脑洞大开"意为想象天马行空,联想极其丰富、奇特,甚至到了匪夷所思的地步,由网络词语"脑补"衍生而来。通过对媒体上"脑洞大开"出现的语境进行统计,绘制出以"脑洞大开"为中心的词云图,让我们来看看媒体上的"脑洞大开"。"网友"和"观众"是最容易"脑洞大开"的,而让人们"脑洞大开"的既有万能的"互联网"、奇特的"创意"、巧妙的"设计",也有疯狂的"游戏"、荒诞的"电影"、离奇的"剧"。我们将媒体上出现频次较高的"脑洞大开"语句片段摘录如下。

2015年媒体上的"脑洞大开"

● 将《新华字典》拍摄成电影,互联网公司脑洞大开的想法令网友眼前一亮。
● 譬如《武媚娘传奇》,唐妆下的演员自带PS修图功能,霓裳云影让人目不暇接,然而剧情不忍直视,分分钟编剧就让观众脑洞大开。
● 北京大学自主招生面试中,考题五花八门,让不少学生大呼"脑洞大开"。
● 至于怎么请谢霆锋出山写歌,陈奕迅的回答再度让人脑洞大开:"不用请,他一直在山附近!五湖四海煮东西,在外面走来走去。"
● 在北京三里屯太古里橙色大厅,超过360件集"不可思议"与"脑洞大开"为一体的"英伦制造"设计作品亮相今年的英国创意作品展。

买买买

"全民购物狂欢，根本停不下来"

2015年，中国刮起了一阵"买买买"旋风。通过对媒体上"买买买"出现的语境进行统计，绘制出以"买买买"为中心的词云图，让我们来看看媒体上的"买买买"。"买买买"就是购物，中国的消费者在"双十一"通过电商和网购"买买买"，中国的游客去日本"买买买"，"买买买"是一种"剁手"也阻止不了的疯狂。从宏观上来看，"买买买"是人民生活富足的表现，可以拉动经济，但过度的"买买买"、强迫性购物则是一种病，源于消费者扭曲的购物观、空虚的内心和匮乏的精神世界。我们将媒体上出现频次较高的"买买买"语句片段摘录如下。

2015年媒体上的"买买买"

- 在各路电商铺天盖地的宣传攻势下，出现了不少一时头脑发热就"买买买"的冲动消费者。
- 今年的"双十一"，各家电商都推出了不同程度的优惠促销活动；除了"买买买""吃吃吃""省省省"，消费者还可以享受到许多特别内容，迎来一个不一样的"双十一"。
- "买买买"的剁手族让淘宝在这个购物季里一天就赚得超过1亿元。
- 全国政协常委、国家旅游局原局长邵琪伟虽然没去日本买过电饭锅、马桶盖，但他也关注了国人在日本的"买买买"。仅2015年春节，中国游客就在日本豪掷60亿元人民币，并不便宜的马桶盖被疯抢断货。

萌萌哒

"萌萌的，很可爱"

　　2015年，人人都觉得自己"萌萌哒"。通过对媒体上"萌萌哒"出现的语境进行统计，绘制出以"萌萌哒"为中心的词云图，让我们来看看媒体上的"萌萌哒"。"网友""观众""微博"经常使用"萌萌哒"，和"萌萌哒"类似的词语有"可爱""萌""赞""美"。可以"萌萌哒"的有"感觉"和"形象"，有"节目"和"造型"，还有"照片"和"表情"。"萌萌哒"具备丰富的自我消解和自我宽慰功能，因此逐渐在人们语言中传播流行开来。"萌"原本是小孩子的专利，但在这个全民"卖萌"的时代，用"萌萌哒"的方式面对生活中的困难，消解生活中看似严肃的事物，也不失为一种乐观率真的人生态度。我们将媒体上出现频次较高的"萌萌哒"语句片段摘录如下。

2015年媒体上的"萌萌哒"
● "今天没吃药，感觉自己萌萌哒。" ● 作为搭档，唐嫣夸赞李易峰私下"萌萌哒"，"戏外总是可爱到萌一脸血"。 ● 周杰伦在节目中各种含羞、窃喜、萌萌哒表情动图被疯转，"周杰伦小公主"成了实时热搜榜榜首。 ● 在2015年的新年贺词中，习近平用了"蛮拼的"和"点赞"这样的流行用语，网友纷纷用"好接地气哟""习大大萌萌哒"来评价。

也是醉了

"无奈、无语、无话可说"

  "也是醉了"2015年爆红网络，成了不少人的口头禅。通过对媒体上"也是醉了"出现的语境进行统计，绘制出以"也是醉了"为中心的词云图，让我们来看看媒体上的"也是醉了"。"也是醉了"是"网友"在"网络""微博"上使用的"流行语"，是对"生活"的"调侃"，对"春晚"的"吐槽"。我们看到一些"蛮拼的""任性的"事物，想想"也是醉了"。"也是醉了"是对无奈、郁闷、无语情绪的一种表达，一句"也是醉了"就能让彼此谙熟对方的心意。我们将媒体上出现频次较高的"也是醉了"语句片段摘录如下。

2015年媒体上的"也是醉了"

- 12306版玩找茬，也是醉了。
- 想想也是醉了——同一天，同一条公交线路上，一名青年男子竟然两次遗失重要物品，所幸都失而复得。
- 想想那边说权力别任性，这边却是瞎折腾，也是醉了。
- 据网友爆料，昨天夜里，宜州一男子在城北饮酒至深夜，醉倒不省人事，其七岁的儿子穿着棉拖、开着三轮车前来将其运回，来回20多公里，无比娴熟淡定，哥看得也是醉了！

约吗

"与美好相约,拉近互联网时代你我的距离"

  2015年,"约吗"成为新的问候语。通过对媒体上"约吗"出现的语境进行统计,绘制出以"约吗"为中心的词云图,让我们来看看媒体上的"约吗"。"中国"的"约吗",可以在"微博"上约,可以在"海报"上约,可以在"网络"上约,也可以在"活动"中约;"网友"可以约,"观众"可以约,"小伙伴"们就更可以约了。"约吗"可以"想",可以"问",可以"晒"。对于热衷于社交网络的人来说,"约吗"这两个字俨然已经成为线上搭讪和问候的标配用语。而在现实生活中,"约吗"也逐渐成为朋友间见面或聚会时打趣和调侃的口头禅。我们将媒体上出现频次较高的"约吗"语句片段摘录如下。

2015年媒体上的"约吗"
● 机器人主题乐园来了,约吗?   ● 还约吗,"北京蓝"?   ● 山泉叮咚山花吐蕊,清明黑龙潭春光青涩。约吗?   ● 阿汤哥下战书称不久将来中国,约吗?

主要看气质

"全民晒自拍，不看颜值看气质"

在2015年的年终岁尾，歌手王心凌在个人微博上回复网友："主！要！看！气！质！"引爆全民跟风晒气质图，"主要看气质"也成为年度潮语。通过对媒体上"主要看气质"出现的语境进行统计，绘制出以"主要看气质"为中心的词云图，让我们来看看媒体上的"主要看气质"。"主要看气质"是"互联网"的"游戏"，"网友"的"流行语"，"发"的是自己的"照片"，"刷"的是"微信""朋友圈"。"主要看气质"在短短一个月的时间内便不断升温发酵成为年度潮语，这既是网络寂寞情绪的又一次盛大狂欢，也是对"自拍党"刚性需求的满足。我们将媒体上出现频次较高的"主要看气质"语句片段摘录如下。

2015年媒体上的"主要看气质"
● 宁浩被调侃"撞脸年兽"？周冬雨称"主要看气质"。 ● 与冰桶挑战、微笑挑战等游戏相比，"主要看气质"显得更无聊，但就是这般无聊，瞬间还是以接力的形式刷爆了朋友圈。 ● 《唐人街探案》是"颜值最低剧组"？王宝强称"主要看气质"。

2015年中国媒体最关注的十大情感

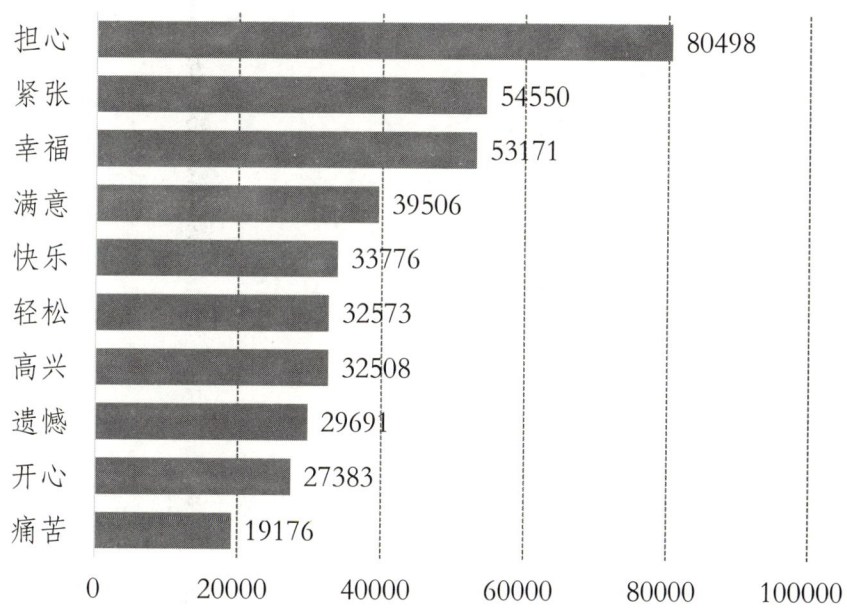

2015年中国媒体关注度最高的十大情感是指在2015年的中国媒体上出现最多的情感词语。

榜单上正面情感词语占六席，负面情感词语占四席。在往年的榜单中，"幸福"不是占据榜首，就是位居次席。今年，幸福却退居第三位，担心和紧张成为最受媒体关注的两大情感。缘何担心，谁在紧张？

担心的对象主要是家事与国事：担心孩子输在起跑线上；担心个人信息泄露或被滥用；担心有辐射；担心传统手艺随着老一代手艺人的退休而失传；担心国有资产流失；担心延迟退休年龄影响年轻人就业；担心城乡差距越来越大；担心生病得不到救治……

紧张的主体主要是国际社会：美欧与俄罗斯关系骤然紧张；欧洲局势紧张；俄土关系紧张；朝鲜半岛局势紧张；日本与中国、韩国关系比较紧张；中美关系也出现过紧张。

担心和紧张的事情这么多，幸福感自然也就降低了。当然，2015年也留给了我们大阅兵的振奋、获诺贝尔奖的自豪等许多美好记忆。2016年，希望国人多一些快乐，少一些烦恼；世界多一些和平，少一些纷争。

担心

"心有顾虑，放心不下"

  2015年，"担心"成为媒体最关注的情绪。通过对媒体上"担心"出现的语境进行统计，绘制出以"担心"为中心的词云图，让我们来看看媒体报道中的"担心"。是谁在"担心"？我们看到了"网友、司机、妈妈、投资者、公司、企业、民众、政府、国家"等。为什么"担心"？我们看到了"政策、风险、发展、改革、金融、股市、下跌、贬值、质量、价格"等。在担心的对象中出现了许多经济领域的词语，这与2015年中国经济运行相对困难的局面相吻合。我们将媒体上出现频次较高的"担心"语句片段摘录如下。

2015年媒体上的"担心"

● 市场担心债务危机会导致希腊退出欧元区，引发金融市场发生动荡，并对经济造成冲击，资金撤离股市和商品市场。

● 美国在南海问题上的错误言行，出于其对中国崛起的疑虑，总担心中国崛起将削弱美国的霸权。

● 面对一些对中国经济前景的担心，习近平指出，中国经济体量大、韧性好、潜力足，回旋空间大、政策工具多。

● 很多国家担心，发达经济体货币政策分化，将引发资本无序流动，全球债务高企，造成市场信心不足，加上国际金融和大宗商品市场波动，对新兴市场国家和发展中国家带来更大冲击。

● 某"二孩"调查显示，84.9%的受访者认为要"二孩"经济成本太高，37.4%的受访者担心"二孩"性别会带来家庭问题，29.5%的受访者认为女性身体会吃不消，19.6%的受访者担心第一个孩子会不同意，16.8%的受访者认为家庭结构改变会影响孩子，16.2%的受访者担心家里老人压力加大，16.0%的受访者担心会对事业造成影响。

紧张

"高度戒备，焦虑不安"

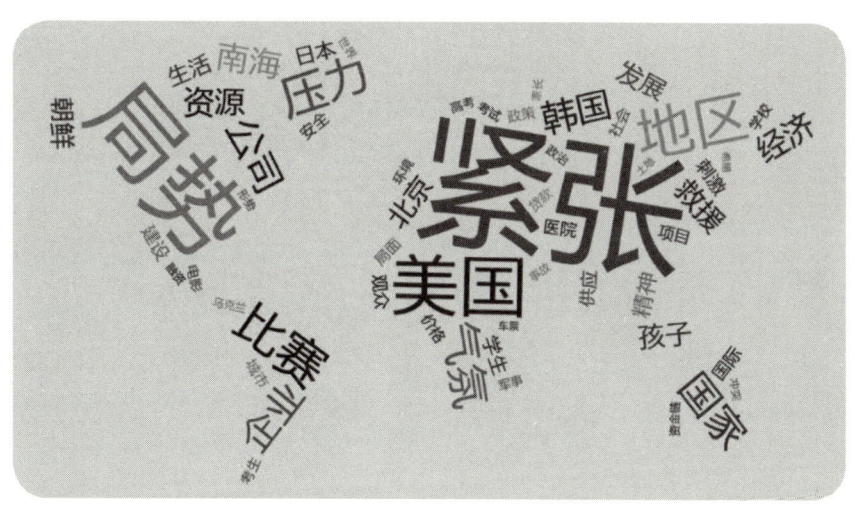

2015年，"紧张"位居情感榜单的第二名。查看以"紧张"为中心的词云图可以发现，不同于"担心"主要涉及经济领域，"紧张"更多涉及国际政治和军事领域。气氛紧张、局势紧张、地区紧张在媒体报道中频频出现，与"中国、美国、俄罗斯、日本、韩国、朝鲜、土耳其、乌克兰"等国与国之间错综复杂的利益纠葛密切相关。此外，比赛紧张、企业紧张、经济紧张、资源紧张也在词云图中有所反映。我们将媒体上出现频次较高的"紧张"语句片段摘录如下。

2015年媒体上的"紧张"

● 据韩联社报道，虽然韩朝双方试图通过高级别对话谋求改善关系、缓解紧张局势，但在韩朝边界地区，两国军队依旧维持最高水平的警戒状态，边界地区紧张局势丝毫不见缓解。
● 在欧洲，乌克兰危机的爆发和加剧导致俄罗斯与美欧关系持续紧张。
● 美国推进亚太再平衡战略后，不断加大军事力量部署，增强跟中国有争议的国家的军事合作关系，这才是南海形势紧张的根源。
● 俄土双方拥有高级别的协商会议，两国同样有着高水平的经济发展关系，俄土两国都不希望因为此次事件而造成两国关系的紧张。

幸福

"心满意足,心情舒畅"

在十大情感榜单中,"幸福"位居第三。但在幸福出现的语境中,常伴随"不""没有"等否定词,可见2015年人民的幸福指数并不是很高。养老问题、高昂的房价、环境污染、工作收入低,孩子的教育、婚姻问题,农村和城市之间的差距等都是导致人们幸福指数不高的原因。要解决这些问题,提升人民群众的幸福感,离不开国家经济的持续健康发展,也离不开个人的"努力"奋斗。我们将媒体上出现频次较高的"幸福"语句片段摘录如下。

2015年媒体上的"幸福"

- 只有GDP,可能不一定幸福,但如果没有GDP,一定不会幸福。
- 要创造我们自己的幸福,全靠我们自己,靠我们当前的这一轮改革开放。
- 在"影响国人幸福感的十大因素"榜单上,收入排在首位,四成受访者坦承,"提高工资水平"对幸福感的提升帮助最大。
- 杨善洲说"能为人民做点事就是我的幸福",师延林说"为老百姓做事,被他们信赖,是最大的幸福……"优秀共产党人的感悟告诉我们,全心全意为人民服务,幸福才会时来敲门。
- 随着社会发展和人民生活水平的不断提高,人民群众对干净的水、清新的空气、安全的食品、优美的环境等要求越来越高,生态环境在群众生活幸福指数中的地位不断凸显,环境问题日益成为重要的民生问题。
- 对于城市中的职场白领来说,寻求幸福之路更是充满了酸甜苦辣:无休止的加班、升迁的压力、家庭陪伴的缺失,还有高涨的房价、拥堵的交通、污染的环境,诸如此类的城市病,让城市白领的幸福感和幸福指数正在承受前所未有的冲击。

满意

"符合心意，意愿满足"

在2015年媒体报道中，"满意"每出现两次，就有一次与"不""没有"等否定词共同出现，也就是说"满意度"约为50%。2015年，反腐力度有增无减，群众拍手称赞；但旅游景区脏乱差、企业服务质量差、工资收入低、证明"我妈是我妈"等各种社会问题，则很难令"游客、观众、消费者、用户、人民"满意。我们将媒体上出现频次较高的"满意"语句片段摘录如下。

2015年媒体上的"满意"

● 复旦大学去年发布的一项报告表明，在"反腐议题最满意、最普遍、最乐观"的同时，不公平感与不安全感成为相对广泛的社会负面情绪。

● 出租车行业长期以来存在着乘客不满意、社会不满意、司机也不满意的奇怪现象，这些问题集中起来就是现行出租车行业管理和服务体制已经不适合当前社会发展的需要，必须进行全面改革。

● 要把群众和企业的满意不满意、实践效果如何作为检验简政放权是否有效的根本标准，让改革更好地契合民意，增强群众的获得感。

快乐

"感受良好，心情愉悦"

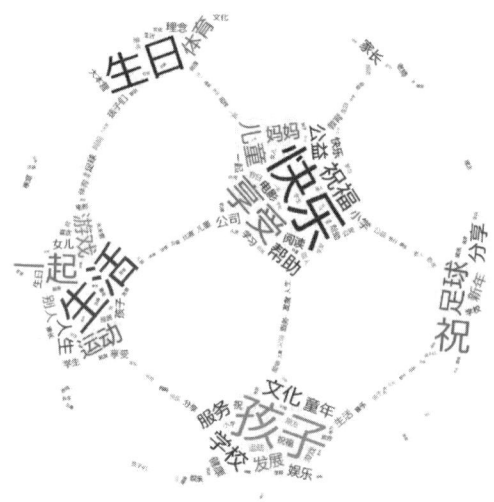

　　"快乐"的词云图真的好欢乐。孩子是快乐的，儿童是快乐的，学生也是快乐的；生日要快乐，生活也要快乐；学习要快乐，教育也要快乐；足球要快乐，体育也要快乐。快乐随着祝福而来，与健康相伴。请"父母、老师、老人"一起来享受快乐人生吧。我们将媒体上出现频次较高的"快乐"语句片段摘录如下。

2015年媒体上的"快乐"

● 上周六，《快乐大本营》迎来了18周岁的生日，除了在收视率上取得了亮眼的成绩以外，微博上#快本18岁生日快乐#的话题也持续占据着热门话题榜第一的位置超过24小时，近2.4亿网友参与讨论。

● 学习本是件愉快的事情，教育也应该追求快乐，做到寓教于乐。

● 俞敏洪认为，不管是什么样的智能系统和合作模式，能够帮助孩子们更加快乐、更加高效地学习才是好系统。

● 中国人说中国梦，美国人说美国梦，其实，中国梦和美国梦本质上都是追求美好生活，追求更健康、更快乐、更幸福的生活。

● 彩色跑，被誉为"地球上最快乐的5公里跑"，以慢跑和色彩为主题，倡导健康、快乐、大众参与的健康理念。

轻松

"没有负担，身心舒畅"

  "轻松"一词主要出现在"比赛""生活""工作"三大语境中。在比赛中，我们乐见"中国队"轻松"击败""对手"，"拿下"一"局"、一"盘"、一"场""球"，顺利"晋级""进入"下一"轮"。比赛要轻松，同样，"工作"中的压力和"生活"中的问题也要轻松"面对"。我们将媒体上出现频次较高的"轻松"语句片段摘录如下。

2015年媒体上的"轻松"

● 2015年的中超联赛被冠以"史上最贵"的名号，从恒大初入时期的1个亿足以轻松扫平一切对手，到现在没5个亿别提争冠，中超变得越来越有钱了。

● 在老马看来，这场比赛赢得很轻松，大家又好像找到了昔日的节奏，"我们从没停止过按照自己的方式打球，这样能让我们更轻松地取胜"。

● 7月9日，微信"生活缴费"入口正式上线，微信用户只需在微信钱包中点击"生活缴费"栏目，即可随时随地轻松缴纳水、电、燃气等生活相关业务费用。

● 现实生活中，人们的身份是公开的、真实的，但在互联网世界里，人们却可以戴上"面具"，轻松地做另一个甚至另几个自己。

● 语文出版社社长、教育部原新闻发言人王旭明接受采访时表示，网络用语是人民群众创造的、最活跃、应用性最强的语言形式之一，我们一直缺乏幽默、缺乏轻松，网络用语在当前社会生活中的意义就是把一种社会现象用调侃、讽刺或者轻松的方式表达出来。

高兴

"心情愉快,情绪兴奋"

从词云图中可以看到:"高兴"的主体是"我、自己、我们、他、她、他们、中国、大家、孩子"等,修饰语是"很、非常、特别、不、没、没有、十分、太、挺、最"等,经常与"表示、感到"连用。影响"高兴"的因素有"钱、比赛、工作、发展、合作、机会、吃、成绩、冠军"等。我们将媒体上出现频次较高的"高兴"语句片段摘录如下。

2015年媒体上的"高兴"
● 深化改革必须倾听人民的心声,真正将人民群众拥护不拥护、赞成不赞成、高兴不高兴、答应不答应作为出台各项改革政策的出发点和归宿。 ● 能够免费吃到火锅大餐,环卫工许艳红很高兴,她说:"高兴的并不是自己吃了一顿饭,而是得到了大家关心、关爱,我们环卫工越来越引起人们的重视。" ● 海南省东方市玉米今年获得了大丰收,这本来是件大好事,但种植户却怎么也高兴不起来,因为全市十余万亩的玉米出现了滞销的状况,玉米的价格更是一落千丈。 ● 动辄上万的花费,让网友感慨,春节变"春劫",但也有网友对过年骤然升高的花费不以为然,有网友表示,过年就是图个乐,高兴当然就不能在乎钱。

遗憾

"悔不当初，自责不已"

从图中可以发现，"遗憾"最常出现在体育"比赛"中，"无缘""冠军"会"留下"遗憾，"错过""机会"也同样"令人"遗憾。此外，还有大家耳熟能详的对此"表示"或"感到"遗憾，而"中国""日本""韩国"则是该语境中经常出现的国家。我们将媒体上出现频次较高的"遗憾"语句片段摘录如下。

2015年媒体上的"遗憾"
● 安倍晋三在就日本侵略历史进行反省和谢罪时采用"回顾式"表述，提及慰安妇问题时也仅表示"女性名誉和尊严受到了伤害"，这令人十分遗憾。 ● 韩国统一部官员当天回应称，朝鲜将韩国发出的共同解决韩朝问题的提议置之不理，反复发出扭曲和歪解事实的威胁言论，韩国对此表示遗憾。 ● 令人遗憾的是，"妖魔化"中国、刻板成见的杂音依然不绝于耳。 ● 要看真贫、扶真贫、真扶贫，少搞"盆景"，多做实事，不要想当然、瞎指挥，导致"解决一个问题，留下十个遗憾"。 ● 同一企业屡次被抽检出产品不合格，这一现象让人感到很遗憾，这说明很多企业对食品安全等问题没有重视起来。 ● 遗憾的是，佩兰一直没有通过战术和用人来解决这个问题，只是屡屡向媒体发出祥林嫂般的感慨——中国没有能解决问题的前锋、有的球员表现不如联赛，等等。 ● 高校毕业生集体晒"大学遗憾"，恋爱问题排第一。

开心

"合乎心意，心情舒畅"

如果你有"钱"，可以"买买买"，从购物中获得乐趣；如果你有时间，"世界这么大，可以去看看"；如果你是个吃货，不开心的时候可以开开心心地大吃一顿，"做人嘛，最重要的就是开心"！"开心"最常出现在涉及娱乐圈的新闻报道中，一方面是因为令观众开心是艺术的一项重要功能，另一方面也反映了2015年中国电影票房再创新高、真人秀综艺节目霸占荧屏的现象。俗话说，"开心是一天，不开心也是一天"，面对生活中的各种问题，保持积极乐观的心态十分重要。我们将媒体上出现频次较高的"开心"语句片段摘录如下。

2015年媒体上的"开心"

- 拍戏就一定要完成角色，你不想哭也要哭，你不想开心也要开心。
- 市场上的很多喜剧可能连最基本的让大家开心的功能都没有。
- 由"开心麻花"的沈腾、马丽主演的《夏洛特烦恼》不仅勇夺国庆档票房冠军，在上映20天后依然热度不减，票房成功突破12亿元。
- 杨颖对黄晓明说："以后无论你开心或不开心我都会陪伴你，为你建立一个家庭，这一直是我的梦想。"
- 不久前，林青霞写了一篇文章叫《不要问我为什么》，来回应外界对她参加《偶像来了》的争议，她说，"我真的很开心，真的很快乐，我觉得在录节目时，那种幸福感、满足感是很真实的"。
- 即使大牌如范冰冰，也是频频亮相综艺节目，当评委、验脑力、撕跑男、玩体验，不亦乐乎，这对粉丝来说是件开心的事情，但对努力分辨各种节目的"非资深综艺粉"来说则是挑战：要准确说出明星参与的是哪个综艺节目，真的很容易弄错呢！

痛苦

"身体或精神感到非常难受"

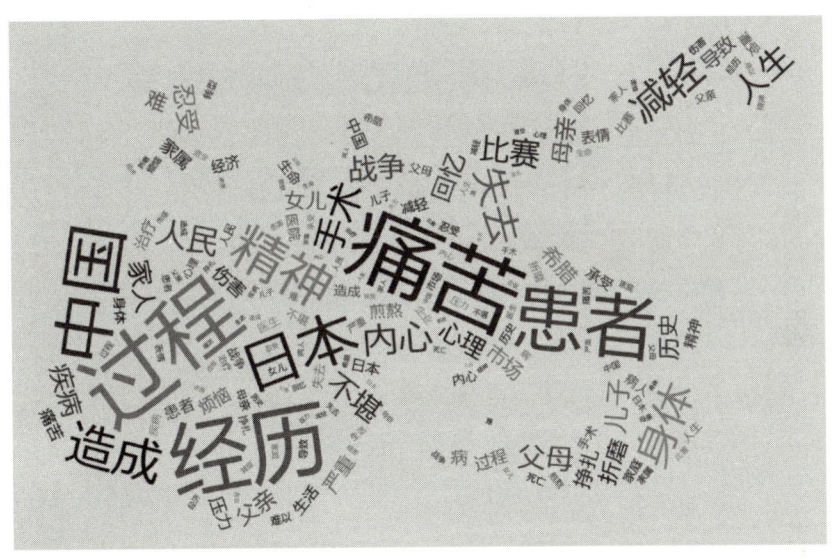

  "疾病"对"身体"的"折磨"是痛苦的,"手术"中的"患者"是痛苦的,"比赛"的"过程"有时也是痛苦的,但这些痛苦都是能够"减轻"的。然而痛苦的"精神"、痛苦的"经历"、痛苦的"人生"却是"生命""难以"承受的。更何况,"日本"对"中国"的侵略战争所造成的痛苦更是中国人不能忘却的历史。我们将媒体上出现频次较高的"痛苦"语句片段摘录如下。

2015年媒体上的"痛苦"

- 24岁小伙器官拯救6名病人:让别的家庭不再承受痛苦。
- 农民工工伤维权程序复杂、时间漫长,农民工在遭遇工伤事故或职业病伤害后,不仅要承受身心的痛苦,还要面对工伤认定难、获得工伤赔偿难等问题。
- 人贩子卖掉一个孩子,接踵而至的便是一个家庭数十年的痛苦,人们的命运也因此发生不可逆转的改变。
- 张高丽强调,在经济转型过渡期,会比较痛苦和艰难,加上整个世界经济的艰难复苏和部分地区动荡,深层次问题和新问题并存。
- 南京大屠杀幸存者夏淑琴老人表示,国家公祭给幸存者以温暖,也给年青一代以教育,日本侵略者给中国人带来的伤害和痛苦,年青一代不应忘记,但更要反对战争、珍爱和平。

2015年中国媒体关注度最高的十大电影

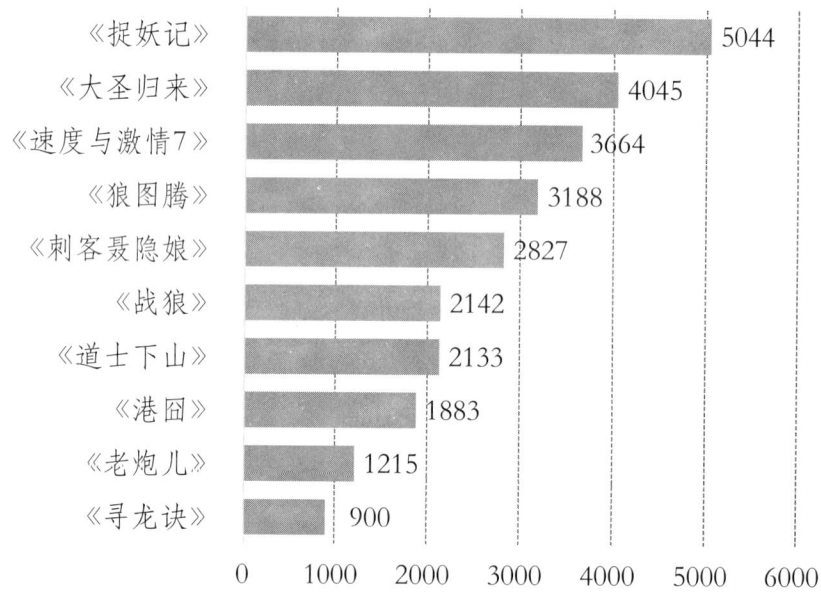

2015年中国媒体关注度最高的十大电影是指在2015年的中国媒体上出现次数最多的本年上映影片。

2015年中国电影票房首次超过400亿元，位列榜单首位的国产片《捉妖记》和第3位的《速度与激情7》分获票房冠亚军，受到媒体的高度关注。国产动画片票房冠军《大圣归来》作为一部现象级电影，不仅收获了观众的口碑，也受到了媒体的热烈关注，位列榜单第2位。改编自热门小说的《狼图腾》和《寻龙诀》分列榜单第4位和第10位，叫好不叫座的《刺客聂隐娘》位列第5位，口碑和票房均表现不俗的《战狼》和《老炮儿》分列榜单第6位和第9位，两部票房大卖的喜剧片《道士下山》和《港囧》分列榜单第7位和第8位。

由榜单可知，2015年中国媒体在将目光投向那些票房火爆的电影的同时，也更多地关注了那些口碑上佳的影片，一部国产动画片和一部票房遇冷的武侠片能够入榜并且高居榜单前列，说明媒体的视线并不完全被市场牵引。在上榜的十大电影中，国产片占据9席，可见媒体对国产电影的偏爱和不遗余力的宣传。在题材和类型上，喜剧片占3席，奇幻片占2席，犯罪片占2席，战争、武侠、冒险各占1席，反映了媒体关注的广泛性和多样性。

《捉妖记》

"萌妖萌神的良善世界"

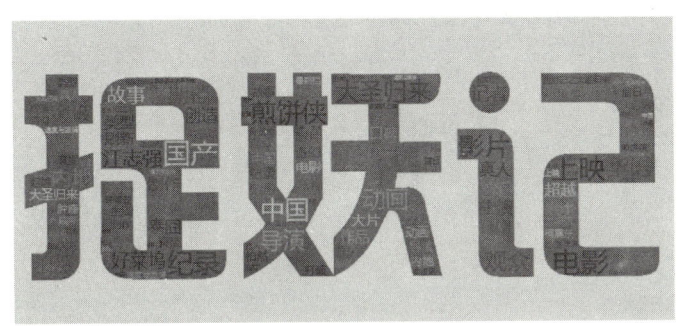

《捉妖记》是由许诚毅执导，白百何、井柏然、曾志伟、吴君如、姜武、钟汉良等主演的电影，于2015年7月16日在中国内地公映。影片主要讲述了男主人公天荫在阴差阳错下怀上了即将降世的小妖王胡巴，在降妖天师小岚的护送下一路斩妖除魔的故事。

《捉妖记》自上映以来刷新和创造了200余项票房新纪录，截至2015年9月16日，上映63天的《捉妖记》累计票房达24.38亿，观影人次超6.5千万，打破上映30天《速度与激情7》创下的内地影史票房纪录以及内地观影人次纪录。

2015年《捉妖记》媒体关注度逐月分布

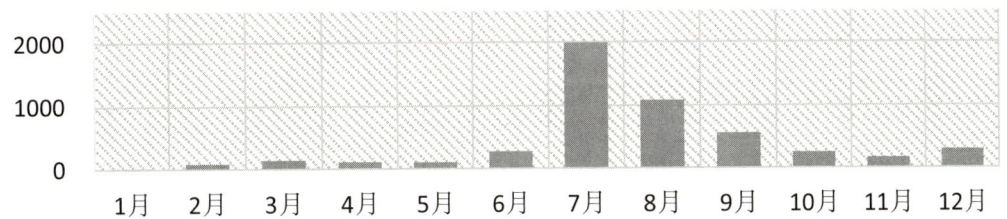

根据2015年《捉妖记》媒体关注度的逐月分布，媒体对电影《捉妖记》的关注度在7月、8月均超过了1000次，9月也超过了500次，明显高于其他月份。通过回查对应月份的语料，可以给出2015年最受媒体关注的《捉妖记》相关新闻。

2015年最受媒体关注的《捉妖记》相关新闻
● 7月，《捉妖记》上映10天以12.7亿的票房成绩超越了《泰囧》，成为华语影史票房新冠军。
● 8月，《捉妖记》累计票房超19.83亿，成为新晋内地电影票房榜亚军。
● 9月，电影《捉妖记》高票房被疑作假。

《大圣归来》

"一念成魔,一念成佛"

《大圣归来》是根据中国传统神话故事《西游记》进行拓展和演绎的3D动画电影。该片由田晓鹏执导,张磊、林子杰、刘九容和童自荣等联袂配音。影片讲述了在五行山下沉潜了五百年的孙悟空被儿时的唐僧——俗名江流儿的小和尚误打误撞地解除封印,在相互陪伴的冒险之旅中找回初心,完成自我救赎的故事。

影片于2015年7月10日在国内公映后,即以优秀的口碑引发观众的热烈追捧和媒体的广泛报道。《人民日报》认为该片是中国动画电影十年来少有的现象级作品。2015年9月,影片获得第30届中国电影金鸡奖最佳美术片奖、第12届中国动漫金龙奖最佳动画长片金奖。

2015年《大圣归来》媒体关注度逐月分布

根据2015年《大圣归来》媒体关注度的逐月分布,媒体对电影《大圣归来》的关注度在7月最高,8月次之。通过回查对应月份的语料,可以给出2015年最受媒体关注的《大圣归来》相关新闻。

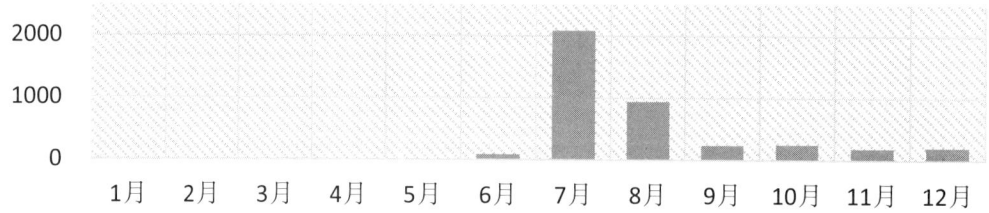

2015年最受媒体关注的《大圣归来》相关新闻

- 7月,《大圣归来》上映16天票房达6.17亿,超过《功夫熊猫2》,成为内地电影史上票房最高的动画电影。
- 8月,《大圣归来》累计票房超过8亿,上映时间延长至9月9日。
- 10月,电影《大圣归来》导演新作《大圣闹天宫》曝光。

《速度与激情7》

"激情的延续，温情的升华"

　　《速度与激情7》是一部赛车题材动作片，是《速度与激情》系列的第7部，由温子仁执导，范·迪塞尔、保罗·沃克、杰森·斯坦森、米歇尔·罗德里格兹、道恩·强森等主演，于2015年4月12日在中国内地上映。影片剧情主要在多米尼克的团队和大反派德卡特·肖之间展开，讲述德卡特·肖为弟弟报仇的故事。

　　《速度与激情7》自上映以来刷新和创造了30余项票房新纪录，截至2015年5月13日，上映30天的《速度与激情7》累计票房达24.24亿。

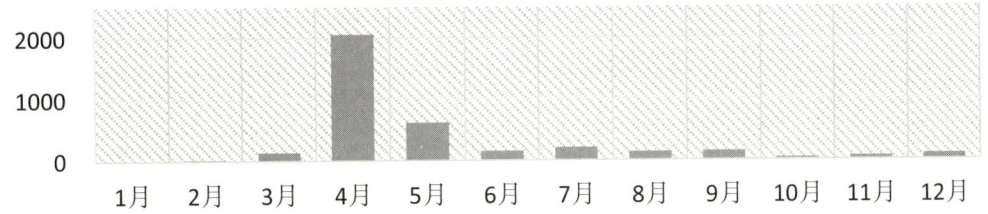

2015年《速度与激情7》媒体关注度逐月分布

　　根据2015年《速度与激情7》媒体关注度的逐月分布，媒体对电影《速度与激情7》的关注度在4月、5月较高。通过回查对应月份的语料，可以给出2015年最受媒体关注的《速度与激情7》相关新闻。

2015年最受媒体关注的《速度与激情7》相关新闻
● 4月，《速度与激情7》上映15天后，票房已达20.10亿，成为国内有史以来最卖座的影片，也成为国内首部票房超过20亿的影片。
● 5月，《速度与激情7》以24.24亿元票房的成绩登顶中国内地影史票房冠军。

《狼图腾》

"人与自然的壮美史诗"

《狼图腾》是中法合拍的一部冒险剧情片，改编自姜戎的同名小说，由法国知名导演让·雅克·阿诺执导，冯绍峰、窦骁、巴森扎布、昂和妮玛和尹铸胜主演，于2015年2月19日在中国内地上映。影片讲述了一个北京知青陈阵在内蒙古草原上养狼，又放生的一段人与狼的故事。

凭借不俗的口碑，《狼图腾》一度成为年度票房黑马，截至2015年3月25日，累计票房达6.98亿，创造了国产文艺片票房最佳成绩。

2015年《狼图腾》媒体关注度逐月分布

根据2015年《狼图腾》媒体关注度的逐月分布，媒体对电影《狼图腾》的关注度在2月、3月和4月较高，显然这3个月中所发生的与电影《狼图腾》相关的新闻事件受到了媒体的高度关注。通过回查对应月份的语料，可以给出2015年最受媒体关注的《狼图腾》相关新闻。

2015年最受媒体关注的《狼图腾》相关新闻
● 2月，《狼图腾》完美逆袭，成为春节档文艺黑马。
● 3月，《狼图腾》票房近7亿，创造了中国主流文艺剧情片的最佳成绩。
● 4月，第5届北京国际电影节闭幕，《狼图腾》获最佳导演奖。

《刺客聂隐娘》

"形意兼备的新式武侠"

　　《刺客聂隐娘》取材自裴铏短篇小说集《传奇》里的《聂隐娘》一篇，由台湾导演侯孝贤执导，舒淇、张震、妻夫木聪、阮经天领衔主演，于2015年8月27日在中国内地上映。影片讲述了聂隐娘幼时被一道姑掳走，13年后被送回已是一名技艺高超的传奇女侠的故事。

　　2015年4月，《刺客聂隐娘》提名第68届戛纳电影节金棕榈奖；2015年5月25日，《刺客聂隐娘》获得第68届戛纳电影节最佳导演奖。该片未映先火，但上映后即陷入了叫好不叫座的局面，最终累计票房仅6000余万。

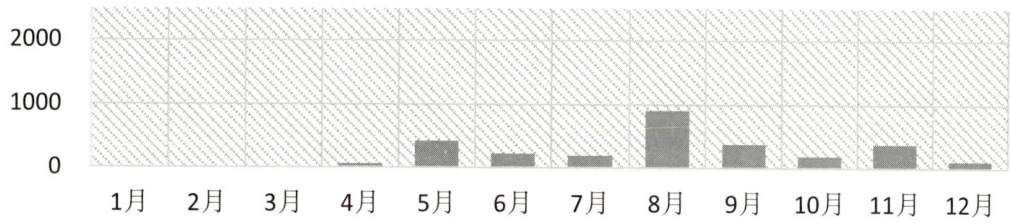

　　根据2015年《刺客聂隐娘》媒体关注度的逐月分布，媒体对电影《刺客聂隐娘》的关注度在5月、8月和11月较高。通过回查对应月份的语料，可以给出2015年最受媒体关注的《刺客聂隐娘》相关新闻。

2015年最受媒体关注的《刺客聂隐娘》相关新闻
● 5月，导演侯孝贤凭借《刺客聂隐娘》获第68届戛纳电影节最佳导演奖。 ● 8月，《刺客聂隐娘》上映两天口碑两极分化。 ● 10月，第52届台湾电影金马奖公布入围名单，《刺客聂隐娘》以11项提名领跑。

《战狼》

"好莱坞式的超级英雄"

　　《战狼》是由吴京执导的现代军事战争片,由吴京、余男、倪大红、斯科特·阿金斯、周晓鸥等主演,于2015年4月2日在全国上映。影片讲述的是小人物成长为拯救国家和民族命运的孤胆英雄的传奇故事。《战狼》真实呈现了一场中外边境战争,也让堪称"东方之狼"的中国特种兵战队及高能战士首次登陆大银幕。

　　精良的制作使该片收获了不俗的口碑和票房。2015年6月20日,《战狼》在成龙动作电影周上包揽了最佳动作片、最佳动作男演员、最佳特技、最佳打斗场面设计等4项大奖。

2015年《战狼》媒体关注度逐月分布

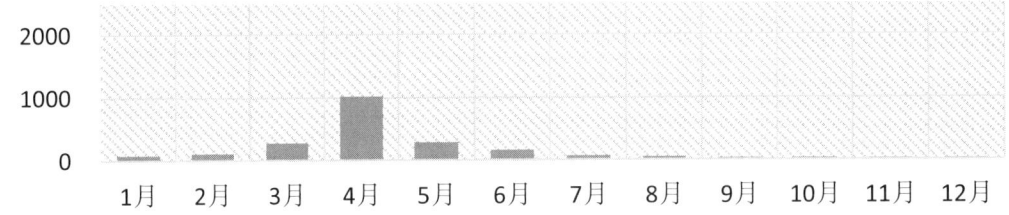

　　根据2015年《战狼》媒体关注度的逐月分布,媒体对电影《战狼》的关注度在4月份明显高于其他月份,5月份仍有持续的关注度。通过回查对应月份的语料,可以给出2015年最受媒体关注的《战狼》相关新闻。

2015年最受媒体关注的《战狼》相关新闻
● 4月,《战狼》票房破4.5亿,掀起军事片热潮。
● 5月,《战狼》线下口碑爆棚,登陆网络院线。

《道士下山》

"奇幻功夫表象下的哲学人生"

《道士下山》是由陈凯歌执导，王宝强、郭富城、张震、范伟、林志玲等主演的奇幻冒险喜剧影片。该片于2015年7月2日在中国内地上映。影片讲述了一个忍受不了山中寂寞的小道士何安下偷偷下山，却阴差阳错地被卷入了乱世中的一场场阴谋，最终悟出武术的至理与境界，从而改变人生的故事。

《道士下山》还未上映就获得了媒体的高度关注，上映后票房一路飘红，但随之而来是观众对影片越来越大的争议声。该片最终获得4亿票房。

2015年《道士下山》媒体关注度逐月分布

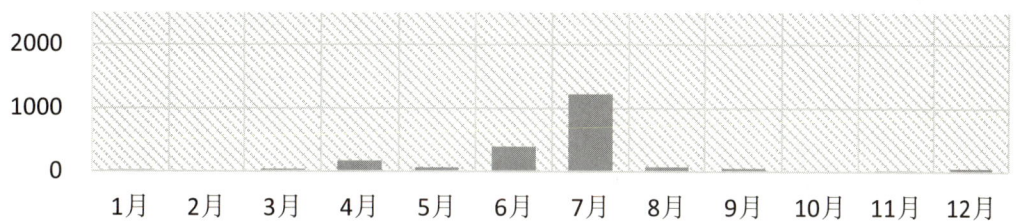

根据2015年《道士下山》媒体关注度的逐月分布，媒体对电影《道士下山》的关注度在7月份最高，达到1,000次以上，而6月份的高关注度显示了媒体对影片的期待。通过回查对应月份的语料，可以给出2015年最受媒体关注的《道士下山》相关新闻。

2015年最受媒体关注的《道士下山》相关新闻

- 6月，《道士下山》发布国际预告，陈凯歌成"最萌"导演。
- 7月，道教界称该影片肆意丑化道教，要求《道士下山》停播、陈凯歌道歉。

《港囧》

"爆笑的壳，伤感的核"

《港囧》是由徐峥执导，徐峥、赵薇、包贝尔、杜鹃、葛民辉等主演的爱情喜剧电影，于2015年9月25日在全国上映。影片讲述了徐来陪伴老婆及家人到香港旅游，计划与大学初恋杨伊偷偷会面，无奈被小舅子识破其醉翁之意不在酒，从而引发一场欢乐香港游的故事。

截至2015年11月25日，《港囧》中国内地票房累计16.13亿，创造了中国电影史2D影片最高票房纪录，成为华语电影单片票房亚军。同时成为2015年华语片北美票房冠军，总票房为130万美元。

2015年《港囧》媒体关注度逐月分布

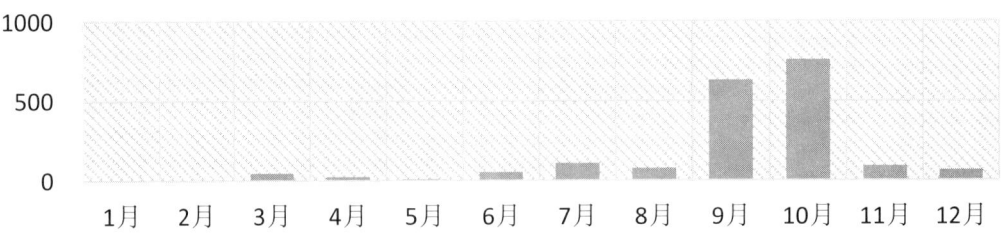

根据2015年《港囧》媒体关注度的逐月分布，媒体对电影《港囧》的关注度在9月、10月较高。通过回查对应月份的语料，可以给出2015年最受媒体关注的《港囧》相关新闻。

2015年最受媒体关注的《港囧》相关新闻

- 9月，《港囧》上映3天票房累计达6.8亿，打破了华语电影首周最高票房纪录。
- 10月，《港囧》票房累计达16.03亿。

《老炮儿》

"老派江湖人的规矩"

《老炮儿》是由管虎导演,冯小刚、张涵予、许晴、李易峰、吴亦凡等主演的电影。影片于2015年12月24日在中国内地上映。该片讲述了当年名震京城一方的顽主六爷被时代所抛弃,孤身一人跟他的几个老哥们固守着自己的生活方式,为了救出得罪了人被私扣的儿子晓波,以自己的规矩与黑势力缠斗的故事。

《老炮儿》上映第6天,单日获得4,886万票房成绩,蝉联单日票房冠军,超过同期上映的喜剧电影《恶棍天使》和3D电影《寻龙诀》。凭借良好的口碑,《老炮儿》上映一周后,票房逆袭破4亿。2015年11月21日,冯小刚凭借电影《老炮儿》获得第52届台湾电影金马奖最佳男主角奖。

2015年《老炮儿》媒体关注度逐月分布

根据2015年《老炮儿》媒体关注度的逐月分布,媒体对电影《老炮儿》的关注度在12月最高,其次为9月和11月。通过回查对应月份的语料,可以给出2015年最受媒体关注的《老炮儿》相关新闻。

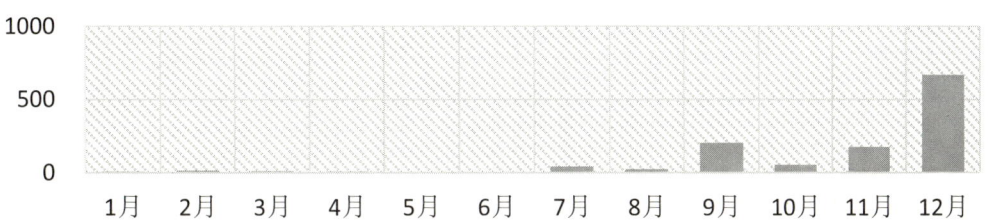

2015年最受媒体关注的《老炮儿》相关新闻

- 9月,第72届威尼斯国际电影节闭幕,备受瞩目的闭幕电影《老炮儿》首映后获得一片好评。
- 11月,冯小刚凭借在《老炮儿》中的表演获得第52届台湾金马奖最佳男主角奖。
- 12月,基于影片的好口碑,《老炮儿》票房、排片双逆袭,蝉联单日票房冠军。

《寻龙诀》

"这才是正宗的摸金范儿"

《寻龙诀》是根据天下霸唱所著盗墓小说《鬼吹灯》的后4部改编而成的奇幻冒险电影。该片由乌尔善执导,陈坤、黄渤、舒淇、杨颖、夏雨等主演,于2015年12月18日上映。《寻龙诀》上映以来创造了870万元国产3D电影零点场最高票房、1.7亿元贺岁档首日最高票房、2.3亿元国产3D电影单日最高票房3项纪录。仅8天时间,《寻龙诀》就获得了10亿元票房,平了由《捉妖记》创下的最快突破10亿元票房的纪录。

2015年《寻龙诀》媒体关注度逐月分布

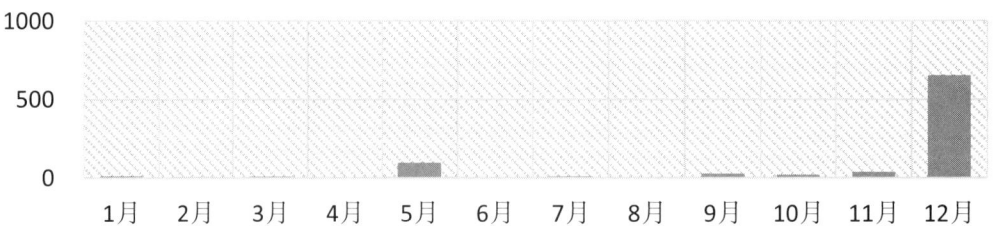

根据2015年《寻龙诀》媒体关注度的逐月分布,媒体对电影《寻龙诀》的关注度在12月和5月明显高于其他月份。通过回查对应月份的语料,可以给出2015年最受媒体关注的《寻龙诀》相关新闻。

2015年最受媒体关注的《寻龙诀》相关新闻
● 5月,《寻龙诀》亮相戛纳电影节,展示了一场东方元素奇幻冒险。 ● 截至2015年12月31日,《寻龙诀》累计票房突破13亿。

2015年中国媒体关注度最高的十大电视剧

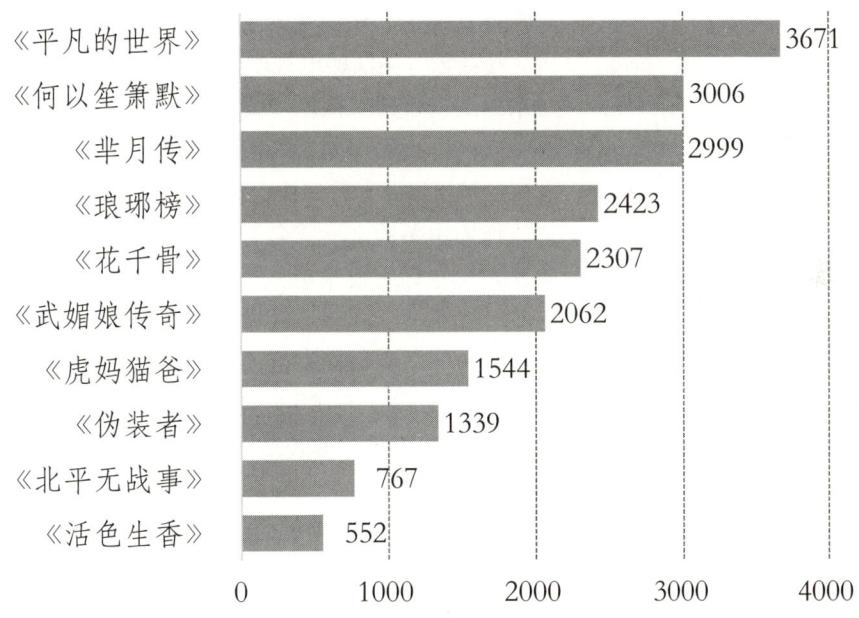

2015年中国媒体关注度最高的十大电视剧是指在2015年中国媒体上出现次数最多的本年新播出的电视剧。

纵观榜单，2015年上榜电视剧最大的特色就是IP剧占据半壁江山。IP是英文知识产权（Intellectual Proprety）的缩写，IP剧就是指以热门原创小说、游戏、动漫为题材创作改编而成的影视剧。《平凡的世界》改编自茅盾文学奖名著，又得习近平总书记赞誉，自然受到媒体的高度关注，在榜单中高居榜首。紧随其后的《何以笙箫默》改编自顾漫2003年的同名小说，当时已经感动了无数书迷。同样，《芈月传》《琅琊榜》《花千骨》都是由小说改编而成的古装IP剧，上榜也是在意料之中。改编自同名小说的《北平无战事》以正剧的身份进入榜单，颇值得关注。除此之外，传统电视剧《武媚娘传奇》《虎妈猫爸》《伪装者》《活色生香》以不变应万变，凭借精良的制作、精彩的故事情节以及当红演员的明星效应等，在众多IP剧的竞争中脱颖而出，足以证明其实力不容小觑。

2015年，"一剧两星"时代正式开启，悄然改变着国产剧的制作和播出。与此同时，依托网络的巨大传播力，电视剧的竞争变得更加激烈，也更加精彩。国产电视剧要想延续往日的势头，必须在变化中寻求突破。但我们也可以看出，无论是华丽的古装剧、深沉的名著改编剧，还是现实的家庭剧或传递正能量的正剧，只要制作走心，都会受到媒体的关注与推广。

《平凡的世界》

"平凡人走向成功的正能量作品"

《平凡的世界》根据路遥同名小说改编，是由毛卫宁执导，王雷、佟丽娅、袁弘、李小萌、刘威、吕一、尤勇、汪芦云等主演的电视剧，于2015年2月26日在北京卫视与东方卫视首播。该剧主要讲述了20世纪70年代农村兄弟孙少安、孙少平在面对现实压力和人生抉择时，依然坚持最初的梦想以及对爱情执着追求的故事。

作为由茅盾文学奖名著改编而成的电视剧，《平凡的世界》自拿到版权至定档开播历时7年，总投资1.2亿，在还原时代氛围上花费了较大的资金和精力，细节考究之精密，在中国电视剧作中可谓绝无仅有。《平凡的世界》展现了"中国梦"的丰富内涵，传递了中国人的信仰，充满着激励当代年轻人前行的正能量。该剧获飞天奖优秀电视剧奖、金牛奖最佳作品奖、金熊猫奖长篇电视剧奖等奖项。

2015年《平凡的世界》媒体关注度逐月分布

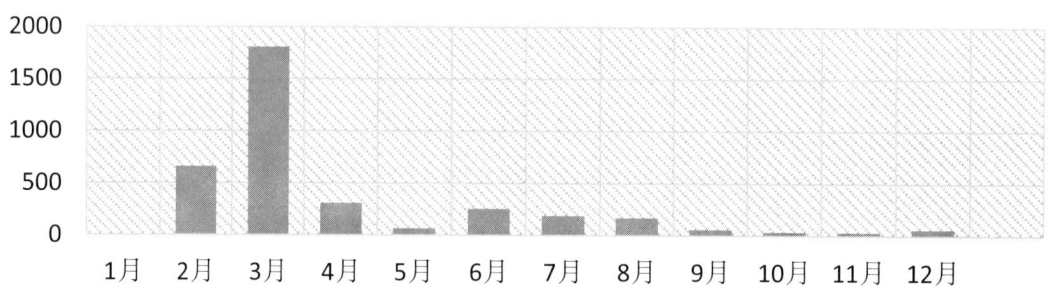

根据2015年《平凡的世界》媒体关注度的逐月分布，媒体对《平凡的世界》的关注度在2月和3月较高。通过回查对应月份的语料，可以给出2015年最受媒体关注的《平凡的世界》相关新闻。

2015年最受媒体关注的《平凡的世界》相关新闻

- 2月：《平凡的世界》播出，主要受众就是年轻人。
- 3月：《平凡的世界》热播，其研讨会在京举行，多地学者议"路遥热"。

《何以笙箫默》

"不愿将就的暖心痴恋故事"

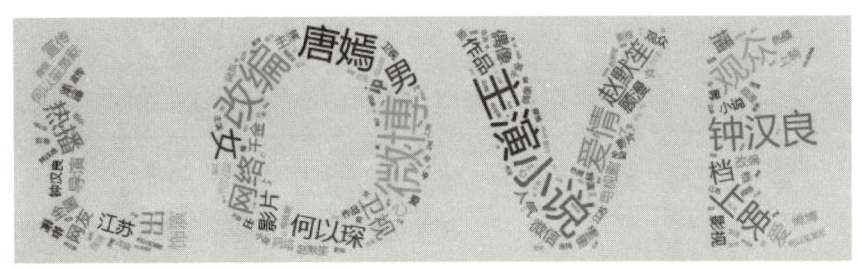

电视剧《何以笙箫默》由刘俊杰执导，顾漫、墨宝非宝联合编剧，钟汉良、唐嫣领衔主演。该剧于2015年1月10日在江苏卫视、东方卫视首播，安徽卫视跟播，视频网站同步更新，并登上韩国三大电视台之一的MBC。电视剧主要讲述了男女主人公何以琛和赵默笙由年少时的爱恋牵出一生情缘的爱情故事。

《何以笙箫默》改编自顾漫2003年的同名小说，当时就感动了无数书迷。本次电视剧由顾漫亲自担任编剧，剧情充分尊重原著。另外，剧中浪漫激情的"壁咚"场景以及"等待""不愿将就"的感情观、价值观受到无数观众追捧，在一段时间内成为少男少女们谈论的佳话。

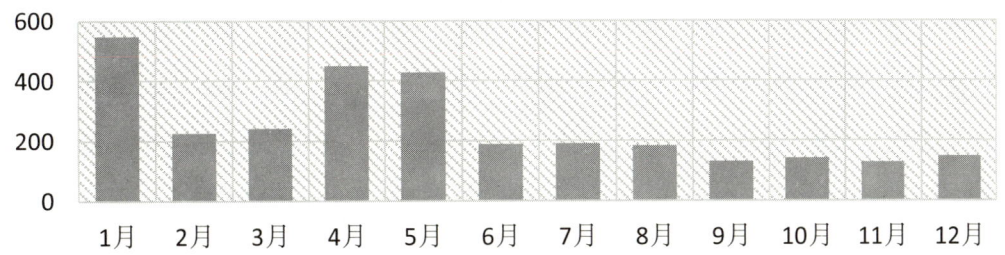

2015年《何以笙箫默》媒体关注度逐月分布

根据2015年《何以笙箫默》媒体关注度的逐月分布，媒体对《何以笙箫默》的关注度较高的月份为1月、4月和5月。通过回查对应月份的语料，可以给出2015年最受媒体关注的《何以笙箫默》相关新闻。

2015年最受媒体关注的《何以笙箫默》相关新闻

- 1月：《何以笙箫默》在江苏卫视、东方卫视首播，开篇即虐心的剧情获网友称赞。
- 4月：《何以笙箫默》在班夫国际电视节第36届班夫国际洛基奖中获最佳剧情类电视剧提名，《何以笙箫默》也是该电视节唯一一部获得提名的由中国大陆独立出品的电视剧。
- 5月：《何以笙箫默》电影热卖，电视剧版火热势头亦持续不减，单集视频点击破三亿次。

《芈月传》

"史上首位太后的传奇人生"

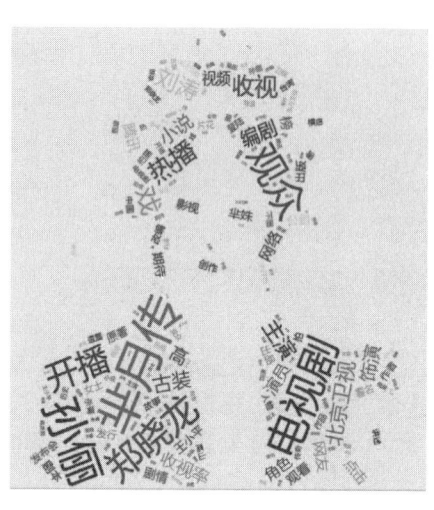

《芈月传》是由著名导演郑晓龙执导，孙俪、刘涛、马苏、方中信、黄轩、高云翔等领衔主演的古装电视剧，于2015年11月30日在东方卫视、北京卫视首播。该剧讲述了中国历史上第一位太后芈八子极为曲折传奇的人生故事。

《芈月传》制片方再度启用了《甄嬛传》制作团队的原班人马参与制作，力求打造一部精良的作品。该剧既有儿女缱绻，也有家国情怀。先秦时代的背景选择、剧集长度，以及古装传奇的题材定位都颇具风险性与挑战性。剧中注入了对实现大一统国家、开创太平社会的殷切期许，堪称史诗级古装巨制。

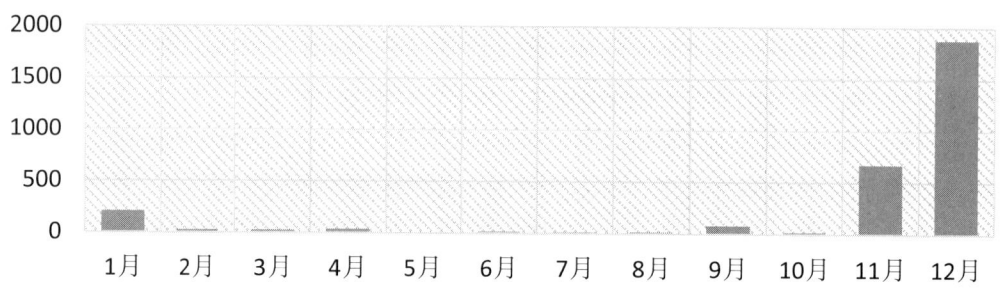

2015年《芈月传》媒体关注度逐月分布

根据2015年《芈月传》媒体关注度的逐月分布，媒体对《芈月传》的关注度在11月和12月明显高于其他月份，显然这两个月中所发生的与《芈月传》相关的新闻事件受到了媒体的高度关注。通过回查对应月份的语料，可以给出2015年最受媒体关注的《芈月传》相关新闻。

2015年最受媒体关注的《芈月传》相关新闻
● 11月：《芈月传》即将开播，孙俪霸气归来。 ● 12月：《芈月传》热播，但遭遇全集泄露，81集电视剧资源被疯狂下载。

《琅琊榜》

"麒麟才子的慷慨悲歌"

《琅琊榜》是由孔笙、李雪联合执导,胡歌、刘涛、王凯、黄维德、陈龙、高鑫、吴磊、靳东等联袂主演的电视剧,于2015年9月19日在北京卫视与东方卫视首播。该剧根据海宴同名网络小说改编,讲述了"麒麟才子"梅长苏以病弱之躯智斗奸佞,为昭雪多年冤案、扶持新君所进行的一系列斗争。

《琅琊榜》自上映以来口碑与收视俱佳,一举斩获"飞天奖"优秀电视剧奖和国剧盛典十佳电视剧奖。作为一部古装题材的诚意之作,电视剧《琅琊榜》在创作上始终秉承着严谨的态度,是大众认可的"良心剧"。

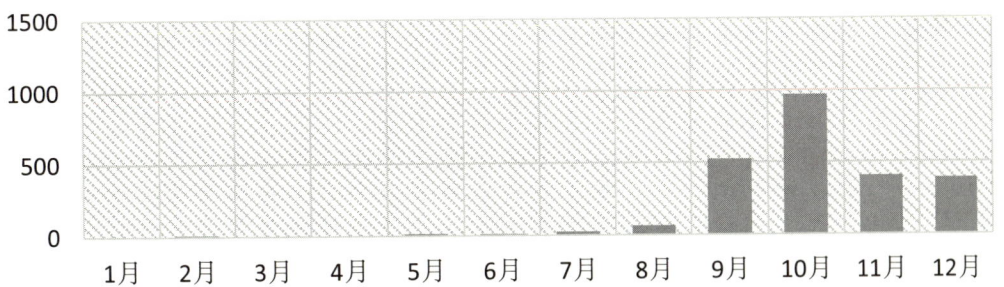

2015年《琅琊榜》媒体关注度逐月分布

根据2015年《琅琊榜》媒体关注度的逐月分布,媒体对电视剧《琅琊榜》的关注度在9月和10月明显高于其他月份。通过回查对应月份的语料,可以给出2015年最受媒体关注的《琅琊榜》相关新闻。

2015年最受媒体关注的《琅琊榜》相关新闻
● 9月:《琅琊榜》在东方卫视、北京卫视热播,"走心"品质受观众赞赏。
● 10月:《琅琊榜》在热度不减,主演胡歌、刘涛、王凯等主角今昔对比照曝光。

《花千骨》

"仙侠间的责任、成长、取舍与爱情"

《花千骨》是由林玉芬、高林豹、梁胜权联合执导,霍建华、赵丽颖领衔主演,蒋欣、杨烁特别出演,张丹峰、马可等主演的古装玄幻仙侠剧,于2015年6月9日在湖南卫视钻石独播剧场首播。《花千骨》讲述了少女花千骨与长留上仙白子画之间关于责任、成长、取舍的纯爱虐恋故事。

《花千骨》改编自同名网络小说。截至2015年9月8日,该剧网络播放单日点击量突破4亿次,刷新了电视剧单日播放量纪录。播放总量突破200亿次,成为我国首部网络播放量突破200亿次的电视剧。该剧由同名热门小说改编,制作精良,播出期间收视率、网络点击量、发行收入、同名手游收入等都位列同时段第一,做到了产业的全面覆盖,成为现象级电视剧。

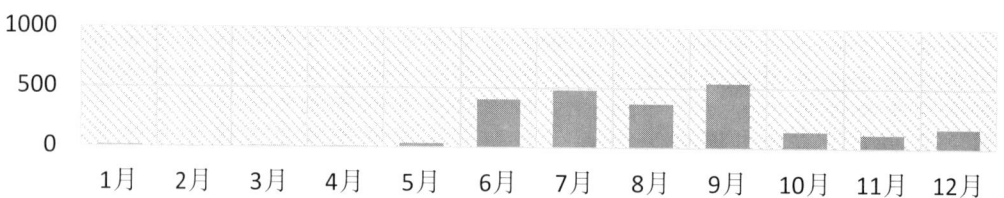

2015年《花千骨》媒体关注度逐月分布

根据2015年《花千骨》媒体关注度的逐月分布,媒体对电视剧《花千骨》的关注度较高的月份有9月、7月、6月和8月。通过回查对应月份的语料,可以给出2015年最受媒体关注的《花千骨》相关新闻。

2015年最受媒体关注的《花千骨》相关新闻

- 6月:《花千骨》首播,赵丽颖、霍建华仙气足。
- 7月:《花千骨》改档期,由每周二、周三晚10点播出改为每周日、周一晚10点播出,所播出的剧当天零点在爱奇艺视频网站同步更新。
- 8月:《花千骨》大结局曝光:白子画错杀花千骨,沿用花千骨小说番外篇结局。
- 9月:电视剧《花千骨》大结局播出。

《武媚娘传奇》

"攀登帝国权力巅峰的女政治家"

《武媚娘传奇》是由高翊浚执导，范冰冰、张丰毅、李治廷、张钧甯、张庭、周海媚、李李仁、李解等人主演的古装电视剧，于2014年12月21日在湖南卫视首播。该剧讲述了武则天从14岁入宫到最终登基的人生历程。

《武媚娘传奇》开播数日后曾一度中止，直至2015年1月1日复播，但网友观看《武媚娘传奇》的热情不减反增。该剧创下内地电视剧史上最高开播收视纪录，并连续数日拿下收视冠军。2015年8月9日，《武媚娘传奇》在第17届华鼎奖中国电视剧满意度调查发布盛典上，获得全国观众最喜爱的电视剧作品奖。2016年1月1日，该剧荣获2015年国剧盛典年度十大影响力电视剧奖。

2015年《武媚娘传奇》媒体关注度逐月分布

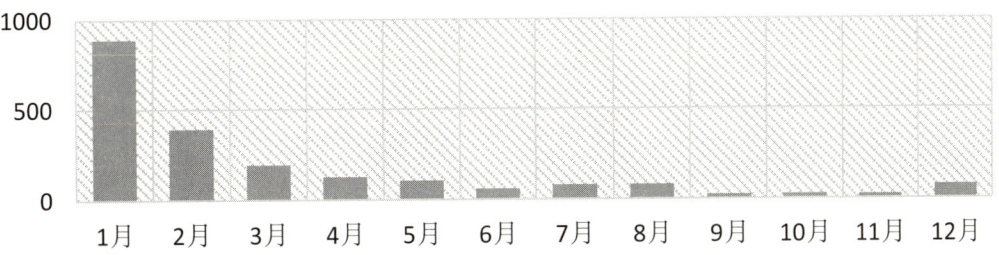

根据2015年《武媚娘传奇》媒体关注度的逐月分布，媒体对电视剧《武媚娘传奇》的关注度在1月和2月明显高于其他月份。通过回查对应月份的语料，可以给出2015年最受媒体关注的《武媚娘传奇》相关新闻。

2015年最受媒体关注的《武媚娘传奇》相关新闻
● 1月：《武媚娘传奇》重新剪辑后复播。 ● 2月：《武媚娘传奇》完美落幕，创网络播放新传奇，成为当之无愧的"开年剧王"。

《虎妈猫爸》

"猫式与虎式的教育冲撞"

《虎妈猫爸》是由新丽传媒出品的都市家庭轻喜剧,由姚晓峰执导,赵薇、佟大为领衔主演,李佳、纪姿含、潘虹、郭凯敏、韩童生、崔新琴、王森、董洁、韩青、蓝盈莹、郭晓婷主演,于 2015 年 5 月 3 日在东方卫视、天津卫视首播。该剧讲述了一对夫妻在孩子教育问题上产生分歧,从而引发的家庭矛盾、情感冲突等故事。《虎妈猫爸》聚焦"幼升小择校""隔代教育"等社会热点,以鲜活、生动的细节,展现了强势的"虎妈"、温暖的"猫爸"等各个家庭成员之间教育理念的差异,从而引起社会的关注和反思。

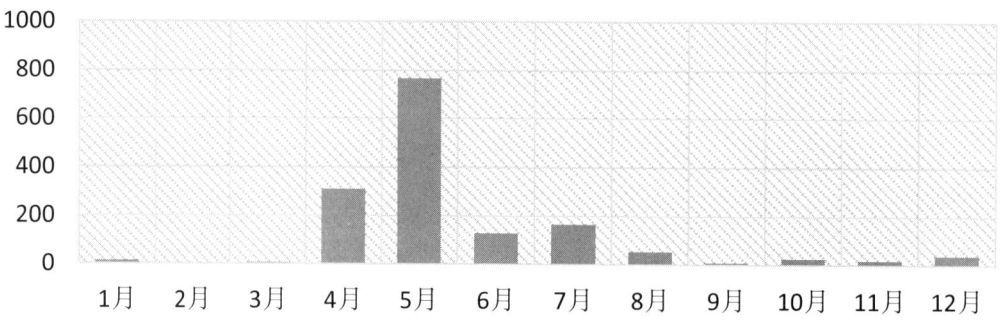

2015年《虎妈猫爸》媒体关注度逐月分布

根据 2015 年《虎妈猫爸》媒体关注度的逐月分布,媒体对电视剧《虎妈猫爸》的关注度在 4 月和 5 月明显高于其他月份。通过回查对应月份的语料,可以给出 2015 年最受媒体关注的《虎妈猫爸》相关新闻。

2015年最受媒体关注的《虎妈猫爸》相关新闻
● 4月:《虎妈猫爸》未播先热,该剧受"一剧两星"的影响,面向全球发行。
● 5月:《虎妈猫爸》正式开播,有关孩子的教育问题引起许多家长共鸣。

《伪装者》

"身份与面具间的博弈"

《伪装者》是由李雪执导,胡歌、靳东、刘敏涛、王凯领衔主演的悬疑谍战剧,于2015年8月31日在湖南卫视首播。该剧通过上海明氏三姐弟的视角,讲述了抗日战争中汪伪政权时期,上海滩隐秘战线上国、共、日三方你中有我、我中有你的殊死较量。

《伪装者》自播出以来,收视率、网络点击量一路飘红,收视率仅用5天时间就成功破2,达到2.08%,市场份额占5.93%。作为《伪装者》的唯一电视首播平台,湖南卫视一直以来都以都市青春偶像剧作为主打剧目,此次首次试水谍战类型电视剧,收视状况喜人,这也从侧面反映了《伪装者》不俗的内在品质。而胡歌、靳东、王凯三人联手获好评不断,连创收视佳迹。

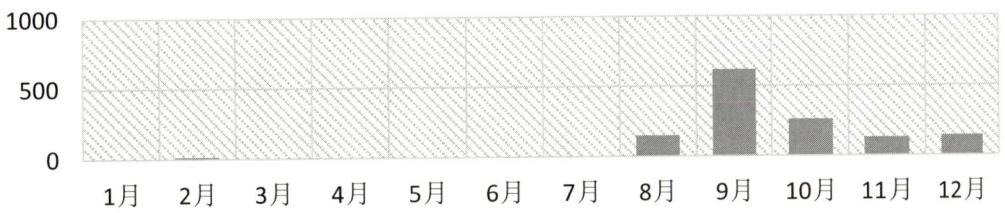

2015年《伪装者》媒体关注度逐月分布

根据2015年《伪装者》媒体关注度的逐月分布,媒体对电视剧《伪装者》的关注度较高的月份为9月、10月、8月。通过回查对应月份的语料,可以给出2015年最受媒体关注的《伪装者》相关新闻。

2015年最受媒体关注的《伪装者》相关新闻
● 8月:湖南卫视献礼反法西斯,《伪装者》迎首播。
● 9月:《伪装者》热播并完美收官,剧组集体获赞。
● 10月:《伪装者》余热不断,胡歌、靳东、王凯等演员受关注。

《北平无战事》

"对特殊历史的冷峻刻画,摒弃嘈杂创作的美学坚持"

《北平无战事》改编自刘和平的同名小说,由孔笙、李雪导演,刘和平任编剧、总制片,刘烨、陈宝国等人主演。该剧讲述了潜伏于国民党空军部队的中共地下党员方孟敖为和平解放北平而作出艰难抉择的故事。

《北平无战事》自播出以来获得众多奖项,包括2014国剧盛典最佳电视剧、最佳导演、最佳编剧奖,第2届上海电视节白玉兰奖最佳电视剧、最佳编剧奖,第17届华鼎奖中国电视剧满意度调查全国观众最喜爱的电视剧奖,第30届中国电视剧飞天奖优秀电视剧、优秀导演、优秀编剧、优秀男演员奖等。在以娱乐化为主的市场中,《北平无战事》作为一部正剧引起了社会的广泛关注与讨论,正如"最佳电视剧"奖评委会给《北平无战事》的颁奖语:"以冷峻的姿态,谱写了一段特殊的历史;在嘈杂的创作现状下,表现出难得的美学坚持。"

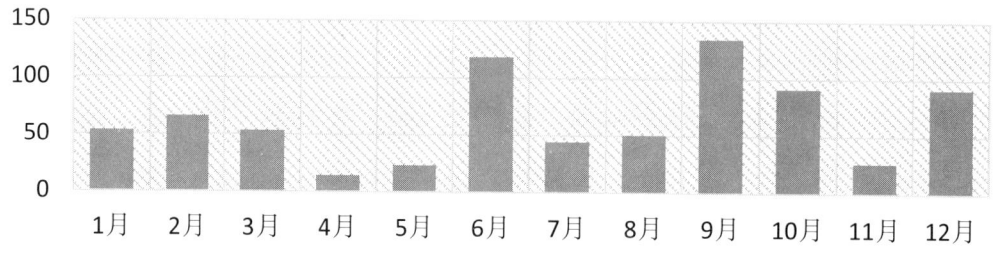

2015年《北平无战事》媒体关注度逐月分布

根据2015年《北平无战事》媒体关注度的逐月分布,媒体对电视剧《北平无战事》的关注度在6月和9月较高。通过回查对应月份的语料,可以给出2015年最受媒体关注的《北平无战事》相关新闻。

2015年最受媒体关注的《北平无战事》相关新闻
● 6月:《北平无战事》在第21届上海电视节白玉兰奖颁奖礼上获得最佳电视剧、最佳编剧两项大奖。
● 9月:《伪装者》无缝链接《北平无战事》,明台竟然是崔中石。

《活色生香》

"香业世家的爱恨情仇"

  《活色生香》是由何澍培执导，李亚玲编剧，唐嫣、李易峰、舒畅、陈伟霆领衔主演的电视剧，于2015年2月4日在湖南卫视首播。该剧主要讲述了晚清至民国两大香业家族制香人儿女情长与家国爱恨的故事。

  《活色生香》播出首日全国网收视率达3.43%，排名全国第一，一举打破近10年来电视剧的首播收视纪录。首日网络播放量10,731万次，两集破亿，成为全国首播网络播放量最高的剧集。

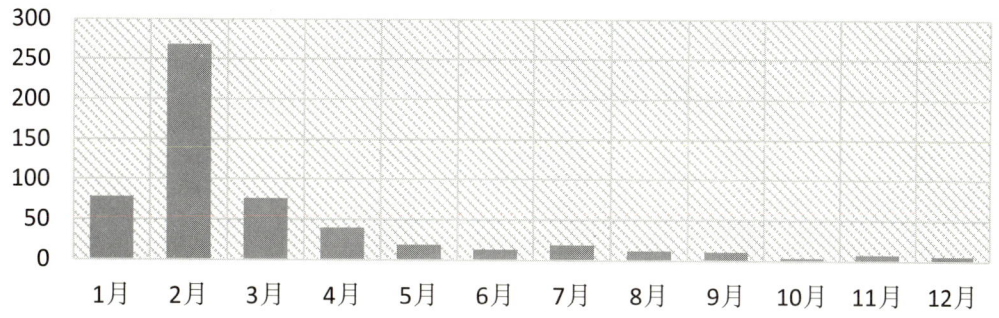

2015年《活色生香》媒体关注度逐月分布

  根据2015年《活色生香》媒体关注度的逐月分布，媒体对电视剧《活色生香》的关注度在2月最高，1月和3月次之。通过回查对应月份的语料，可以给出2015年最受媒体关注的《活色生香》相关新闻。

2015年最受媒体关注的《活色生香》相关新闻
● 1月：《活色生香》未播先热，拍摄花絮、剧照、上映时间、剧情曝光。 ● 2月：《活色生香》收视率创新高，戏里泪崩戏外欢乐。 ● 3月：电视剧《活色生香》完美收官，众演员人气飙升。

2015年中国媒体关注度最高的十大真人秀

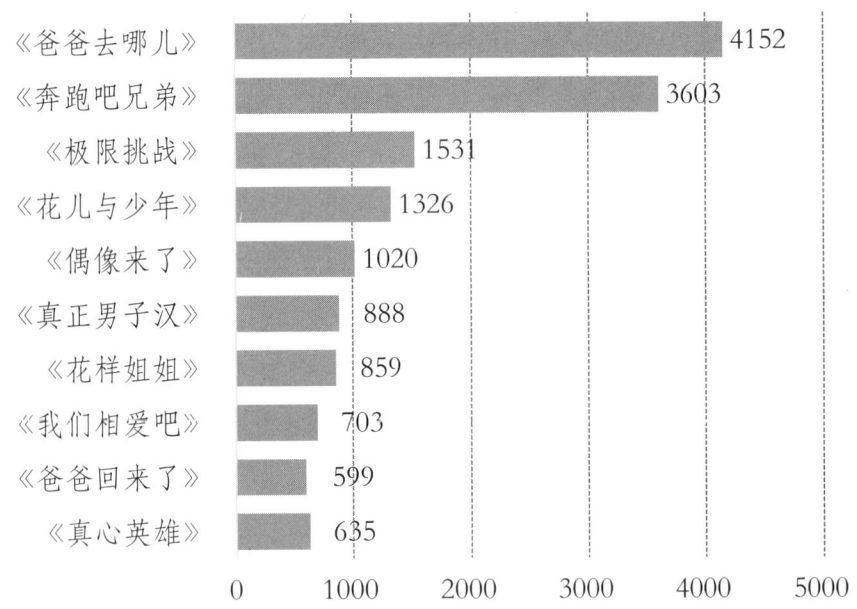

2015年中国媒体关注度最高的十大真人秀是指在2015年的中国媒体上出现次数最多的本年播出的电视真人秀节目。

据不完全统计，2015年全国播出的电视真人秀节目达20余档之多。在激烈的竞争中稳居前两席的是湖南卫视的《爸爸去哪儿》和浙江卫视的《奔跑吧兄弟》，两部真人秀都延续了第1季的高收视率。东方卫视首播的剧情式真人秀《极限挑战》，凭借独特的风格获得了良好的收视和口碑，位列第3位。旅行类真人秀《花儿与少年》和《花样姐姐》分列榜单第4位和第7位。湖南卫视首播的《偶像来了》和《真正男子汉》也取得了不俗的成绩，分列榜单第5位和第6位。江苏卫视首播的《我们相爱吧》和《真心英雄》凭借新颖的题材引发关注，位列第8位和第10位。浙江卫视的《爸爸回来了》则延续第1季的火热，位列第9。

由榜单可知，2015年中国媒体在持续关注以往创下高收视率的真人秀的同时，也更多地关注了那些首播的真人秀节目，榜单中首播真人秀就占了6席。在上榜的十大真人秀节目中，就类型来说，亲子类占2席，旅行类占2席，竞技类占4席，情感类和教育类各占1席，反映了媒体关注的广泛性和多样性。值得注意的是，《真正男子汉》和《真心英雄》这类不走玩乐搞笑路线的真人秀，也同样获得了媒体的极大关注，说明在传播正能量上媒体也不遗余力。

《爸爸去哪儿》

"父亲与孩子的成长与蜕变"

  《爸爸去哪儿》是湖南卫视引进韩国MBC电视台《爸爸！我们去哪儿？》推出的户外亲子真人秀节目。明星爸爸要在72小时的户外体验中，单独照顾子女的饮食起居，共同完成节目组设置的一系列任务。《爸爸去哪儿》第3季于2015年7月10日在湖南卫视首播，该季节目由刘烨父子、胡军父子、邹市明父子、林永健父子、夏克立父女、王宝强父女组成亲子嘉宾阵容。第3季的6个孩子个个自带萌点、个性鲜明，而6位父亲也是在娱乐、体育等领域的佼佼者，他们与孩子一起成长与蜕变，为节目增色不少。

2015年《爸爸去哪儿》媒体关注度逐月分布

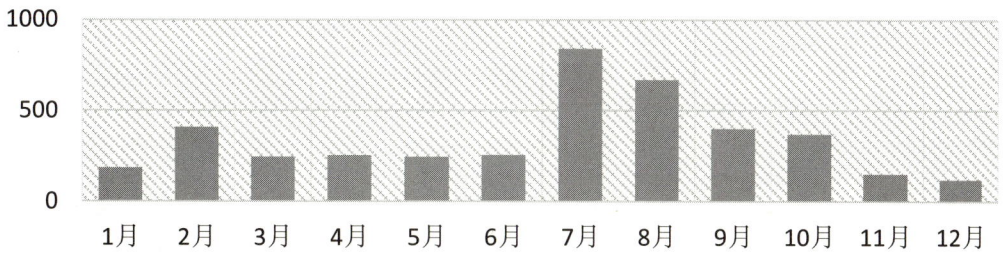

  根据2015年《爸爸去哪儿》媒体关注度的逐月分布，媒体对真人秀《爸爸去哪儿》的关注度在7月和8月均超过了600次，明显高于其他月份，显然这两个月中所发生的与《爸爸去哪儿》相关的新闻事件受到了媒体的高度关注。通过回查对应月份的语料，可以给出2015年最受媒体关注的《爸爸去哪儿》相关新闻。

2015年最受媒体关注的《爸爸去哪儿》相关新闻

- 7月：《爸爸去哪儿》第3季迎来首播，5组家庭亮相即受关注。
- 8月：《爸爸去哪儿》第3季持续热播，帅气诺一、吃货轩轩等萌娃人气飙升。

《奔跑吧兄弟》

"在奔跑中寻找快乐"

　　《奔跑吧兄弟》是浙江卫视引进韩国SBS电视台综艺节目《Running Man》推出的大型户外竞技真人秀节目。第1季节目由浙江卫视和韩国SBS电视台联合制作，第2季、第3季节目由浙江卫视节目中心制作。2015年，该真人秀第1季于2015年1月16日收官，第2季与第3季均在当年播出并已完结。其中，邓超、李晨、陈赫、Angelababy（杨颖）、郑恺、王祖蓝为3季固定嘉宾。《奔跑吧兄弟》播出3季以来，打破了国内现象级综艺节目所谓的"第3季魔咒"，成为当仁不让的卫视王牌节目。

2015年《奔跑吧兄弟》媒体关注度逐月分布

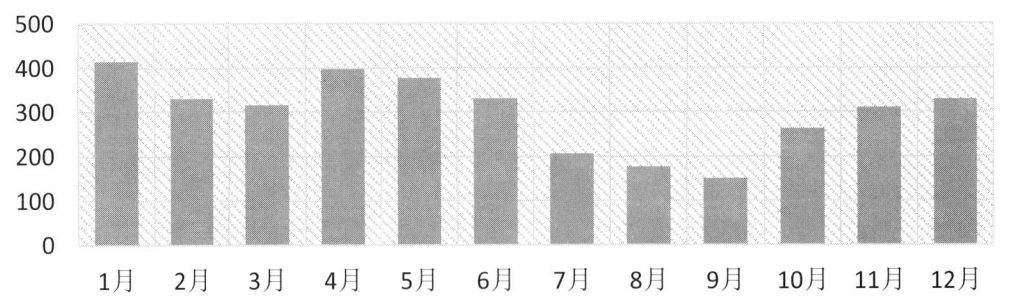

　　根据2015年《奔跑吧兄弟》媒体关注度的逐月分布，《奔跑吧兄弟》的媒体关注度全年分布较为均衡，其中1月、4月和5月媒体关注度相对较高。通过回查对应月份的语料，可以给出2015年最受媒体关注的《奔跑吧兄弟》相关新闻。

2015年最受媒体关注的《奔跑吧兄弟》相关新闻
● 1月：《奔跑吧兄弟》第1季收官并大获成功。 ● 5月：《奔跑吧兄弟》第2季女嘉宾素颜PK。

《极限挑战》

"体验生活的挑战者"

《极限挑战》是上海东方卫视制作的大型励志体验真人秀节目,共12期,于2015年6月14日在东方卫视首播,孙红雷、黄渤、黄磊、罗志祥、王迅、张艺兴6人为节目固定成员,每期加入不同嘉宾进行开放式户外挑战运动。《极限挑战》每一期节目都围绕一个社会热点或时代背景而展开,解决社会角色需要面对的各种问题。《极限挑战》的热播,不仅缘于节目本身的综艺性、娱乐性,更主要的是节目深入人群,折射出了社会的"众生相",从而赢得了更多观众。

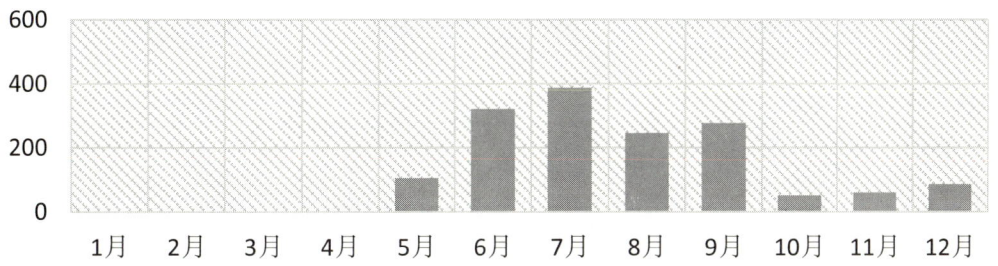

2015年《极限挑战》媒体关注度逐月分布

根据2015年《极限挑战》媒体关注度的逐月分布,《极限挑战》的媒体关注度较高的月份依次为7月、6月、9月和8月。通过回查对应月份的语料,可以给出2015年最受媒体关注的《极限挑战》相关新闻。

2015年最受媒体关注的《极限挑战》相关新闻
● 6月:《极限挑战》迎首播,"极限男人帮"用生命录制节目。
● 7月:《极限挑战》热播,连续占据收视榜第一。
● 8月:《极限挑战》停播,延播原因引媒体猜测。
● 9月:《极限挑战》完美收官,成现象级综艺节目。

《花儿与少年》

"明星姐弟的背包之旅"

《花儿与少年》是湖南卫视推出的大型明星姐弟自助远行真人秀节目，第2季于2015年4月25日在湖南卫视首播，2015年7月4日收官。该季节目由毛阿敏、许晴、宁静、陈意涵、郑爽、井柏然、杨洋7人组成"花少姐弟团"，在没有经纪人、不准带助理、每天生活费有限的条件下，展开一场前往英国、土耳其、阿联酋的奇妙背包之旅。

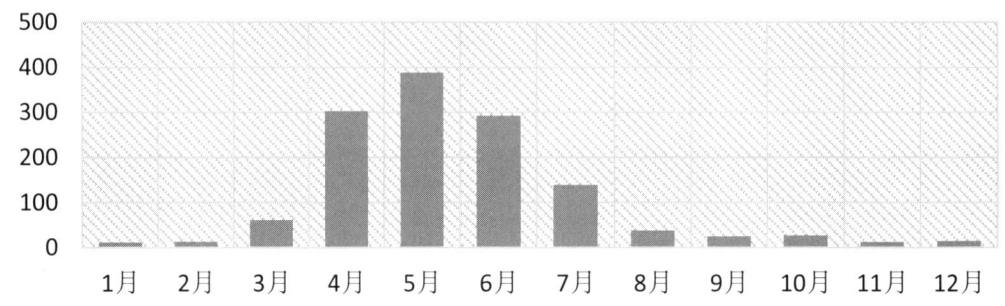

2015年《花儿与少年》媒体关注度逐月分布

根据2015年《花儿与少年》媒体关注度的逐月分布，媒体对《花儿与少年》的关注度较高的月份为5月、4月和6月。通过回查对应月份的语料，可以给出2015年最受媒体关注的《花儿与少年》相关新闻。

2015年最受媒体关注的《花儿与少年》相关新闻
● 4月：《花儿与少年》首播即热，大量花絮、剧照曝光。 ● 5月：《花儿与少年》热播，有关嘉宾生活背景的新闻报道不断。 ● 6月：《花儿与少年》嘉宾矛盾升级，许晴痛哭。

《偶像来了》

"偶像们与偶像的偶像们"

  《偶像来了》是湖南卫视出品的女神生活体验秀节目，于2015年7月25日开播，共12期。该节目由何炅、汪涵担任主持人，林青霞、杨钰莹、朱茵、宁静、蔡少芬、谢娜、赵丽颖、张含韵、古力娜扎、欧阳娜娜为固定嘉宾。节目共有6站任务，每站投票产生1位女神。

2015年《偶像来了》媒体关注度逐月分布

  根据2015年《偶像来了》媒体关注度的逐月分布，媒体对《偶像来了》的关注度在8月最高，7月次之。通过回查对应月份的语料，可以给出2015年最受媒体关注的《偶像来了》相关新闻。

2015年最受媒体关注的《偶像来了》相关新闻
● 7月：《偶像来了》未播先热，先导篇引各方关注。
● 8月：《偶像来了》持续热播，各女神话题不断，迎来收视5连冠。

《真正男子汉》

"热血军营成长记"

《真正男子汉》是湖南卫视引进韩国MBC电视台综艺节目《真正的男人》，由中国人民解放军八一电影制片厂和湖南卫视联合推出的大型国防教育特别节目。节目主要嘉宾有张丰毅、郭晓东、王宝强、袁弘、刘昊然、杜海涛、欧豪。这7位有年龄跨度、性格标签各异的明星深入一线部队，改变身份，在不同军兵种经历了4次5天4晚的真实军营生活。《真正男子汉》于2015年5月1日首播，2015年7月18日收官。《真正男子汉》节目中展现出来的阳刚的男子气概，在众多真人秀节目中独树一帜，适合各个年龄层的人观看，也为其带来了可观的收视率和关注度。

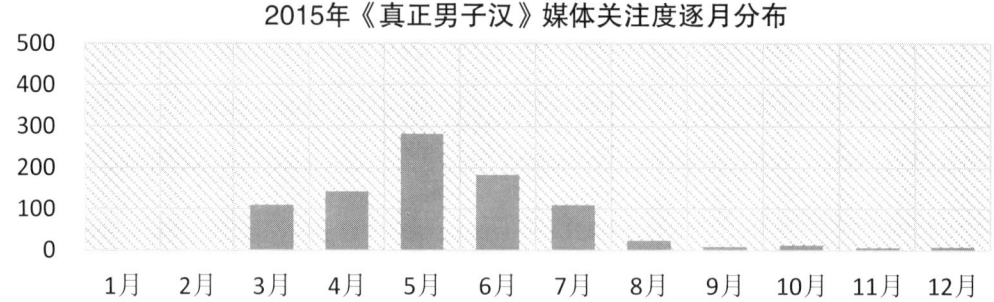

2015年《真正男子汉》媒体关注度逐月分布

根据2015年《真正男子汉》媒体关注度的逐月分布，《真正男子汉》的媒体关注度较高的月份为5月、6月和4月。通过回查对应月份的语料，可以给出2015年最受媒体关注的《真正男子汉》相关新闻。

2015年最受媒体关注的《真正男子汉》相关新闻
● 4月：《真正男子汉》首播推迟，疑因审片尚未结束。
● 5月：《真正男子汉》热度不断升温，口碑持续提升，被赞热血阳刚、有兵味儿。
● 6月：《真正男子汉》预告有玄机，王宝强或提前告别军营。

《花样姐姐》

"带着姐姐去旅行"

　　《花样姐姐》是东方卫视从韩国tvN电视台引进的明星旅行真人秀节目。第1季嘉宾有奚美娟、徐帆、王琳、林志玲、宋茜、杨紫、马天宇、李治廷，于2015年3月15日在东方卫视首播，2015年5月31日完结。《花样姐姐》是东方卫视继2014年推出大型户外旅游真人秀节目《花样爷爷》后，再次与韩国tvN电视台合作引入的明星旅行真人秀节目。

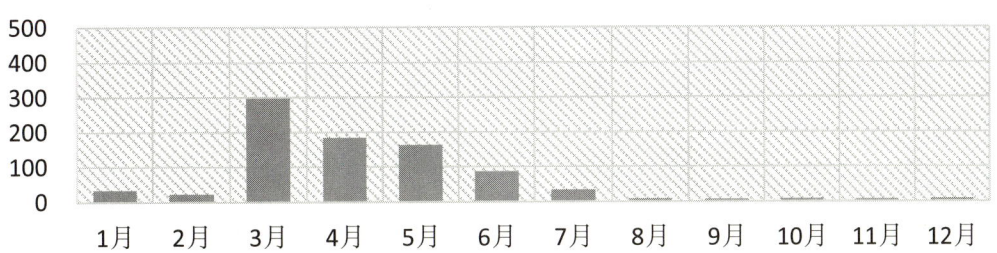

2015年《花样姐姐》媒体关注度逐月分布

　　根据2015年《花样姐姐》媒体关注度的逐月分布，媒体对《花样姐姐》的关注度在3月、4月和5月明显高于其他月份。通过回查对应月份的语料，可以给出2015年最受媒体关注的《花样姐姐》相关新闻。

2015年最受媒体关注的《花样姐姐》相关新闻
● 3月：《花样姐姐》首播，电视、网络收视双料夺冠，口碑获赞。 ● 4月：宋茜离开《花样姐姐》，杨紫接替上位。 ● 5月：《花样姐姐》将落幕，传递明星温情正能量。

《我们相爱吧》

"明星真实演绎如何修炼爱情"

《我们相爱吧》是江苏卫视与韩国MBC电视台联合制作的明星恋爱真人秀节目,由明星组成假想情侣,进行假想恋爱生活。《我们相爱吧》第1季嘉宾为林心如与任重、崔始源与刘雯、乔任梁与徐璐,节目于2015年4月19日至2015年7月17日在江苏卫视播出。《我们相爱吧》要传递的核心理念是"相信爱、练习爱、享受爱",让观众与明星一起练习爱情的技巧,领悟爱情的意义。

2015年《我们相爱吧》媒体关注度逐月分布

根据2015年《我们相爱吧》媒体关注度的逐月分布,4月到7月,媒体对《我们相爱吧》进行了持续关注。通过回查对应月份的语料,可以给出2015年最受媒体关注的《我们相爱吧》相关新闻。

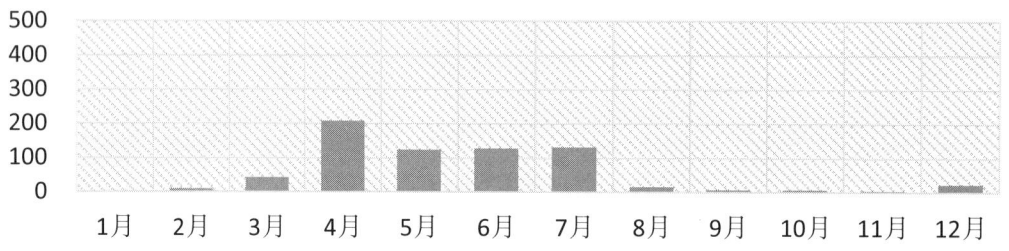

2015年最受媒体关注的《我们相爱吧》相关新闻

- 4月:《我们相爱吧》播出,奉上最像韩剧的爱情。
- 5月:《我们相爱吧》热播,没有剧本和预设,只有关卡和任务。
- 7月:《我们相爱吧》大结局,石榴夫妇疑恋爱,刘雯给崔始源手写情书。

《爸爸回来了》

"囧爸萌娃趣事一箩筐"

　　《爸爸回来了》是浙江卫视推出的大型明星亲子互动真人秀。《爸爸回来了》第2季主要嘉宾有贾乃亮、李小鹏、杜江、唐志中、郑钧及各自的宝贝。节目于2015年5月9日首播,2015年7月25日收官。《爸爸回来了》引进自韩国真人秀节目《超人回来了》,主推星爸们与孩子的相处,将明星家庭的日常生活搬上荧幕,让观众看到了不同明星家庭的"育儿经"。第2季延续了第1季的不俗收视和口碑。

2015年《爸爸回来了》媒体关注度逐月分布

　　根据2015年《爸爸回来了》媒体关注度的逐月分布,媒体对《爸爸回来了》的关注度在5月、6月和7月明显高于其他月份。通过回查对应月份的语料,可以给出2015年最受媒体关注的《爸爸回来了》相关新闻。

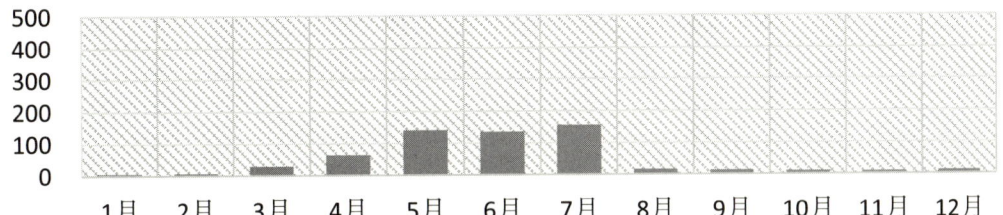

2015年最受媒体关注的《爸爸回来了》相关新闻
● 5月:《爸爸回来了》第2季播出,萌娃继续萌萌哒,收视、口碑双丰收。
● 6月:唐志中因陪伴妻子待产,退出《爸爸回来了》第2季。
● 7月:《爸爸回来了》第2季5组家庭共聚一堂暖心收官,第3季嘉宾名单引猜想。

《真心英雄》

"致敬平凡岗位上的英雄"

  《真心英雄》是由江苏卫视联合合宝娱乐推出的推理竞技类真人秀节目，节目于2015年7月24日起在江苏卫视播出，2015年10月23日收官。该节目由杨坤、佟大为、郑元畅、朱亚文、张杰、陈学冬作为固定成员，通过设置探秘、推理、竞技等多元对抗模式，促使明星分队闯过重重难关取得胜利，最终找到真正的行业达人。《真心英雄》既有韩国娱乐节目特色，又与中国社会主义核心价值观相结合，传播了正能量。

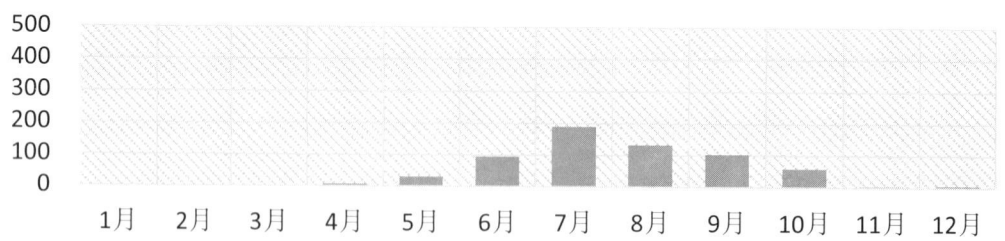

2015年《真心英雄》媒体关注度逐月分布

  根据2015年《真心英雄》媒体关注度的逐月分布，媒体对《真心英雄》的关注度在7月、8月和9月较高。通过回查对应月份的语料，可以给出2015年最受媒体关注的《真心英雄》相关新闻。

2015年最受媒体关注的《真心英雄》相关新闻
● 7月：《真心英雄》首播获赞，六大男神向平凡工作者致敬。 ● 8月：因主题涉及消防官兵救火，《真心英雄》停播一周。 ● 9月：赵薇、徐峥等明星加盟《真心英雄》。

2015年中国媒体最关注的十大"首虎"

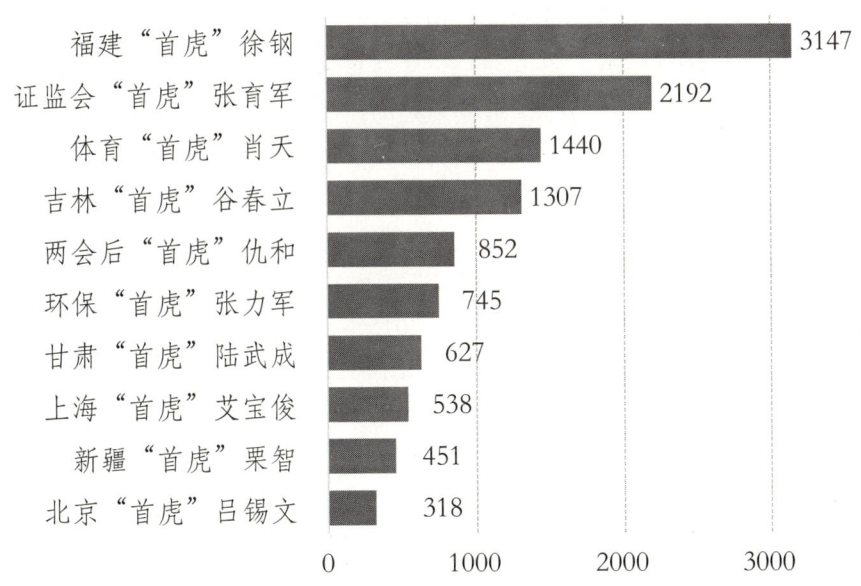

2015年中国媒体关注度最高的十大"首虎",是指在2015年不同领域或不同地区因涉嫌违纪违法而落马的第一个省部级官员。

翻开这份榜单,福建"首虎"徐钢在兼任新职前一天落马,可见中纪委查办贪腐官员的封闭性,不给贪官任何可乘之机。云南省委副书记、"明星官员"仇和在全国两会落幕两小时后落马,打破了"盛会不打'虎'"的传统。此外,新疆"首虎"栗智、甘肃"首虎"陆武成、吉林"首虎"谷春立、上海"首虎"艾宝俊、北京"首虎"吕锡文等纷纷落马,也反映了中纪委打"虎"效率之高。中纪委的反腐利剑除了遍及各行政区域,也深入到各个社会领域。证监会主席助理张育军因涉嫌严重违纪,成为证监会落马"首虎"。国家体育总局副局长肖天的落马,则将中国体育腐败完全展示在公众面前。以权谋私的幕后黑手——环保部原副部长张力军最终也难逃法律的制裁。

反腐无死角,打"虎"无禁区。习近平主席强调"反腐败斗争永远在路上",中纪委反腐败的高压态势必须继续保持,以猛药去疴、重典治乱的决心,以刮骨疗毒、壮士断腕的勇气,坚决把党风廉政建设和反腐败斗争进行到底。

徐钢

"不讲政治、不守纪律、不讲规矩的福建'首虎'"

徐钢，男，1958年生，福建浦城人，原福建省人民政府副省长、党组成员。

主政泉州期间，徐钢开启了狂飙突进式的泉州造城运动，强势干涉重要市政工程，与地产商的官商勾结几乎到了耸人听闻的地步。徐钢在泉州只手遮天，不仅使"省令难行"，更使政坛流传着对徐刚"三不"的评价，"不讲政治、不守纪律、不讲规矩"。

2015年3月，负面信息缠身，却屡次侥幸脱逃的"三不"徐钢，再也没有躲过恢恢法网，因涉嫌严重违法违纪被组织调查。短短4个月之后，徐钢就被开除党籍并以涉嫌受贿罪立案侦查。

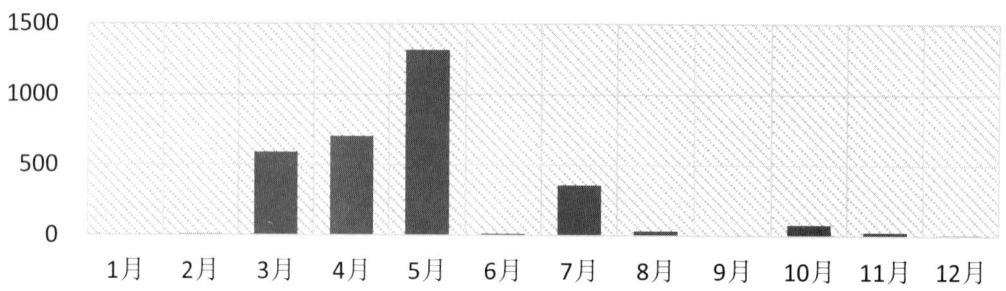

2015年"徐钢"媒体关注度逐月分布

根据2015年"徐钢"的媒体关注度逐月分布，媒体关注度较高的月份为5月、4月、3月。通过回查对应月份的语料，可以给出2015年最受媒体关注的"徐钢"相关新闻。

2015年最受媒体关注的"徐钢"相关新闻
● 3月：因涉嫌严重违纪违法，福建省副省长徐钢接受组织调查，其省人民政府副省长的职务遭免除。
● 4月：徐钢称举报人为"叛徒"，表示要"单挑"举报人，受到众多媒体的指责。
● 5月：媒体披露徐钢在泉州操纵房地产用地规划和审批的违法行径。

张育军

"倒在央行门前的证监会'首虎'"

张育军，男，1963年生，四川什邡人，原中国证券监督管理委员会主席助理、党委委员。

2015年6月，在A股巨幅震荡的背景下，张育军曾主导救市工作。8月，时任证监会主席助理的张育军正欲调任央行，目标直指央行副行长。孰知，9月中央纪委便发布消息，张育军因涉嫌严重违法违纪接受组织调查。随即，人社部宣布免去张育军证监会主席助理一职。这位毁誉参半的"学者型官员"最终倒在赴任央行的路上。据消息称，在宣布免职不久前，专案组从张育军家中搜出了大量现金。张育军成为证监会有史以来落马的最高级别的官员，也是十八大以来"一行三会"系统被查的最高级别领导干部。

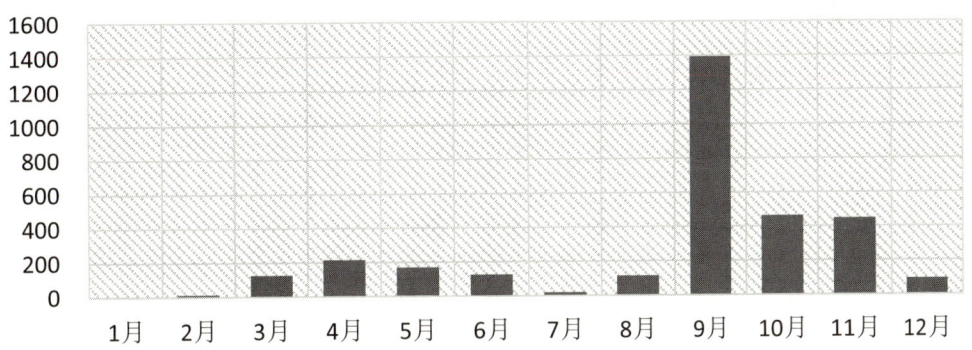

2015年"张育军"媒体关注度逐月分布

根据2015年"张育军"的媒体关注度逐月分布，媒体关注度较高的月份为9月、10月、11月。通过回查对应月份的语料，可以给出2015年最受媒体关注的"张育军"相关新闻。

2015年最受媒体关注的"张育军"相关新闻

- 9月：中国证监会主席助理张育军涉嫌严重违纪，接受组织调查，领导职务遭免除。
- 10月：国信证券总裁陈鸿桥自杀，曾与张育军在深交所共事5年。
- 11月：继张育军之后，证监会再现高官落马：原证监会副主席姚刚接受组织调查。

肖天

"任人唯亲的体育'首虎'"

肖天，男，安徽蚌埠人，原国家体育总局党组成员、副局长。

肖天在任期间大展"近亲繁殖"术，违规提任其妻田桦职务，帮助其子肖阳发展事业。此外，还涉嫌借职务之便，干涉干部选拔任用、赛事审批、体育产业经营，以此中饱私囊，并利用亲属裙带，订立攻守同盟，转移赃款赃物。2015年9月，肖天在会议休息中途被带走。短短3小时后，中央纪委网站便公布了其落马的消息。而这位体育"首虎"落马之后，随之曝光的中国体育系统的利益纠葛，更是令人瞠目结舌、不甚唏嘘。

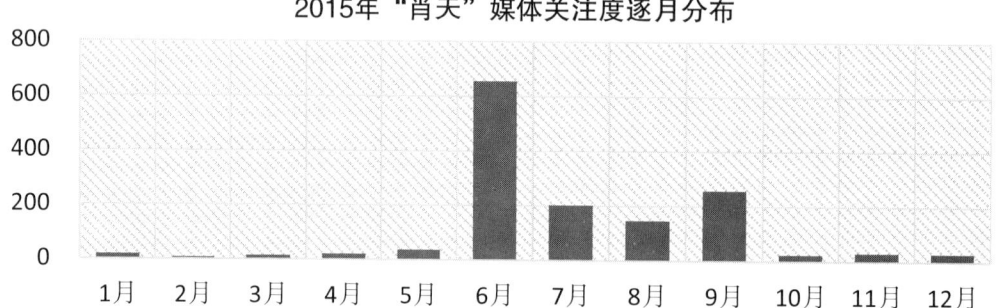

2015年"肖天"媒体关注度逐月分布

根据2015年"肖天"的媒体关注度逐月分布，媒体关注度较高的月份为6月、9月、7月、8月。通过回查对应月份的语料，可以给出2015年最受媒体关注的"肖天"相关新闻。

2015年最受媒体关注的"肖天"相关新闻
● 6月：国家体育总局副局长肖天涉嫌严重违纪违法，接受组织调查。 ● 7月：国务院免去肖天的国家体育总局副局长职务。 ● 8月：国家体育总局排球运动管理中心主任潘志琛被查，或与肖天落马有关。 ● 9月：肖天被开除党籍、公职，并以涉嫌受贿罪被立案侦查。

谷春立

"'成于扒，毁于扒'的吉林'首虎'"

谷春立，男，1957年生，辽宁锦州人，原吉林省政府党组成员、副省长。

曾因主导"铁西世纪大搬迁"而声名鹊起的谷春立，在就任鞍山期间，主导实施"城市再造"工程，大刀阔斧地开展城区拆迁工作。但这场一开始被民众抱以厚望的动迁工程，却逐渐演变成了疯狂的暴力式拆迁，不仅前前后后拆扒片区44个，涉及居民92766户，还给鞍山留下了至今未清的惊人的政府"烂尾"债。谷春立也因此被冠以"谷大扒""一枝（指）梅（没）"等绰号。

这场劳民伤财的"谷式拆迁"，尤其是强拆为鞍钢供给土地的金胡新村，最终引发滔天民怨。2015年8月，谷春立因涉嫌违法违纪接受组织调查。10月，中央纪委以涉嫌受贿罪，对谷春立进行立案侦查。

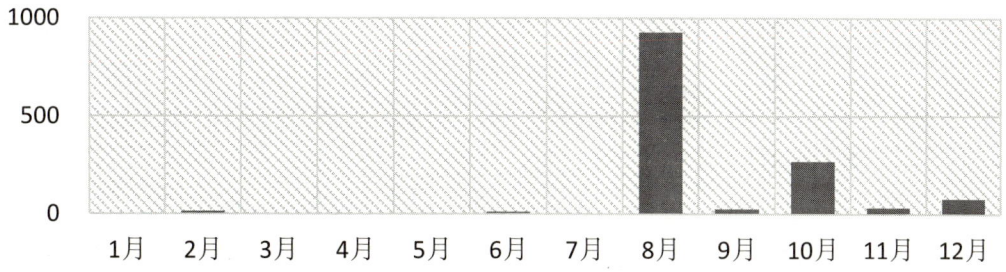

2015年"谷春立"媒体关注度逐月分布

根据2015年"谷春立"的媒体关注度逐月分布，媒体关注度较高的月份为8月、10月、12月。通过回查对应月份的语料，可以给出2015年最受媒体关注的"谷春立"相关新闻。

2015年最受媒体关注的"谷春立"相关新闻
● 8月：谷春立涉嫌严重违纪违法，接受组织调查，其吉林省副省长职务遭免除。 ● 10月：中共中央纪委对谷春立严重违纪问题进行立案审查。

仇和

"独自留下的两会后'首虎'"

仇和，男，1957年生，江苏滨海人，原云南省委副书记、省委党校校长。在任昆明市委书记期间，仇和掀起了浩浩荡荡的改革运动，包括铁腕治官、城市改造等，其中大拆大建的"城中村改造"、有违民情的"拆防盗笼运动"等举措颇令民众诟病，而独断专行的强硬作风，更使其被贴上"最具争议的市委书记""霸道书记"等标签。

2015年3月两会期间，"明星官员"仇和参加了云南代表团全体会议，在散会后被单独留下。因涉嫌严重违法违纪，仇和接受组织调查，并被罢免人大代表职务。在其落马的背后，无论是靠威权搞人治的"仇和模式"，还是靠效率实现的所谓"跨越式发展"，都值得官员思考和警惕。

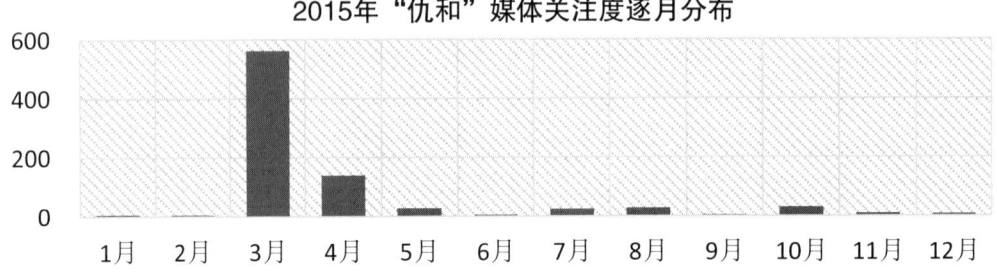

2015年"仇和"媒体关注度逐月分布

根据2015年"仇和"的媒体关注度逐月分布，媒体关注度较高的月份为3月、4月、10月。通过回查对应月份的语料，可以给出2015年最受媒体关注的"仇和"相关新闻。

2015年最受媒体关注的"仇和"相关新闻
● 3月：云南省委副书记仇和涉嫌严重违纪违法，接受组织调查，仇和的云南省第十二届人民代表大会代表职务遭到罢免。
● 10月：中共十八届五中全会审议并通过中共中央纪委关于仇和严重违纪问题的审查报告，确认中央政治局之前作出的给予其开除党籍处分。

张力军

"带病高升的环保'首虎'"

张力军，男，1952年生，吉林桦甸县人，原环境保护部副部长、党组成员。

从吉林省环保局到中国环境报社到国家环保总局，再到环保部副部长，张力军在"带病提拔"的非议中一路高升。2015年7月，中央纪委监察部网站公布消息，因涉嫌严重违纪违法，张力军正接受组织调查。在就任国家环保部副部长期间，张力军涉嫌通过干预政策制定，搭建利益链，进行权钱交易。

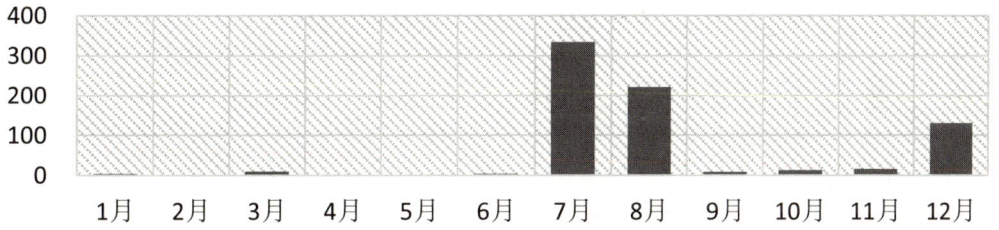

根据2015年"张力军"的媒体关注度逐月分布，媒体关注度较高的月份为7月、8月、12月。通过回查对应月份的语料，可以给出2015年最受媒体关注的"张力军"相关新闻。

2015年最受媒体关注的"张力军"相关新闻
● 7月：据中央纪委监察部网站消息，环境保护部原副部长、党组成员张力军涉嫌严重违纪违法，接受组织调查。 ● 8月：媒体曝光举报人称张力军"阻挠"汽车纳入污染物总量控制。 ● 12月：中共中央纪委对张力军的严重违纪问题进行立案审查。

陆武成

"甘肃'首虎'——'路无成'"

陆武成，男，1953年生，甘肃庆城人，原甘肃省人大常委会副主任、党组副书记。

在甘肃省任职期间，因为旧城区改造和新城区建设问题，陆武成曾被当地百姓讽刺为"坑坑洼洼路无成"。2015年1月，陆武成接受组织调查的消息传出，甘肃无"老虎"的传闻不攻自破。

据悉，陆武成违反廉洁自律规定，收受礼金，违规从事营利活动；利用职务上的便利在干部选拔任用、企业经营等方面为他人谋取利益，收受巨额贿赂。5月，陆武成被开除党籍、公职，并以涉嫌受贿罪被立案侦查。

2015年"陆武成"媒体关注度逐月分布

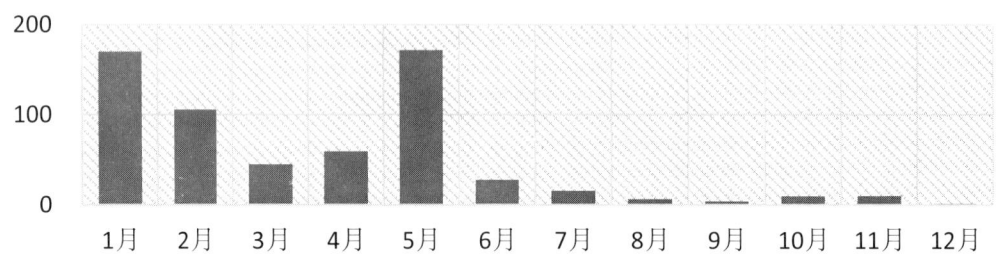

根据2015年"陆武成"的媒体关注度逐月分布，媒体关注度较高的月份为5月、1月、2月。通过回查对应月份的语料，可以给出2015年最受媒体关注的"陆武成"相关新闻。

2015年最受媒体关注的"陆武成"相关新闻

- 1月：据中央纪委监察部网站消息，甘肃省人大常委会副主任、党组副书记陆武成涉嫌严重违纪违法，接受组织调查。
- 2月：甘肃省第十二届人民代表大会第三次会议决定，罢免陆武成的甘肃省第十二届人民代表大会常务委员会副主任、第十二届全国人民代表大会代表职务。
- 5月：中共中央纪委对甘肃省人大常委会原副主任、党组副书记陆武成严重违纪问题进行了立案审查。最高人民检察院经审查决定，依法对甘肃省人大常委会原副主任陆武成以涉嫌受贿罪进行立案侦查。

艾宝俊

"全家贪腐的上海'首虎'"

艾宝俊，男，1960年生，辽宁辽阳人，原上海市委常委、上海市政府副市长。

艾宝俊仕途起步于中国最大的国有钢铁公司——上海宝钢集团。2007年，艾宝俊担任上海市副市长，同时兼任上海临港产业区管委会主任。2013年，艾宝俊出任上海自贸区管委会主任。

2014年10月，上海市被点名存在"裙带腐败"现象。2015年3月到4月，艾宝俊备受信赖的得力副手戴海波，以及与艾宝俊有过交集的原宝钢副总经理崔健，相继接受组织调查，隐隐透露出艾宝俊"落马"的征兆。半年之后，艾宝俊、其子艾卿、其弟艾宝魁同时被调查，一个曾在上海滩叱咤风云的家族轰然倒塌。

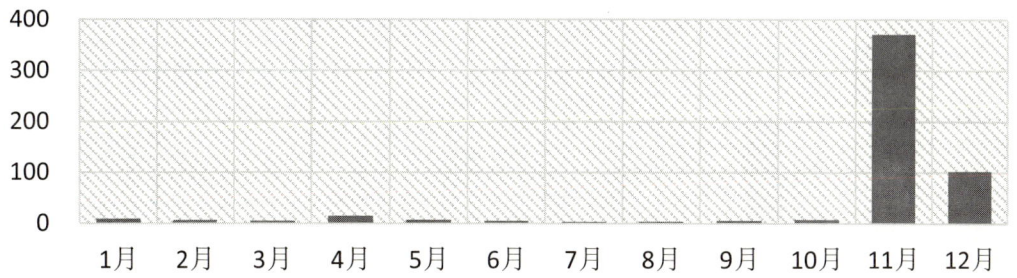

2015年"艾宝俊"媒体关注度逐月分布

根据2015年"艾宝俊"的媒体关注度逐月分布，媒体关注度较高的月份为11月和12月。通过回查对应月份的语料，可以给出2015年最受媒体关注的"艾宝俊"相关新闻。

2015年最受媒体关注的"艾宝俊"相关新闻
● 11月：据中央纪委监察部网站消息，上海市委常委、副市长艾宝俊涉嫌严重违纪，接受组织调查。 ● 12月："失联"的复星集团董事长郭广昌被警方带走，媒体猜测其与艾宝俊案有关。

栗智

"深谙中庸之道的新疆'首虎'"

栗智，男，安徽利辛人，原新疆维吾尔自治区人大常委会副主任、党组成员。

从消防营文书到副部级高官，栗智"为官低调"，"中庸、和气"是新疆官场对他的评价。而在媒体报道中，栗智喜欢"抓小事"，以关注民生问题著称。

2015年3月，已从人大副主任任上退休两年半的栗智，却因中央纪委的一纸通告而重回大众视线。7月，经中纪委查明，这位深谙官场中庸之道的"低调主任"，被惊人地列举出涉嫌档案造假、收受礼金、索贿受贿、与他人通奸等七大"罪状"，成为十八大以来新疆被查办的第一个省部级高官。同时，栗智也是首个被查出隐瞒年龄的省部级高官，而其干扰、妨碍组织审查的行为，在被查省部级高官中也比较罕见。同年9月，栗智被移送司法机关立案侦查。

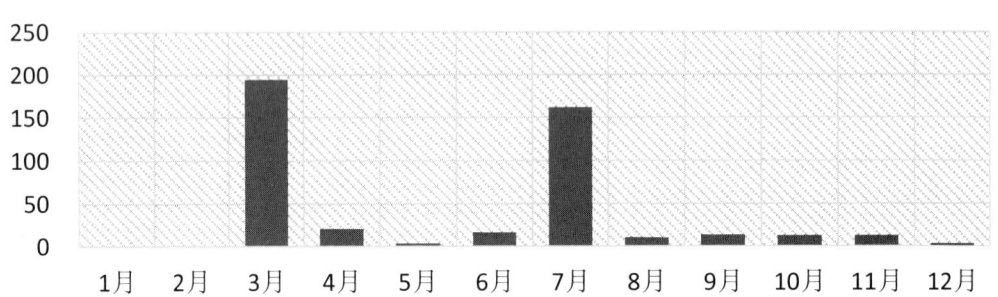

2015年"栗智"媒体关注度逐月分布

根据2015年"栗智"的媒体关注度逐月分布，媒体关注度较高的月份为3月和7月。通过回查对应月份的语料，可以给出2015年最受媒体关注的"栗智"相关新闻。

2015年最受媒体关注的"栗智"相关新闻
● 3月：新疆维吾尔自治区人大常委会原副主任栗智涉嫌严重违纪违法，接受组织调查。 ● 7月：经最高人民检察院经审查决定，依法对新疆维吾尔自治区人大常委会原副主任栗智以涉嫌受贿罪立案侦查并采取强制措施。

吕锡文

"用人腐败的北京'首虎'"

吕锡文，女，1955年生，浙江宁波人，原北京市委副书记、市委党校校长、北京行政学院院长。

1999年后，吕锡文的仕途进入快车道，先后担任西城区区长、区委书记。2006年升任北京市委常委，跻身副省级，后任组织部长长达六年，被称为"北京政界老大姐"。2013年4月任北京市委副书记。吕锡文曾主政西城区长达七年之久，长期负责北京市的组织人事领域。

2015年11月，年满60岁的吕锡文在超期服役3个多月后应声落马。西城区与宣武区合并之后的人事组织安排，以及西城区的旧城改造问题成为其落马缘由的两大猜想。

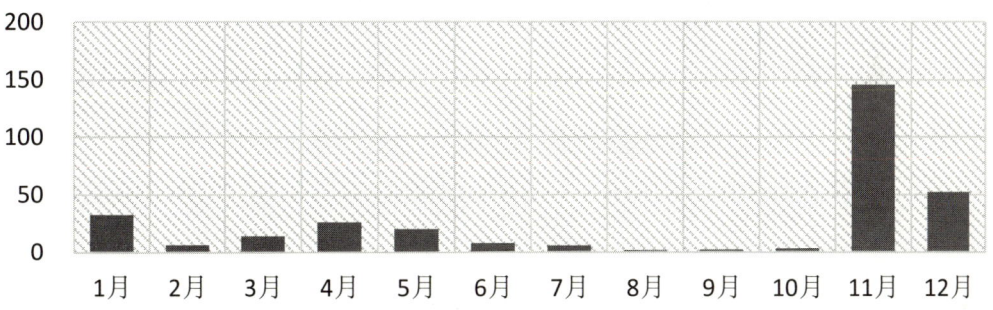

2015年"吕锡文"媒体关注度逐月分布

根据2015年"吕锡文"的媒体关注度逐月分布，媒体关注度较高的月份为11月和12月。通过回查对应月份的语料，可以给出2015年最受媒体关注的"吕锡文"相关新闻。

2015年最受媒体关注的吕锡文相关新闻
● 11月：北京市委副书记吕锡文涉嫌严重违纪，接受组织调查。
● 12月：岁末打"虎"力度不减，北京"首虎"吕锡文的落马终结了"北京市无'虎'"的说法。

2015年中国媒体关注度最高的十大女性人物

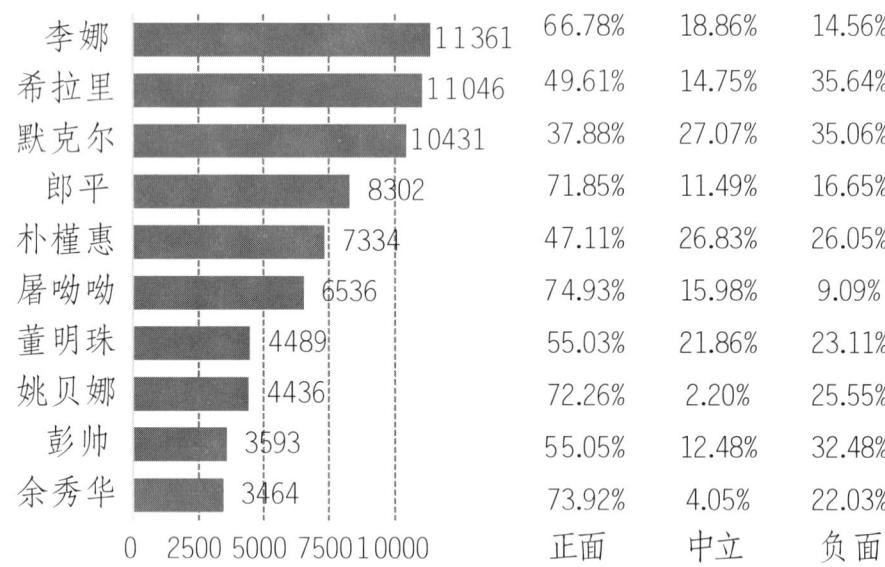

2015年中国媒体关注度最高的十大女性人物是指在2015年的中国媒体上出镜率最高的政坛、体坛、文坛等各界女性人物。

翻开这份榜单,更多的是感动。女性成名着实不易,她们背后的执着与信念让我们看到了成长的艰辛。榜单中包含3位体坛女将:位列第1的李娜,虽退役并成为妈妈,但永远是球迷心中的"国际娜";位列第4的"铁榔头"郎平,带领中国女排重夺世界杯冠军;位列第9的"中国金花"彭帅,因伤退赛,球迷的祝福汇聚成一句"等你回来!"

接下来上榜的是3位政坛女强人:位列第2的美国国务卿希拉里、位列第3的德国总理默克尔、位列第5的韩国总统朴槿惠,她们的年龄都在60岁以上。大家常说成名要趁早,殊不知智慧是需要积累的。

排名第6位的是以85岁高龄获得诺贝尔医学奖的屠呦呦,全世界华人为之骄傲;排名第7位的董明珠,身为一个单亲妈妈从普通员工奋斗到格力集团董事长;排名第8位的青年歌手姚贝娜英年早逝,生前即已决定捐献眼角膜以帮助他人;位列第10的农村残疾诗人余秀华,为我们带来的不仅是感动,更多的是对生命与生活执着追求的震撼。

李娜

"中国网坛'一姐'的华丽谢幕"

李娜，1982年生，湖北武汉人，中国女子网球运动员，亚洲第一位大满贯女子单打冠军。2015年，这位曾经在网坛创下累累战绩的中国网球"一姐"虽然选择了退居幕后，回归家庭，但曝光量的减少并没有降低她的话题度。相反，2015年李娜怀孕产女的消息，成为中国各大媒体追逐的焦点。赛场之外的娜姐不仅出版了她的个人传记《独自上场》，还积极参与武汉网球公开赛的宣传活动，获得了不少媒体的关注。

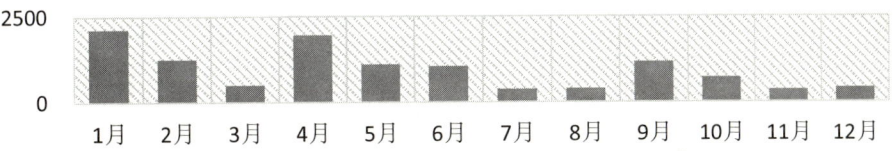

2015年"李娜"媒体关注度逐月分布

根据2015年李娜的媒体关注度逐月分布，媒体关注度排名前三的月份为1月、4月、2月。通过回查对应月份的语料，可以给出2015年最受媒体关注的李娜大事记。

2015年最受媒体关注的李娜大事记

- 1月，退役后的李娜亮相澳网，发微博透露自己已有身孕。
- 2月，2014年体坛风云人物颁奖典礼举行，李娜独揽两项大奖。
- 4月，2015年"体坛奥斯卡"劳伦斯世界体育大奖颁奖典礼举行，李娜获劳伦斯特别成就奖。

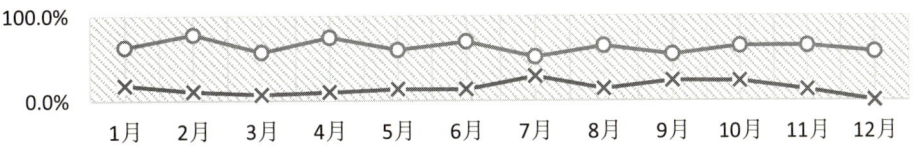

2015年"李娜"媒体褒贬度月变化趋势 —○—好评率 —×—差评率

根据2015年李娜的媒体褒贬度月变化趋势，好评率排名前三的月份为2月、4月和6月，差评率排名前三的月份为7月、9月和10月。通过回查对应月份的语料，可以给出2015年最受媒体好评和最受媒体差评的李娜相关新闻。

好评	差评
● 2月，李娜获2014年体坛风云人物"年度最佳女运动员"和"评委会大奖"，受现场观众热捧。 ● 4月，李娜获2015劳伦斯特别成就奖。 ● 6月，李娜发微博公布生女喜讯，晒小脚丫照获得粉丝衷心祝福。	● 9月，李娜退役后代言广告不断，吸金能力无人能及，但赞助资金无法流向网坛小花，"娜姐赚钱狠，小花喝汤难"的质疑声起。

127

希拉里

"前第一夫人的坎坷竞选路"

希拉里·黛安·罗德姆·克林顿（Hillary Diane Rodham Clinton），1947年生，美国第67任国务卿、前联邦参议员，美国前总统比尔·克林顿的妻子。2015年4月，前第一夫人希拉里正式宣布参加2016年美国总统大选。但是，这次希拉里的竞选之路可谓荆棘丛生，坎坷不断。特别是参选前，媒体突然爆出希拉里在担任国务卿期间，违规使用个人电子邮件账户处理政府事务的新闻，顿时引发舆论的轩然大波。"电邮门"事件不断发酵。9月，希拉里不得不就"电邮门"事件正式致歉，引发舆论的争议。

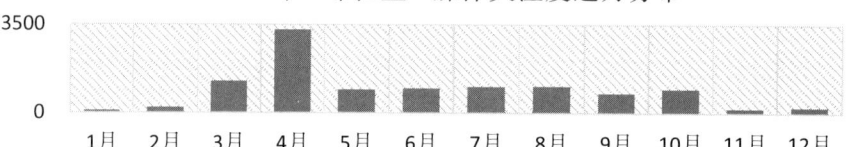

根据2015年希拉里的媒体关注度逐月分布，媒体关注度排名前三的月份为4月、3月、8月。通过回查对应月份的语料，可以给出2015年最受媒体关注的希拉里大事记。

2015年最受媒体关注的希拉里大事记
● 3月，美国总统大选在即，希拉里被爆出"电邮门"事件，迅速引起两党人士警惕。
● 4月，美国前国务卿、民主党人希拉里正式宣布参加2016年美国总统大选。
● 8月，希拉里竞选团队公布其个人身体状况及8年纳税记录。

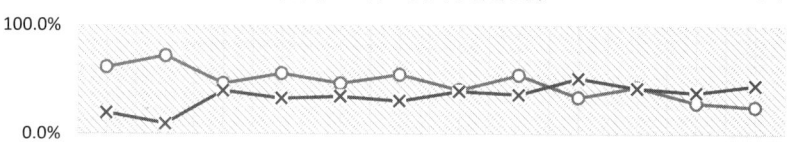

根据2015年希拉里的媒体褒贬度月变化趋势，好评率排名前三的月份为2月、1月和4月，差评率排名前三的月份为9月、12月和10月。通过回查对应月份的语料，可以给出2015年最受媒体好评和最受媒体差评的希拉里相关新闻。

好评	差评
● 1月，希拉里在加拿大发表演讲，谈应对国际恐怖主义威胁的相关问题。 ● 4月，美国前国务卿希拉里宣布参加2016年的美国总统选举。	● 9月，"电邮门"事件使希拉里的个人信誉遭受打击，民意支持率持续走低。 ● 12月，美国前国务卿希拉里首提对朝鲜"战略忍耐"政策。

默克尔

"敞开欧洲大门的德国总理"

安格拉·多罗特娅·默克尔（Angela Dorothea Merkel），1954年生，德国总理、基督教民主联盟主席。2015年，德国总理默克尔在欧洲主权债务危机、乌克兰战争、叙利亚难民潮三大危机中挺身而出，特别是向100多万难民敞开了欧洲的大门。虽然德国民众对大批难民涌入的担忧日益加深，但2015年的默克尔却成为各大媒体赞扬的对象。包括法新社、美国《时代》周刊等媒体在内，都将2015年风云人物的桂冠给予了德国总理默克尔。

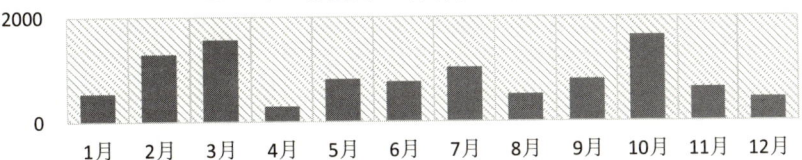

2015年"默克尔"媒体关注度逐月分布

根据2015年默克尔的媒体关注度逐月分布，媒体关注度排名前三的月份为10月、3月、2月。通过回查对应月份的语料，可以给出2015年最受媒体关注的默克尔大事记。

2015年最受媒体关注的默克尔大事记
● 2月，乌克兰战争危机升级，默克尔"闪电造访"俄罗斯，引发媒体对世界未来局势的揣测。
● 3月，默克尔访问日本，敦促安倍政府正视历史，深刻反省"二战"错误。
● 10月，德国总理默克尔第8次访华，双方加强交流合作。

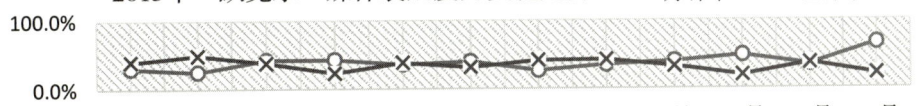

2015年"默克尔"媒体褒贬度月变化趋势 —○— 好评率 —×— 差评率

根据2015年默克尔的媒体褒贬度月变化趋势，好评率排名前三的月份为12月、10月和4月，差评率排名前三的月份为2月、8月和7月。通过回查对应月份的语料，可以给出2015年最受媒体好评和最受媒体差评的默克尔相关新闻。

好评	差评
● 4月，默克尔称欧元区不能放弃希腊，必须防止希腊在达成协议前资金告罄。 ● 10月，德国总理默克尔访华，中德关系进一步发展。 ● 12月，德国总理默克尔当选美国《时代》周刊2015年"年度人物"，周刊称其在欧洲债务危机、叙利亚难民潮等问题上的贡献获得民众称赞。	● 2月，默克尔在慕尼黑安全会议上表示，军事途径无法解决乌克兰战争危机，招致美国与会代表的强烈批评，指责德国在向乌克兰输送武器问题上背弃盟友。 ● 7月，将被遣送至黎巴嫩难民营的女孩想留在德国，默克尔回绝女孩被批"铁石心肠"。 ● 8月，欧洲非法移民危机日益严重，成员国互相推诿，分歧严重，德国总理默克尔称移民问题将成为欧盟的严峻挑战。

郎平

"重回世界巅峰的'铁榔头'"

郎平，1960年生，天津人，排球运动员、教练员，素有"铁榔头"的美誉。2015年，对于中国女排和主教练郎平来说，是充满了喜悦的泪水的一年。5月，在女排世界杯最后一场比赛中，中国女排以3比1战胜了顽强的日本队，时隔11年再夺世界冠军，并直接晋级2016年里约奥运会。冷静、睿智却又坚定不服输的个性，加上长期执教经验和国际视野，使郎平成为重振中国女子排球队士气的关键。正是郎平以及中国女排小将们将个体价值奉献于集体，才将中国排球事业重新推向了世界的巅峰。

2015年"郎平"媒体关注度逐月分布

根据2015年郎平的媒体关注度逐月分布，媒体关注度排名前三的月份为9月、8月、5月。通过回查对应月份的语料，可以给出2015年最受媒体关注的郎平大事记。

2015年最受媒体关注的郎平大事记

- 5月，郎平率中国女排重夺亚洲女排锦标赛冠军，这是中国女排近十年来第二次夺冠。
- 8月，2015年女排世界杯揭开战幕，郎平率中国新军征战日本。
- 9月，双喜临门！郎平率女排夺得世界杯冠军，同时甜蜜公开婚讯。

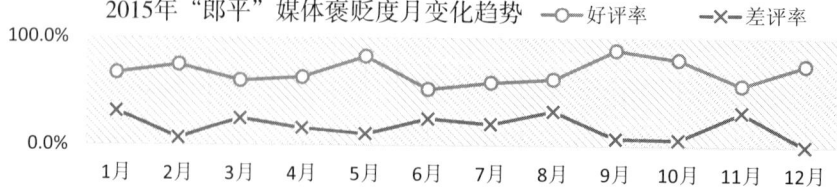

2015年"郎平"媒体褒贬度月变化趋势

根据2015年郎平的媒体褒贬度月变化趋势，好评率排名前三的月份为9月、5月、10月，差评率排名前三的月份为8月、1月、11月。通过回查对应月份的语料，可以给出2015年最受媒体好评和最受媒体差评的郎平相关新闻。

好评	差评
● 2月，郎平获2014年体坛风云人物最佳教练奖。 ● 5月，中国女排第13次夺得亚锦赛冠军，"郎之队"表现出色。 ● 9月，郎平率中国女排新军登顶世界巅峰，同时确认将与鉴宝专家王育成步入婚姻殿堂，粉丝纷纷献上祝福。	● 1月，北汽女排被传将换主帅，"L姓教练"令郎平躺枪。 ● 8月，女排强将惠若琪因病缺席世界杯，中国女排哀兵出征，郎平落泪称"心情复杂"。 ● 11月，中国女排国手杨珺菁膝部手术，"郎之队"伤号不断，奥运备战疑云重重。

朴槿惠

"中韩关系的'新蜜月时代'"

朴槿惠（Park Geun-hye），1952年生，韩国第18任总统，韩国前总统朴正熙的长女。2015年，朴槿惠顶住来自美国和日本的外部压力，选择来华出席中国人民抗日战争暨世界反法西斯战争胜利70周年纪念活动。9月3日，朴槿惠与习近平并肩登上天安门城楼观看了中国抗战胜利70周年阅兵式，这也是韩国总统第一次出席中国军队的阅兵式。这具有象征意义的一幕，被国内外媒体视为中韩关系进入了"新蜜月时代"。

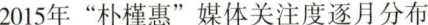

2015年"朴槿惠"媒体关注度逐月分布

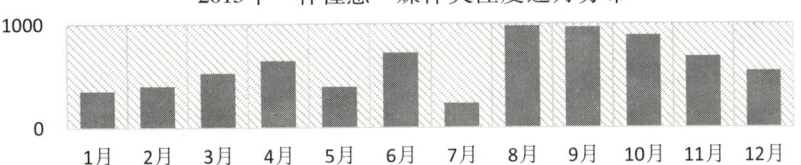

根据2015年朴槿惠的媒体关注度逐月分布，媒体关注度排名前三的月份为8月、9月、10月。通过回查对应月份的语料，可以给出2015年最受媒体关注的朴槿惠大事记。

2015年最受媒体关注的朴槿惠大事记
● 8月，韩国媒体宣布朴槿惠将于9月访华，是否出席阅兵式成舆论关注的焦点。
● 9月，朴槿惠来华出席中国人民抗日战争暨世界反法西斯战争胜利70周年纪念活动。
● 10月，朴槿惠将访问美国并出席联合国成立峰会，"先访华后访美"引发热议。

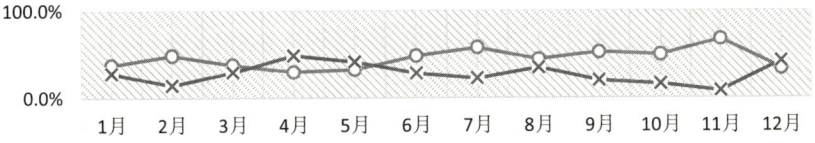

根据2015年朴槿惠媒体褒贬度的月变化趋势，好评率排名前三的月份为11月、7月和9月，差评率排名前三的月份为4月、12月和5月。通过回查对应月份的语料，可以给出2015年最受媒体好评和最受媒体差评的朴槿惠相关新闻。

好评	差评
● 7月，朝韩宣布8月同时特赦囚犯，朴槿惠通过赦免政策凝聚人心。	● 4月，朴槿惠将不出席俄国"二战"胜利纪念活动，与金正恩5月会晤成泡影。
● 9月，朴槿惠访华后支持率上升，韩国媒体称赞朴槿惠在华受到礼遇。	● 5月，朴槿惠坚持对日"双轨"政策，引发国际舆论广泛争议。
● 11月，朴槿惠首次强硬表态：日本必须就慰安妇问题作出决断。	● 12月，韩国宣布MERS疫情结束，早期因应对措施不足，朴槿惠支持率跌至历史最低。

屠呦呦

"春草鹿呦呦"

屠呦呦，1930年生，中国医药学家，中国中医科学院的首席科学家，中国中医研究院终身研究员兼首席研究员。2015年10月，因开创性地从中草药中分离出青蒿素，屠呦呦获得了诺贝尔医学奖。她成为第一位获得诺贝尔科学奖项的中国本土科学家、第一位获得诺贝尔医学奖的华人科学家。而这一奖项也是中国医学界迄今为止获得的最高奖项，是中医药成果获得的最高奖项。屠呦呦的获奖，以及其获奖背后数十年如一日，专注科研，坚定不放弃的"屠呦呦精神"，获得了国内外媒体的一致赞誉。

根据2015年屠呦呦的媒体关注度逐月分布，媒体关注度较高的月份为10月和12月，其他月份媒体关注度很少。通过回查对应月份的语料，可以给出2015年最受媒体关注的屠呦呦大事记。

2015年最受媒体关注的屠呦呦大事记
● 10月，中国科学家屠呦呦获2015年诺贝尔医学奖。
● 12月，中国科学家屠呦呦瑞典受奖，用中文发表主题演讲，瑞典国王为其颁奖。

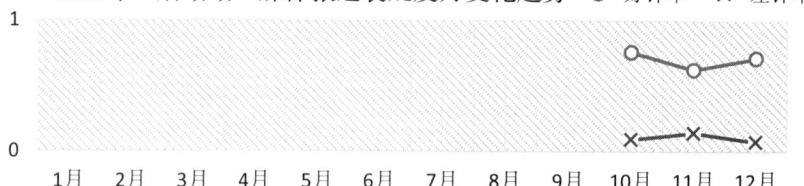

根据2015年屠呦呦的媒体褒贬度月变化趋势，在不考虑关注度过低月份的情况下，10月和12月好频率最高，11月差评率最高。通过回查对应月份的语料，可以给出2015年最受媒体好评和最受媒体差评的屠呦呦相关新闻。

好评	差评
● 10月，屠呦呦研制青蒿素获诺贝尔医学奖，迅速成为舆论关注的焦点。	● 11月，有媒体称将集体功劳归功于屠呦呦一人，"不公平也不合理，与历史不符"。

董明珠

"霸道女总裁与10亿赌约"

董明珠，1954年生，江苏南京人，珠海格力电器股份有限公司董事长。2015年以来，董明珠凭借着"10亿赌约"、不时地对雷军和小米的吐槽，以及以董明珠个人肖像为开机画面的格力手机等，保持了超高的话题性与曝光度，每次公开言论总是大胆张扬，"我从不认错,我永远都是对的"，"我自己打分从来都是最高分"，轻松吸引媒体的关注。这位疯狂工作的女强人，以其自信和霸道的个人魅力，被媒体称为当今中国制造业最犀利的女掌门、互联网行业中的话题女王。

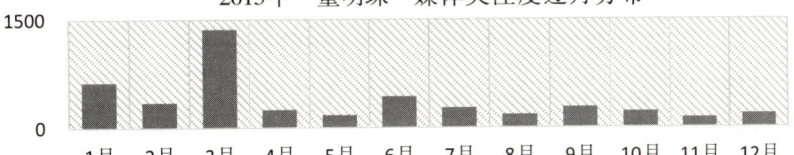

根据2015年董明珠的媒体关注度逐月分布，媒体关注度排名前三的月份为3月、1月、6月。通过回查对应月份的语料，可以给出2015年最受媒体关注的董明珠大事记。

2015年最受媒体关注的董明珠大事记
● 1月，董明珠放出豪言："格力做手机，分分钟灭掉小米。"
● 3月，董明珠称已经研制出格力手机，自己正在使用。
● 6月，董明珠正式宣布格力手机开卖。

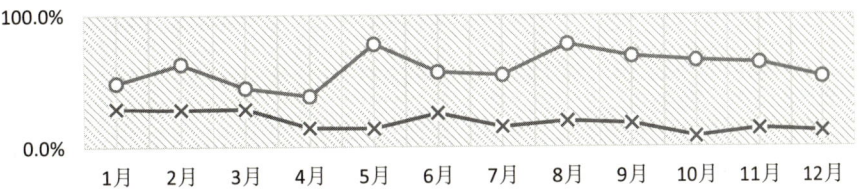

根据2015年董明珠的媒体褒贬度月变化趋势，好评率排名前三的月份为5月、8月和9月，差评率排名前三的月份为1月、3月和2月。通过回查对应月份的语料，可以给出2015年最受媒体好评和最受媒体差评的董明珠相关新闻。

好评	差评
● 5月，董明珠获得"全国劳动模范"殊荣，"营销女王"故事受媒体曝光。 ● 8月，董明珠称将建立高端智能装备产业园，打造世界级产品。	● 1月，董明珠炮轰小米、美的合作，称是"两个小偷集团在一起"。 ● 2月，董明珠称与雷军"10亿赌约"已撤销。

姚贝娜

"陨落的中国歌坛新星"

姚贝娜，1981年生，湖北武汉人，中国流行女歌手、青年歌唱家。2015年1月，因乳腺癌复发而住院的姚贝娜病情突然恶化，最终于北京大学深圳医院病逝，年仅33岁。姚贝娜生前已决定将双眼眼角膜捐出，帮助其他有需要的病人。2015年4月，国际天文学联合会（IAU）将第41981号小行星命名为"姚贝娜"星。

对经受病痛折磨，却始终面露微笑、乐观积极的姚贝娜来说，所有困难都会激发她的胆魄，而所有听到姚贝娜歌声的人，都能证明这世界这个女孩来过。

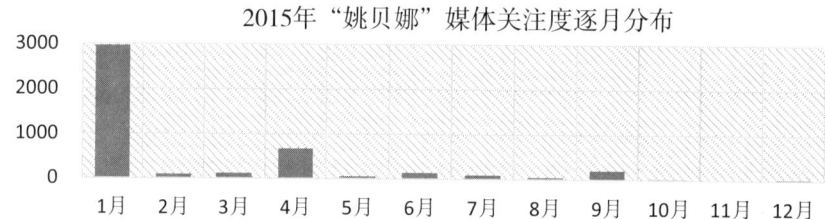

根据2015年姚贝娜的媒体关注度逐月分布，媒体关注度较高的月份为1月和4月。通过回查对应月份的语料，可以给出2015年最受媒体关注的姚贝娜大事记。

2015年最受媒体关注的姚贝娜大事记
● 1月，中国女歌手姚贝娜因乳腺癌复发病逝，捐献眼角膜感动众多粉丝和媒体。
● 4月，国际天文学联合会（IAU）宣布将第41981号小行星命名为"姚贝娜"星。

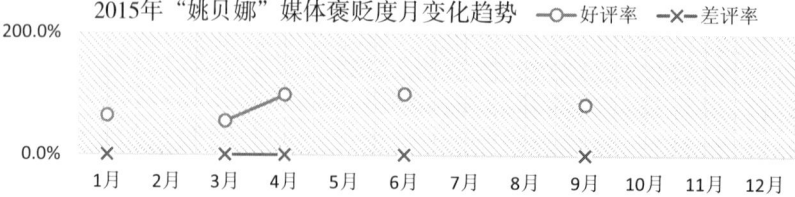

根据2015年姚贝娜媒体褒贬度的月变化趋势，在不考虑关注度过低月份的情况下，4月和6月好评率较高。通过回查对应月份的语料，可以给出2015年最受媒体好评的姚贝娜相关新闻。

好评	差评
● 4月，为纪念已故女歌手姚贝娜，国际天文学联合会（IAU）将第41981号小行星命名为"姚贝娜星"。 ● 6月，逝世女歌手姚贝娜被评为第5届全国道德模范广东省候选人。	无

彭帅

"被伤病终结的2015"

彭帅，1986年生，湖南湘潭人，中国网球运动员。2015年，对于过去保持不错战绩的彭帅来说，充满了伤病的痛苦和失败的泪水。2015年法网公开赛首轮，彭帅在对战对手时腰椎伤势复发，不得不因伤退赛。随后她发布微博，正式宣布告别2015赛季，令无数粉丝和媒体大感失望。2015年，中国网球正处于尴尬的节点上，随着中国网坛"一姐"李娜的退役，以彭帅为首的金花们试图重新挑起中国网球的重担，但是一年来却没有取得出色的成绩，中国网球之路正越走越艰难。

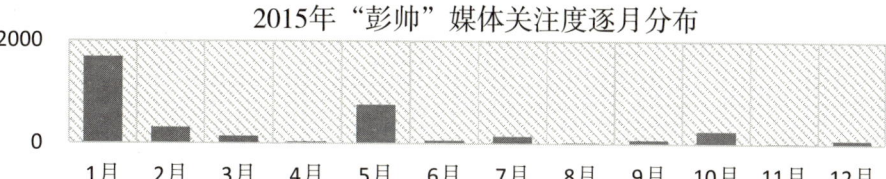

根据2015年彭帅的媒体关注度逐月分布，媒体关注度排名前三的月份为1月、5月、2月。通过回查对应月份的语料，可以给出2015年最受媒体关注的彭帅大事记。

2015年最受媒体关注的彭帅大事记

- 1月，澳网公开赛彭帅参赛，被中国球迷寄予厚望。
- 2月，彭帅带领中国女网选手参加联合会杯女网团体赛。
- 5月，法网公开赛首轮，彭帅在0-6/0-2落后于赫尔科格时因伤退赛，赛后正式宣布告别2015赛季。

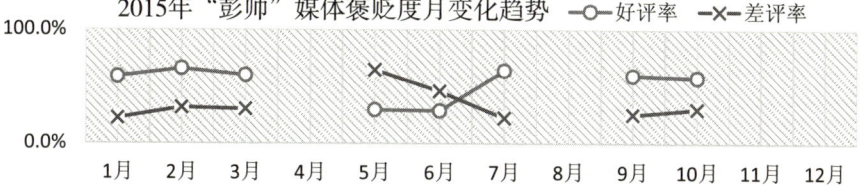

根据2015年彭帅媒体褒贬度的月变化趋势，好评率较高的月份为7月和2月，差评率较高的月份为5月和6月。通过回查对应月份的语料，可以给出2015年最受媒体好评和最受媒体差评的彭帅相关新闻。

好评	差评
• 1月，彭帅艰难挺进澳网第4轮，追平个人澳网最佳战绩。 • 2月，联合会杯女网团体赛挥拍，彭帅领衔中国女将出战。	• 5月，法网彭帅因腰伤退赛，宣布告别2015赛季，令众多球迷失望。

余秀华

"伸张生命权利的女诗人"

余秀华,1976年生,湖北钟祥人,诗人。2015年1月,余秀华的《穿过大半个中国去睡你》忽然在朋友圈中被反复分享,"脑瘫诗人"余秀华也一夜之间名声大震,还被歌手肖磊唱成歌曲,成为舆论关注的焦点。同月,余秀华当选为湖北省钟祥市作家协会副主席。余秀华的诗歌行文质朴、感情浓烈,打动了无数读者。无可否认的是,"农民""脑瘫""村妇""草根"的标签,在余秀华的成名过程中起到了推波助澜的作用,但透过这些舆论的喧嚣,我们依旧能够体会到这位有天赋的诗人,对于生命最本质、最浓郁、最感人的热爱。

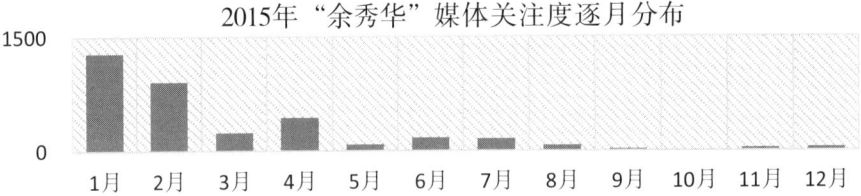

根据2015年余秀华的媒体关注度逐月分布,媒体关注度排名前三的月份为1月、2月、4月。通过回查对应月份的语料,可以给出2015年最受媒体关注的余秀华大事记。

2015年最受媒体关注的余秀华大事记
● 1月,湖北农民女诗人余秀华爆红网络,个人经历和成名原因受到关注。
● 2月,余秀华诗歌选集《月光落在左手上》出版。
● 4月,女诗人余秀华珞珈山上会诗友,受到粉丝和诗友的热烈追捧。

根据2015年余秀华的媒体褒贬度月变化趋势,好评率较高的月份为7月和5月,差评率较高的月份为6月、3月和4月。通过回查对应月份的语料,可以给出2015年最受媒体好评和最受媒体差评的余秀华相关新闻。

好评	差评
● 5月,余秀华成功签约湖北省作协文学院。 ● 7月,余秀华赴香港与读者交流。	● 3月,余秀华当选钟祥市作协副主席,回应质疑称"只是虚名"。 ● 6月,余秀华在成都某书店参加活动时,被表演的男模"熊抱"。

2015年中国媒体关注度最高的十大国际人物

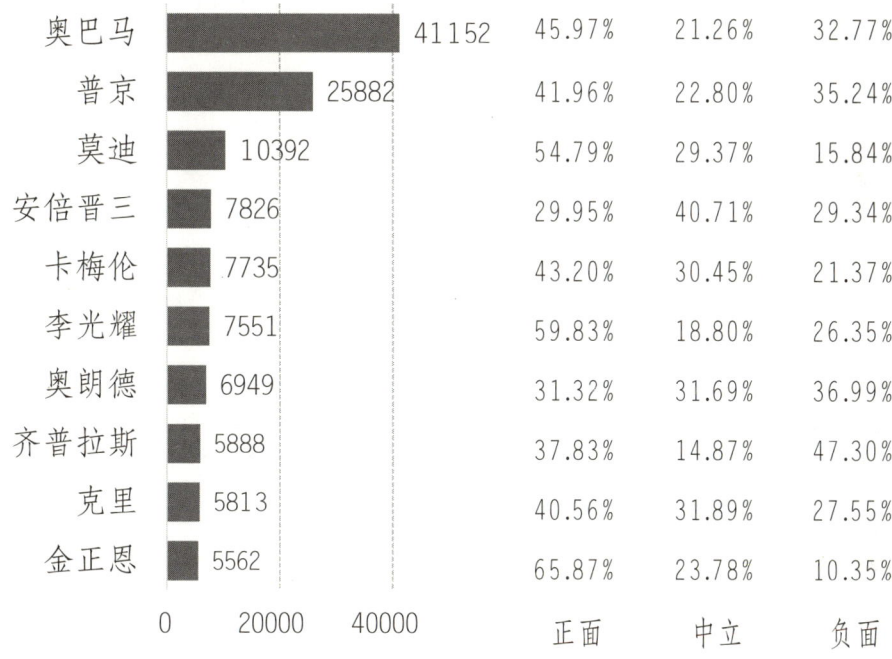

2015年中国媒体关注度最高的十大国际人物是指在2015年的中国媒体上出镜率最高的各国政界知名人物。

翻开这份榜单,不难看出中国媒体对世界关注的顺序,美俄依然排在前两位,亚洲则超越了欧洲。

榜单排名前两位的分别是"新晋推特超级网红"奥巴马与"俄罗斯硬汉"普京。而位列榜单第9位的美国国务卿克里似乎并没有能助奥巴马一臂之力,虽常年奔波,但却被美国杂志评为"半个世纪以来最差国务卿"。

中国要发展,需要和谐的国际环境,更需要与周边邻邦国家建立友好关系。榜单中有4位人物来自亚洲国家,分别是第3位的印度总理莫迪、第4位的日本首相安倍晋三、第6位的"新加坡之父"李光耀,以及第10位的朝鲜领导人金正恩。

2015年是欧洲的大选之年,位列第5的英国首相卡梅伦得以连任,位列第8的齐普拉斯再度当选为希腊总理,而位列第7的法国现任总统奥朗德是否能在2017年大选中连任尚待揭晓。

奥巴马

"美国历史上第一位非洲裔总统"

贝拉克·侯赛因·奥巴马（Barack Hussein Obama），1961年生，美国民主党政治家、第44任美国总统，为美国历史上首位非洲裔总统。2008年11月4日，奥巴马正式当选为美国总统。2012年11月6日，奥巴马在第57届美国总统大选中成功连任。回顾2015年，虽然奥巴马对自己这一年的"成绩单"很满意，但美国媒体却称他外交成绩很"脆弱"，尤其是中东问题给他的政绩抹黑。

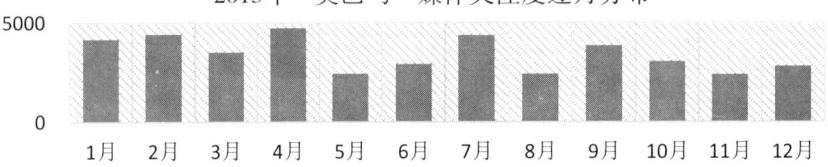

根据2015年奥巴马的媒体关注度逐月分布，媒体关注度排名前五的月份为4月、2月、7月、1月、9月。通过回查对应月份的语料，可以给出2015年最受媒体关注的奥巴马大事记。

2015年最受媒体关注的奥巴马大事记
● 1月，美国总统奥巴马在国会发表国情咨文演说，阐述2015年的施政纲领。
● 2月，美国总统奥巴马向习近平主席发出访问邀请，习近平将首次对美国进行国事访问。
● 4月，美国总统奥巴马和古巴领导人卡斯特罗举行会晤。
● 7月，美国总统奥巴马会见越南共产党中央总书记阮富仲，系两国关系发展标志性事件。
● 9月，习近平主席对美国进行国事访问，习奥举行中美元首会晤。

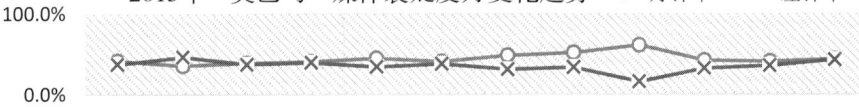

根据2015年奥巴马的媒体褒贬度月变化趋势，好评率排名前三的月份为9月、8月、7月，差评率排名前三的月份为2月、12月、4月。通过回查对应月份的语料，可以给出2015年最受媒体好评和最受媒体差评的奥巴马相关新闻。

好评	差评
● 7月，奥巴马就伊朗核谈成果发表讲话，美伊有望结束敌对关系。 ● 8月，中国隆重纪念"二战"胜利70周年，奥巴马总统高度评价中国人民在"二战"中的巨大贡献和中美两国结下的深厚友谊。 ● 9月，奥巴马用"全套国事访问礼仪"欢迎习近平。	● 2月，"伊斯兰国"绑架的美国女人质确认已死亡，奥巴马称"绝不付赎金"。 ● 4月，美古首脑50年来首次会晤，古巴领导人敦促美国全面取消对古巴制裁。 ● 12月，奥巴马政府对朝实施"战略忍耐"政策，实际效果颇受诟病。

普京

"恢复俄罗斯大国地位的'铁腕总统'"

弗拉基米尔·弗拉基米罗维奇·普京，1952年生，俄罗斯第2、4任总统，曾担任俄罗斯总理、统一俄罗斯党主席、俄白联盟部长会议主席。普京在竞选时引用了一句"给我20年，还你一个奇迹般的俄罗斯"，对国民作出了承诺。普京执政8年，俄罗斯不仅实现了政局稳定、经济增长的目标，而且逐步恢复了在世界经济尤其是能源市场上的大国影响力。

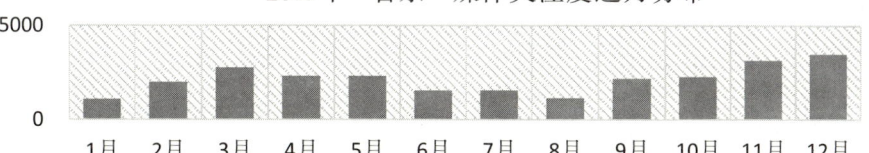

2015年"普京"媒体关注度逐月分布

根据2015年普京的媒体关注度逐月分布，媒体关注度排名前三的月份为12月、11月、3月。通过回查对应月份的语料，可以给出2015年最受媒体关注的普京大事记。

2015年最受媒体关注的普京大事记
● 3月，俄反对党领袖遭射杀，俄总统普京责令专门小组调查。
● 11月，俄罗斯一架客机在埃及西奈半岛失事，普京表示这是"巨大的悲剧"。
● 12月，普京发表年度国情咨文，再次展现"强人"气魄。

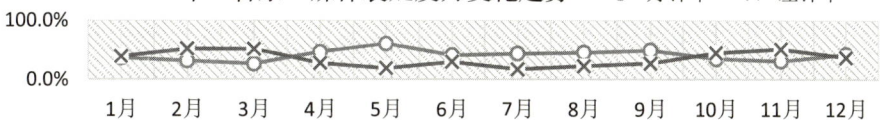

2015年"普京"媒体褒贬度月变化趋势

根据2015年普京的媒体褒贬度月变化趋势，好评率排名前三的月份为5月、9月、4月，差评率排名前三的月份为2月、3月、11月。通过回查对应月份的语料，可以给出2015年最受媒体好评和最受媒体差评的普京相关新闻。

好评	差评
● 4月，普京"连线"民众，答题70多个，亲民作风获得民众好感。 ● 5月，中俄两国元首在亲切友好的气氛中，探讨中俄关系和彼此关心的重大国际和地区问题，普京热情邀请习近平出席纪念卫国战争胜利70周年庆典并访问俄罗斯。	● 2月，普京表示不会就乌克兰危机接受任何"最后通牒"，德法俄乌四国峰会恐难如期举行。 ● 3月，普京多日没有在公开场合露面，引发网络传言和西方媒体臆测。 ● 11月，俄方确认坠毁于埃及西奈半岛的俄客机实为遭到恐怖袭击，普京称俄方将进一步加大对叙利亚境内"伊斯兰国"及其他恐怖组织目标的打击力度。

莫迪

"风光无限的'超级营销员'"

纳伦德拉·莫迪（Narendra Modi），1950年生，印度总理。2015年，莫迪上任总理后的第一步，是通过邀请领导人参加其就职典礼，表达他增进与南亚国家联系的意愿。此后一段时间，他几乎访问了所有的世界大国，并参加了一系列双边和多边会晤，首要目的就是大力宣扬印度的经济改革计划，承诺改善经商环境，力邀外国投资，因此也被媒体称为"超级营销员"。莫迪密集的经济外交，普遍被认为是他执政一年来的最大亮点。尤其是他与习近平总书记建立的"家乡外交"策略，受到中外媒体的普遍关注。

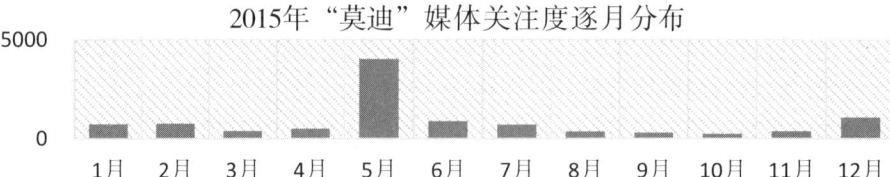

2015年"莫迪"媒体关注度逐月分布

根据2015年莫迪的媒体关注度逐月分布，媒体关注度排名前三的月份为5月、12月和6月。通过回查对应月份的语料，可以给出2015年最受媒体关注的莫迪大事记。

2015年最受媒体关注的莫迪大事记
● 5月，印度总理莫迪访华受到中国热烈欢迎。
● 6月，印度总理莫迪访问孟加拉国，交换陆地边界协议批准书。
● 12月，莫迪闪电式造访巴基斯坦，印巴关系走向缓和。

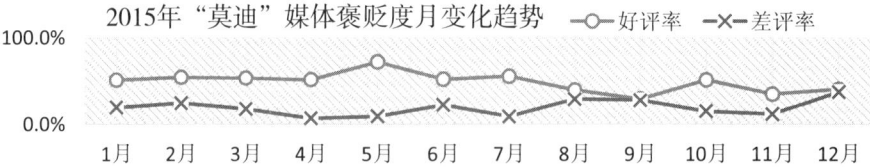

2015年"莫迪"媒体褒贬度月变化趋势

根据2015年莫迪的媒体褒贬度月变化趋势，好评率排名前三的月份为5月、7月、2月，差评率排名前三的月份为12月、8月、9月。通过回查对应月份的语料，可以给出2015年最受媒体好评和最受媒体差评的莫迪相关新闻。

好评	差评
● 2月，莫迪当选总理引发热议，舆论称其是位"现实主义者"，也是位"爱国主义者"。	● 8月，莫迪家乡50万人上街游行，发生打砸抢事件，美媒翻旧账称莫迪"负有责任"。
● 5月，莫迪开通微博，释放积极信号，为访华预热。	● 9月，印度民众向莫迪寄头发、指甲，抗议其在助选活动上的侮辱性言论。
● 7月，莫迪旋风访问多个中亚国家，具有里程碑意义。	● 12月，印度遭洪水，官媒发莫迪照片，PS痕迹重遭疯传。

安倍晋三

"'歪曲历史派'的坚定推动者"

安倍晋三，1954年生，日本政治家，现任日本内阁总理大臣、自由民主党总裁。盘点2015这一年，安倍晋三确实干了很多"大事"：强化了日美同盟关系，强行通过了新安保法案，发表了暧昧模糊的战后70周年"安倍谈话"，并以所谓的"西南威胁"为借口不断扩充军力，目标是使日本彻底告别战后体制、修改"和平宪法"和恢复日本昔日世界强国地位。然而，其主推的"安倍经济学"却未能带给日本经济有力的复苏。

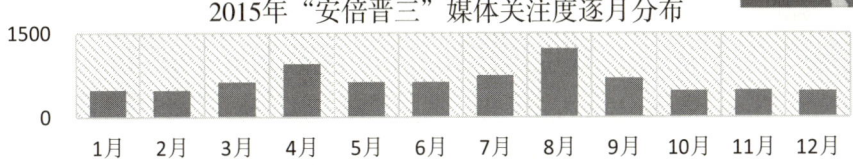

根据2015年安倍晋三的媒体关注度逐月分布，媒体关注度排名前三的月份为8月、4月、7月。通过回查对应月份的语料，可以给出2015年最受媒体关注的安倍晋三大事记。

2015年最受媒体关注的安倍晋三大事记
● 4月，中国国家主席习近平在雅加达应约会见日本首相安倍晋三。
● 7月，日本国会强行通过安倍政府提交的新安保法案，引发日本民众强烈抗议。
● 8月，安倍晋三发表战后70周年谈话，宣称战后出生的日本人不应背负"谢罪的宿命"。

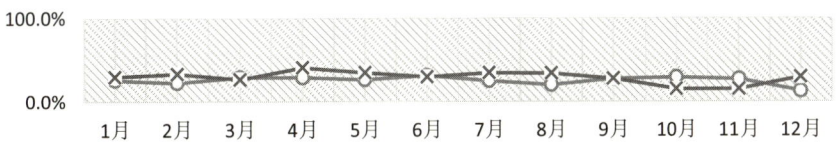

根据2015年安倍晋三媒体褒贬度的月变化趋势，好评率较高的月份为6月和10月，差评率排名前三的月份为4月、5月、8月。通过回查对应月份的语料，可以给出2015年最受媒体好评和最受媒体差评的安倍晋三相关新闻。

好评	差评
● 6月，韩日邦交正常化50周年纪念日上，朴槿惠和安倍晋三出席对方使馆举办的纪念活动并致贺词，双方首脑在讲话中摆出希望改善韩日关系的姿态。 ● 10月，日本首相安倍晋三第二次改组内阁。	● 4月，日本外务省发布《外交蓝皮书》，全面否认"慰安妇"史实，安倍晋三在对待"慰安妇"等历史问题上继续坚持模糊表述，受到各方舆论的强烈谴责。 ● 5月，安倍晋三欲"洗白历史"，世界各地数百名学者加入"声讨"安倍晋三的阵营。 ● 8月，安倍晋三战后70周年谈话回避问题，态度暧昧。

卡梅伦

"英国近200年来最年轻的首相"

戴维·威廉·唐纳德·卡梅伦（David William Donald Cameron），1966年生，英国首相。近年来，随着欧洲政治经济一体化的加快，英国社会中的脱欧情绪愈发明显。2015年7月，应英国女王伊丽莎白二世邀请，习近平主席对英国进行国事访问。期间，习近平主席与卡梅伦总理进行了多次会晤，成为国内外媒体聚焦的重点，中英两国关系也被视为进入了"黄金时代"。

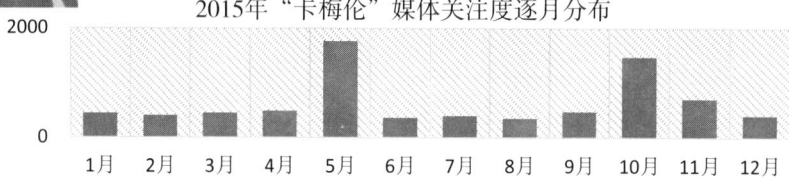

2015年"卡梅伦"媒体关注度逐月分布

根据2015年卡梅伦的媒体关注度逐月分布，媒体关注度排名前三的月份为5月、10月、11月。通过回查对应月份的语料，可以给出2015年最受媒体关注的卡梅伦大事记。

2015年最受媒体关注的卡梅伦大事记
● 5月，保守党赢得议会下议院选举，卡梅伦连任英国首相。
● 10月，中国国家主席习近平访问英国，受邀前往英国首相卡梅伦夫妇位于乡间的别墅进行会谈。
● 11月，卡梅伦敦促英国议会支持扩大对"伊斯兰国"的空袭范围。

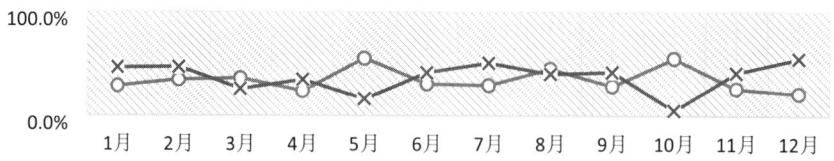

2015年"卡梅伦"媒体褒贬度月变化趋势　—○— 好评率　—×— 差评率

根据2015年卡梅伦媒体褒贬度的月变化趋势，好评率排名前三的月份为5月、10月、8月，差评率排名前三的月份为12月、7月、2月。通过回查对应月份的语料，可以给出2015年最受媒体好评和最受媒体差评的卡梅伦相关新闻。

好评	差评
● 5月，卡梅伦连任英国首相，中英关系有望稳中有升。 ● 8月，卡梅伦访问东南亚，一谈经贸，二谈反恐。 ● 10月，卡梅伦陪同习近平到访"城市足球集团"，中英关系升温。	● 2月，卡梅伦"缺席"乌克兰危机谈判，有舆论认为此为英国实力下降的又一标志。 ● 12月，英国议会通过卡梅伦政府空袭叙利亚境内"伊斯兰国"目标的动议，反对党工党领袖批评卡梅伦将不支持空袭的人说成"恐怖分子的同情者"。

李光耀

"现代新加坡的缔造者"

李光耀（Lee Kuan Yew），1923年生，新加坡华人，新加坡人民行动党创始人之一，曾任新加坡总理（开国元首）、新加坡最高领导人，被誉为"新加坡国父"。2015年3月23日，李光耀因病医治无效去世，享年91岁。自1965年开始，李光耀当了25年总理，后又当了21年国务资政和内阁资政，直到2011年才淡出政坛。李光耀这颗政坛"常青树"叱咤风云近50年，在当代可谓空前绝后。他一手打造的"新加坡模式"在世界上独一无二，其经济发展模式和社会管理方式曾经被包括中国在内的许多国家和地区引为范例。

根据2015年李光耀的媒体关注度逐月分布，媒体关注度较高的月份为3月和4月。通过回查对应月份的语料，可以给出2015年最受媒体关注的李光耀大事记。

2015年最受媒体关注的李光耀大事记
● 3月，"新加坡国父"李光耀因病医治无效去世。
● 4月，李光耀故居暂不拆除，其子女称将遵照父亲遗嘱行事。

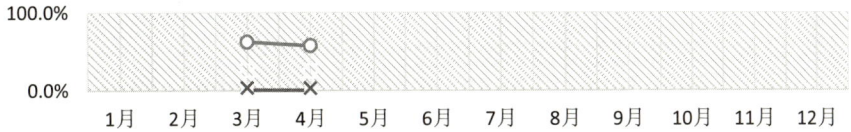

根据2015年李光耀的媒体褒贬度月变化趋势，在不考虑关注度过低月份的情况下，通过搜索3月和4月与李光耀相关的新闻事件，可以给出2015年最受媒体好评的李光耀相关新闻。

好评	差评
● 3月，李光耀先生逝世，一生敢言敢斗赢得尊重。 ● 4月，李光耀传奇的一生，铁腕、务实，领导力卓越。	无

奥朗德

"要浪漫不要婚姻的'情圣'总统"

弗朗索瓦·奥朗德（FranCois Hollande），1954年生，法国左翼政治家、法国总统。2012年5月，奥朗德当选为新一任法国总统。2015年，奥朗德冷静处理了两起巴黎恐怖袭击案，不仅带领法国民众进行了大规模游行，还在议会两院联席会议发表的讲话中，发誓将摧毁"伊斯兰国"组织。但媒体民调显示，他的支持率仅上升5个百分点。至今未婚的奥朗德，其感情史反倒一直是法国人茶余饭后的谈资。

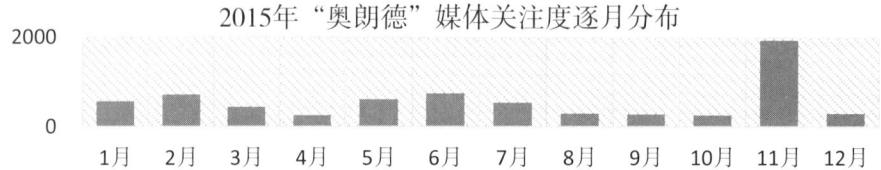

根据2015年奥朗德的媒体关注度逐月分布，媒体关注度排名前三的月份为11月、6月、2月。通过回查对应月份的语料，可以给出2015年最受媒体关注的奥朗德大事记。

2015年最受媒体关注的奥朗德大事记
● 2月，奥朗德和默克尔突访莫斯科，就乌克兰危机与普京闭门会谈。
● 6月，"维基解密"称美国监听三任法国总统，奥朗德就此事与奥巴马通电话。
● 11月，巴黎遭受系列恐怖袭击，法国总统奥朗德宣布全国进入紧急状态。

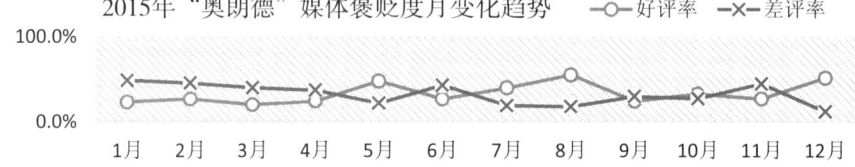

根据2015年奥朗德的媒体褒贬度月变化趋势，好评率排名前三的月份为8月、12月、5月，差评率排名前三的月份为1月、2月、11月。通过回查对应月份的语料，可以给出2015年最受媒体好评和最受媒体差评的奥朗德相关新闻。

好评	差评
● 5月，奥朗德造访古巴，与卡斯特罗会面，显示大国领袖风范。 ● 12月，"戴高乐"号航母将参与打击"伊斯兰国"组织，奥朗德登航母为法军打气。	● 1月，巴黎袭击后，奥朗德政府决定派航母前往中东"寻仇"，舆论质疑此举"没走出'一报还一报'的恶性循环"。 ● 11月，巴塔克兰剧院遭恐怖组织"血腥屠杀"，袭击者称奥朗德"不应介入叙利亚"。

齐普拉斯

"年轻希腊总理的焦灼之路"

阿莱克斯·齐普拉斯（Alexis Tsipras），1974年生，希腊左翼政治家、左派和进步联盟党主席，现任希腊总理。2015年1月25日，齐普拉斯当选为希腊新一届总理，成为希腊150年来最年轻的总理，齐普拉斯承诺要与国际债权人重新谈判贷款条件，要结束希腊人持续5年的羞辱和痛苦。上任后的齐普拉斯马不停蹄地在国内外展开周旋和博弈。8月，迫于舆论压力，焦灼头痛的齐普拉斯宣布辞去总理职务，并要求提前举行大选。在9月举行的希腊议会选举中，齐普拉斯再度当选为希腊总理。

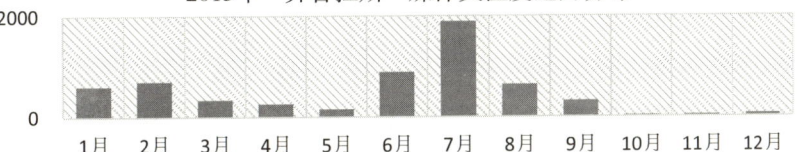

2015年"齐普拉斯"媒体关注度逐月分布

根据2015年齐普拉斯的媒体关注度逐月分布，媒体关注度排名前三的月份为7月、6月、2月。通过回查对应月份的语料，可以给出2015年最受媒体关注的齐普拉斯大事记。

2015年最受媒体关注的齐普拉斯大事记

- 2月，希腊新总理齐普拉斯明言将终止现有贷款救助协议，大力削减债务负担。
- 6月，欧元区领导人召开紧急峰会，齐普拉斯提交新改革方案，与国际债权人举行会谈。
- 7月，希腊对国际债权人的救助方案进行表决，齐普拉斯是否辞职成关注焦点。

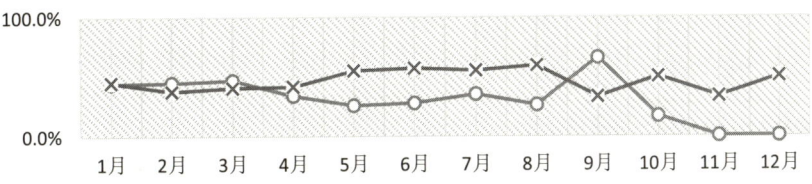

2015年"齐普拉斯"媒体报道褒贬度月变化趋势 —○— 好评率 —×— 差评率

根据2015年齐普拉斯媒体褒贬度的月变化趋势，好评率排名前三的月份为9月、3月和2月，差评率排名前三的月份为8月、6月和7月。通过回查对应月份的语料，可以给出2015年最受媒体好评和最受媒体差评的齐普拉斯相关新闻。

好评	差评
● 2月，齐普拉斯新政府决心与债权人达成新协议，戒掉"债务毒瘾"。 ● 9月，希腊大选激进左翼联盟党胜出，齐普拉斯再度当选为总理，豪言将克服债务危机。	● 6月，齐普拉斯与欧盟主席谈判，分歧巨大。希腊或再陷绝境，民众抗议新财政紧缩政策。 ● 7月，希腊举行全民公决，齐普拉斯面临竞选许诺和政治声誉破产危机，可能被迫辞职。 ● 8月，舆论批评齐普拉斯辞职为"政治算计"，无法根治希腊债务危机。

克里

"16年来美国第一位白人男性国务卿"

约翰·福布斯·克里（John Forbes Kerry），1943年生，美国政治家，第68任美国国务卿、马萨诸塞州参议员。回顾2015年，克里在美古关系、伊核问题、跨太平洋伙伴关系协定（TPP）、巴黎气候变化大会等领域都取得了相当引人注目的成绩。

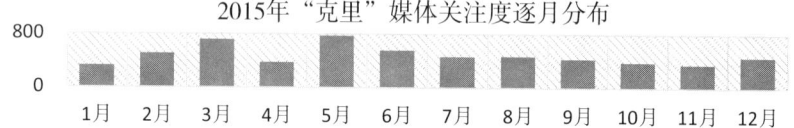

2015年"克里"媒体关注度逐月分布

根据2015年克里的媒体关注度逐月分布，媒体关注度排名前三的月份为5月、3月、6月。通过回查对应月份的语料，可以给出2015年最受媒体关注的克里大事记。

2015年最受媒体关注的克里大事记

- 3月，美国国务卿克里参加在瑞士洛桑举行的伊朗核谈判。
- 5月，美国国务卿克里访问俄罗斯，就俄美关系、叙利亚局势、乌克兰局势等问题与俄进行会谈。
- 6月，美国国务卿克里骑脚踏车发生意外，腿骨骨折被紧急送往医院。

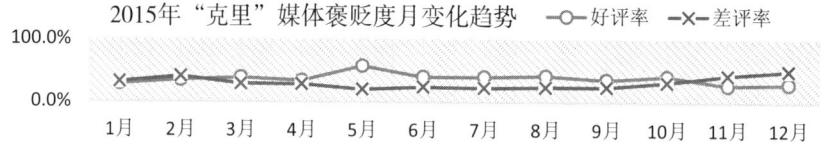

2015年"克里"媒体褒贬度月变化趋势

根据2015年克里媒体褒贬度的月变化趋势，好评率排名前三的月份为5月、10月、8月，差评率排名前三的月份为12月、11月、2月。通过回查对应月份的语料，可以给出2015年最受媒体好评和最受媒体差评的克里相关新闻。

好评	差评
● 5月，美国国务卿克里与俄罗斯总统普京举行会谈，气氛"友好"，语气"给人以希望"。 ● 8月，埃及外长舒凯里与美国国务卿克里在开罗举行战略对话，美埃关系有望调整。 ● 10月，俄两天空袭"伊斯兰国"目标50余次，美国国务卿克里表示，美国对俄罗斯在叙利亚空袭的意图表示"严重关切"。	● 2月，俄方对于美国国务卿克里提出的制裁警告，表示"迫使他人付出代价的强迫性观念"无助于化解乌克兰东南部冲突。 ● 11月，美国国务卿克里在美国智库和平研究所发表演讲，为奥巴马政府及美国的叙利亚政策辩护。 ● 12月，美国国务卿克里发表声明，赞成联合国大会通过谴责朝鲜违反人权的决议案。

金正恩

"主张自力更生的'自闭'领导人"

金正恩，1983年生，现任朝鲜最高领导人、朝鲜民主主义人民共和国元帅、朝鲜劳动党第一书记、朝鲜劳动党中央军事委员会委员长、朝鲜民主主义人民共和国国防委员会第一委员长、朝鲜人民军最高司令官。多年来朝鲜问题的核心就是"半岛的和平稳定"，而金正恩一直对外宣称，核试验是朝鲜的合法权利，任何人无权说三道四。2015年年末，金正恩宣布朝鲜已有氢弹，并准备好将该武器用于维护国家主权，再次引发国际社会的强烈担忧。

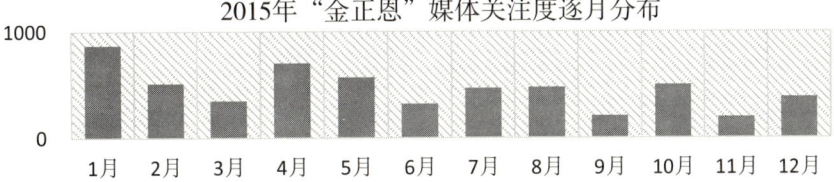

2015年"金正恩"媒体关注度逐月分布

根据2015年金正恩的媒体关注度逐月分布，媒体关注度排名前三的月份为1月、4月、5月。通过回查对应月份的语料，可以给出2015年最受媒体关注的金正恩大事记。

2015年最受媒体关注的金正恩大事记

- 1月，金正恩呼吁美国大胆转变对朝政策。
- 4月，金正恩视察机械厂，亲自试飞朝鲜自主研发的轻型飞机。
- 5月，朝方首次证实朝鲜最高领导人金正恩将不赴俄罗斯参加抗战庆典活动。

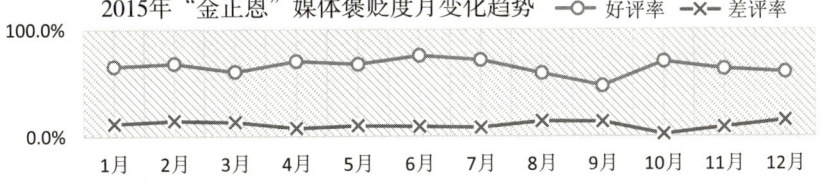

2015年"金正恩"媒体褒贬度月变化趋势

根据2015年金正恩的媒体褒贬度月变化趋势，好评率排名前三的月份为6月、7月、4月，差评率排名前三的月份为12月、2月、8月。通过回查对应月份的语料，可以给出2015年最受媒体好评和最受媒体差评的金正恩相关新闻。

好评	差评
● 6月，金正恩发出邀请，金大中遗孀计划近期访朝，或与金正恩会面。 ● 7月，金正恩于祖国解放战争胜利纪念日当天，向中国人民志愿军烈士陵园送花圈，并表达崇高敬意。	● 2月，金正恩将美国高层称为"一群疯狗"，称已做好应对核战准备。 ● 8月，韩朝对峙加剧，金正恩命令军队进入全面武装的战时状态。 ● 12月，金正恩宣布朝鲜已有氢弹，并准备好将该武器用于维护国家主权。

2015年中国媒体关注度最高的十大经济人物

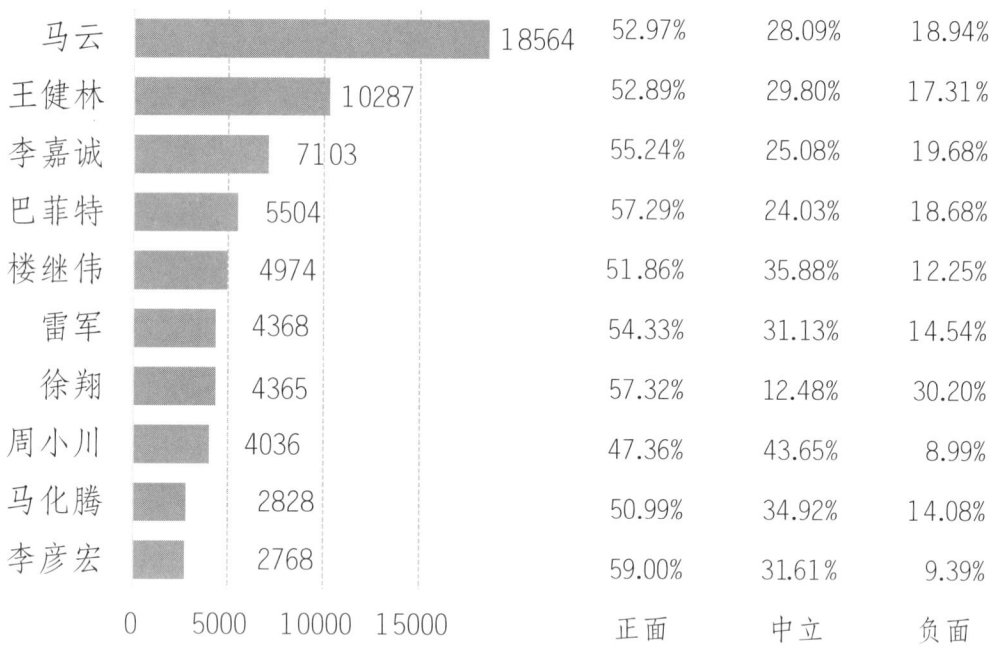

2015年中国媒体关注度最高的十大经济人物是指在2015年的中国媒体上出镜率最高的企业家、投资家、经济学家以及财经官员等经济领域的知名人物。

榜单排名前3位的分别是马云、王健林、李嘉诚，他们3位也是2015年彭博富豪榜亚洲最富三甲。从上榜人士的分布领域来看，来自互联网的有4人，分别是第1位的阿里巴巴之父马云、第6位的小米之父雷军、第9位的社交之父马化腾、第10位的百度CEO李彦宏；来自房地产领域的有2人，分别是第2位的华人首富王健林、第3位的前华人首富李嘉诚；来自金融投资领域的有2人，分别是第4位的华尔街"股神"巴菲特、第7位的中国私募"第一人"徐翔；来自政府的有2人，分别是第5位的财政部部长楼继伟与第8位的央行行长周小川。不同于富豪榜只是对财富的关注，媒体更多关注的是经济人物的影响力、对现实生活的渗透力，以及轰动性的新闻效应。

马云

"野心勃勃的帝国掌舵者"

马云，1964年生，浙江杭州人，阿里巴巴集团主要创始人、阿里巴巴集团董事局主席。近年来，阿里巴巴集团凭借强大的财力优势不断拓展事业版图，逐渐占领了电商、新媒体、O2O、影视、硬件等领域的半壁江山，马云也一度成为华人首富。但是，2015年对于马云来说，并不是轻松的一年。中国和美国监管部门的批评、法国开云集团的起诉、美国服装协会的黑名单警告，都为其累累硕果蒙上了一层令人忧虑的阴影。但不管非议和争论是否止歇，或许正如这位野心勃勃的帝国掌舵者所说："我并不在乎。"

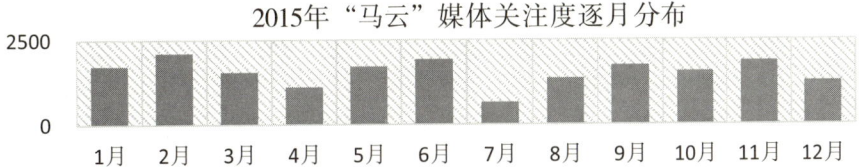

2015年"马云"媒体关注度逐月分布

根据2015年马云的媒体关注度逐月分布，媒体关注度排名前三的月份为2月、6月、11月。通过回查对应月份的语料，可以给出2015年最受媒体关注的马云大事记。

2015年最受媒体关注的马云大事记
● 6月，马云在纽约经济俱乐部发表演讲，明确了阿里巴巴在海外的发展战略。
● 11月，浙商总会首任会长马云解释第3届世界浙商大会上"永不行贿"的倡言，称"从政府手里要资源的企业没出息"。

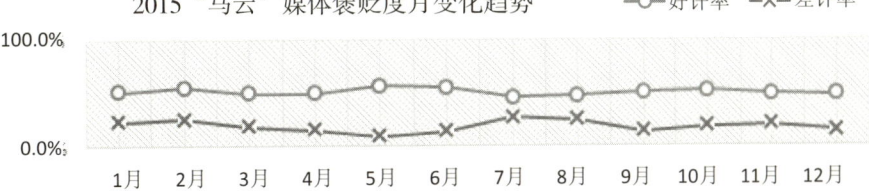

2015"马云"媒体褒贬度月变化趋势

根据2015年马云的媒体褒贬度月变化趋势，好评率排名前三的月份为5月、6月、2月，差评率排名前三的月份为7月、2月、8月。通过回查对应月份的语料，可以给出2015年最受媒体好评和最受媒体差评的马云相关新闻。

好评	差评
● 2月，超级杯联赛，广州恒大足球队投资人马云现场助阵。 ● 5月，德国汉诺威IT博览会上，马云惊艳演示"刷脸支付"。 ● 6月，世界级富豪马云发表演讲，称要当首富，要先学会为"穷人"服务。	● 2月，8家中美法务机构对阿里巴巴提出集体诉讼，马云团队被指涉嫌欺诈，致使阿里股价近期持续低迷。 ● 10月，胡润研究院发布2015胡润全球华人富豪榜，马云不敌万达集团董事长王健林，以1650亿财富位居第3。

王健林

"中国首富，'国民公公'"

王健林，1954年生，四川广元人，现任大连万达集团股份有限公司董事长。2015年，这位万达商业集团的缔造者与掌控者，不仅击败了老对手马云与李嘉诚，重新问鼎福布斯中国富豪榜状元宝座，而且还高调进军足球产业，强势入股马德里竞技足球俱乐部。其子王思聪经常在网络上发表评论，引起网民热议，被戏称为"国民老公"，王健林由此也被戏称为"国民公公"。

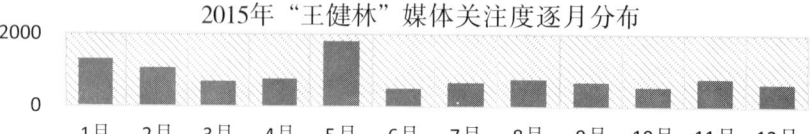

2015年"王健林"媒体关注度逐月分布

根据2015年王健林的媒体关注度逐月分布，媒体关注度排名前三的月份为5月、1月、2月，其中5月份尤为突出。通过回查对应月份的语料，可以给出2015年最受媒体关注的王健林大事记。

2015年最受媒体关注的王健林大事记

- 1月，万达商业公开募股首日即遭到破发。王健林斥资3亿入股西甲卫冕冠军马德里竞技足球俱乐部，或超越马云问鼎中国首富。
- 2月，王健林宣布并购瑞士盈方体育传媒集团，称"要加快中国申办世界杯的步伐"。
- 5月，彭博华人富豪榜和亚洲富豪榜等发榜，王健林凭381亿美元身家超过李嘉诚，成为新的华人首富兼亚洲首富。

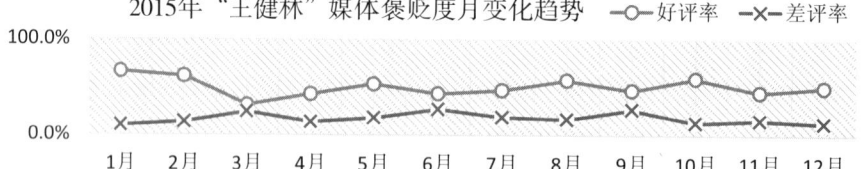

2015年"王健林"媒体褒贬度月变化趋势 —○— 好评率 —×— 差评率

根据2015年王健林的媒体褒贬度月变化趋势，好评率排名前三的月份为1月、2月、10月，差评率排名前三的月份为6月、9月、3月。通过回查对应月份的语料，可以给出2015年最受媒体好评和最受媒体差评的王健林相关新闻。

好评	差评
● 1月，王健林重返中国足坛，入股马德里竞技，让更多小球员赴西班牙踢球，助力中国青少年足球发展。 ● 2月，王健林10.5亿欧元并购盈方集团，进入世界足球核心地带。 ● 10月，胡润研究院发布2015胡润全球华人富豪榜，王健林财富超马云成中国首富。	● 3月，王健林儿子王思聪与汪小菲"战火重燃"，王思聪微博对汪小菲冷嘲热讽。 ● 6月，王健林谈儿子王思聪：对中国的人情世故、社会复杂程度缺乏深刻认识。 ● 9月，万达体育产业遭遇阿里巴巴集团挑战，王健林称比马云更懂足球。

李嘉诚

"前首富的'出走'风波"

李嘉诚，1928年生，广东潮安人，现任长江和记实业有限公司及长江实业地产有限公司主席。2015年，李嘉诚深陷舆论漩涡。因为他一方面失去了蝉联了15年的全球华人首富宝座，另一方面被质疑"逃离中国，出走海外"。义愤填膺的道德审视、唱衰中国的负面猜测、恐慌情绪的传染效应，在这些负面因素的影响下，围绕着这位前首富的各种话题，注定是敏感而充满争议的。

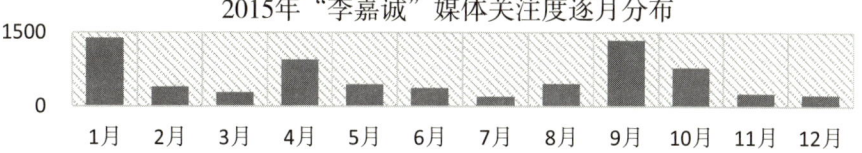

根据2015年李嘉诚的媒体关注度逐月分布，媒体关注度排名前四的月份为1月、9月、4月、10月。通过回查对应月份的语料，可以给出2015年最受媒体关注的李嘉诚大事记。

2015年最受媒体关注的李嘉诚大事记
● 1月，李嘉诚新公司迁址开曼群岛，宣布重组长江实业与和记黄埔。
● 4月，李嘉诚旗下的长江实业以8折优惠促销香港楼盘。
● 9月，李嘉诚抛售内地、香港的物业和资产，套现超800亿人民币，并频繁抄底欧洲市场，"出走"的传闻不断发酵。
● 10月，李嘉诚首度回应"撤离中国"传闻，称并没有"撤资"。

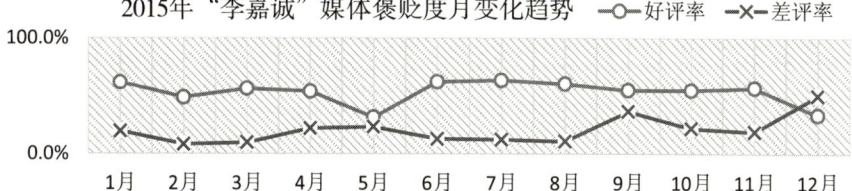

根据2015年李嘉诚的媒体褒贬度月变化趋势，好评率排名前三的月份为7月、6月、1月，差评率排名前三的月份为12月、9月、5月。通过回查对应月份的语料，可以给出2015年最受媒体好评和最受媒体差评的李嘉诚相关新闻。

好评	差评
● 1月，李嘉诚宣布重组长江实业与和记黄埔，对其万亿商业帝国革新重构。 ● 6月，李嘉诚旗下长和系世纪重组三部曲完美谢幕，新的地产帝国横空出世。	● 5月，彭博华人富豪榜和亚洲富豪榜发榜，王健林凭借381亿美元身家超过李嘉诚，成为中国和亚洲首富。 ● 9月，"李嘉诚撤资事件"持续发酵，媒体称其"脱亚入欧"是"对亚洲经济的不信任"。 ● 12月，李嘉诚遭遇罕见决策失败，长和系百亿美元资产重组遭否决。

巴菲特

"栽了跟头的'股神'"

沃伦·巴菲特（Warren Buffett），1930年生，美国人，全球著名的投资商，伯克希尔·哈撒韦公司CEO。2015年，素有"股神"之称的巴菲特在其一贯表现神勇的股票市场上栽了跟头。7月中旬至8月底，伯克希尔·哈撒韦公司在投资股市方面账面已经至少亏损了112亿美元，连自身股价的表现也不尽如人意。2015年，是"股神"掌舵伯克希尔的50周年，但却被外界认为是其继2009年以来在股市上表现最为糟糕的一年。

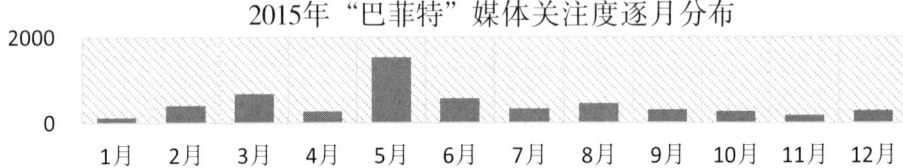

2015年"巴菲特"媒体关注度逐月分布

根据2015年巴菲特的媒体关注度逐月分布，媒体关注度排名前三的月份为5月、3月、6月。通过回查对应月份的语料，可以给出2015年最受媒体关注的巴菲特大事记。

2015年最受媒体关注的巴菲特大事记
● 3月，巴菲特与3G资本合作，并购卡夫和亨氏两大食品公司，业内人士称其"投资风格进化"。
● 5月，研究机构发布《巴菲特之阿尔法》报告，称发现其投资秘诀和选股公式。
● 6月，中国A股中小板公司天神娱乐拍下巴菲特的午餐。

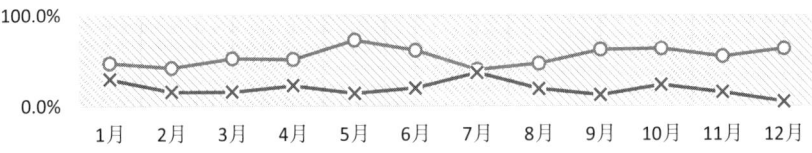

2015年"巴菲特"媒体褒贬度月变化趋势

根据2015年巴菲特的媒体褒贬度月变化趋势，好评率排名前三的月份为5月、10月、12月，差评率排名前三的月份为7月、1月、10月。通过回查对应月份的语料，可以给出2015年最受媒体好评和最受媒体差评的巴菲特相关新闻。

好评	差评
● 2月，2015年巴菲特致股东的信受到媒体的热议和相关人士的追捧。 ● 5月，伯克希尔2015年股东大会，巴菲特力挺中国，称中国运今已取得奇迹般成就。 ● 10月，《福布斯》发布美国富豪400强榜单，巴菲特凭620亿美元财富排名第二。	● 7月，传闻巴菲特公司投资股票亏损严重。 ● 10月，沃尔玛股价暴跌使投资者损失巨大，"股神"巴菲特一日损失超4.5亿美元。

楼继伟

"掌控政府'钱袋'的财政部长"

楼继伟，1950年生，浙江义乌人。现任财政部部长、党组书记，亚洲基础设施投资银行理事会主席。改革派，是舆论界对楼继伟的印象；有家国情怀的人，是财政部内部对他的评价。但这位以语速缓慢著称的部长，似乎更愿意称自己为"学者型官员"。不过，执着于探究大国财政的本质，偶尔发出颇具争议的言论，使得这位具有士大夫精神的部长，常常置身于舆论的风口浪尖。

2015年"楼继伟"媒体关注度逐月分布

根据2015年楼继伟的媒体关注度逐月分布，媒体关注度排名前四的月份为3月、6月、12月、8月。通过回查对应月份的语料，可以给出2015年最受媒体关注的楼继伟大事记。

2015年最受媒体关注的楼继伟大事记

- 3月，十二届全国人大第三次会议记者会，财政部部长楼继伟就提高个税起征点、规范收费、"三公"经费、亚投行筹建等问题回答记者提问。
- 6月，中日在京重启第五次财长对话，财政部部长楼继伟和日本副首相兼财务大臣麻生太郎共同主持对话。
- 8月，楼继伟就地方政府债务限额议案，向全国人大进行说明，透露地方债置换额度增至3.2万亿。
- 12月，个人所得税改革议程加快，财政部部长楼继伟透露相关信息。

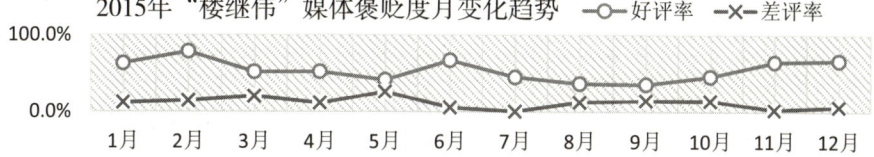

2015年"楼继伟"媒体褒贬度月变化趋势 —○— 好评率 —×— 差评率

根据2015年楼继伟的媒体褒贬度月变化趋势，好评率排名前三的月份为2月、6月、12月，差评率排名较高的月份为5月和3月。通过回查对应月份的语料，可以给出2015年最受媒体好评和最受媒体差评的楼继伟相关新闻。

好评	差评
● 2月，财政部部长楼继伟：防范地方债务风险要"疏堵结合，开明渠、堵暗道"，媒体晒中央部委全面深化改革的"硬举措"。 ● 6月，中日重启财长对话，楼继伟出席，中日关系有望转暖。 ● 12月，个人所得税改革方案初具雏形，财政部部长楼继伟发表解读言论。	● 3月，楼继伟回应削减的"三公"经费去向，称"'三公'经费3000亿是胡扯"。 ● 5月，楼继伟称"中国可能会滑入中等收入陷阱"。

雷军

"等风来的失意'米总'"

雷军,1969年生,湖北仙桃人,小米科技创始人、董事长兼CEO,金山软件公司董事长。"在风口,猪都可以飞",这句被无数次引用的名言出自雷军之口。2015年,善于发现下一个风口的米总,似乎经历了一个风平浪静的失意之年。年初,小米手机的销量被原先的追赶者华为超越,全球智能硬件市场也同时遇冷。2015年是迅速崛起的小米渐趋成熟的一年,也是国产手机行业稳健发展的一年。

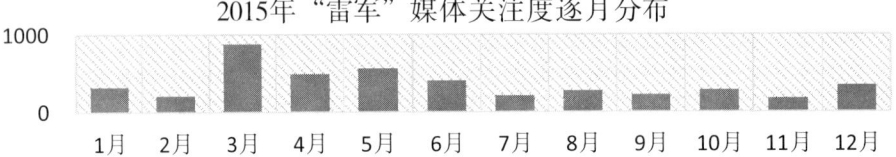

2015年"雷军"媒体关注度逐月分布

根据2015年雷军的媒体关注度逐月分布,媒体关注度较高的月份有3月、5月、4月、6月。通过回查对应月份的语料,可以给出2015年最受媒体关注的雷军大事记。

2015年最受媒体关注的雷军大事记

- 3月,全国人大代表雷军参加两会,提交两份议案:建议继续修订《公司法》;加快制定智能家居行业标准。
- 4月,雷军回仙桃市小米之家称:我的根永远在这里,众多"米粉"热烈追捧。
- 5月,"小米Note顶配版品鉴会"召开,雷军现场签售手机。
- 6月,小米召开视频内容投资进展发布会,雷军公布对比数据,与乐视隔空开战。

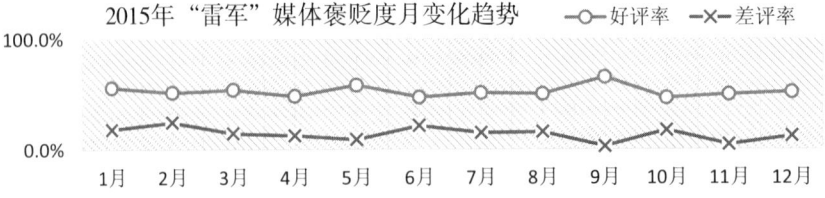

2015年"雷军"媒体褒贬度月变化趋势　—○—好评率　—×—差评率

根据2015年雷军的媒体褒贬度月变化趋势,好评率排名前三的月份为9月、5月、1月,差评率排名前三的月份为2月、6月、1月。通过回查对应月份的语料,可以给出2015年最受媒体好评和最受媒体差评的雷军大事记。

好评	差评
● 1月,《财富》杂志揭晓2014年度中国商人名单,小米科技CEO雷军当选。 ● 5月,小米Note顶配版手机发布会上,雷军称其功能"会比iPhone好"。 ● 9月,小米科技发布虚拟运营商业务"小米移动",新资费刷新市场低价,雷军称将以"互联网思维"来做运营商。	● 1月,小米科技CEO雷军与格力董事长董明珠因"10亿赌约"隔空交锋不断,董明珠称已与雷军撤销赌约,因搞房地产不符合约赌条件。 ● 2月,雷军澄清传闻:不考虑进入家装或房地产等行业,"10亿赌约"成烂尾。 ● 6月,关于"视频内容哪家强"的问题,小米与乐视争论不休。

徐翔

"揭下'私募一哥'的神秘面纱"

徐翔，1978年生，上海人，原上海泽熙投资管理有限公司法定代表人、总经理。人称"涨停板敢死队总舵主""私募一哥"的徐翔，是中国最受关注也最为神秘的私募人士。谁料到，这位叱咤资本市场、一直低调神秘的"私募一哥"，首次出现在公众视野中，竟是手铐加身。2015年11月，一则新华社消息惊爆投资圈，泽熙公司法定代表人、总经理徐翔等人通过非法手段获取股市内幕信息，从事内幕交易、操纵股票交易价格，其行为涉嫌违法犯罪，被公安机关依法采取刑事强制措施。

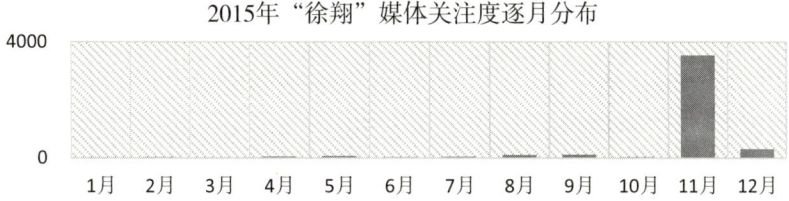

2015年"徐翔"媒体关注度逐月分布

根据2015年徐翔的媒体关注度逐月分布，11月媒体关注度最高，12月次之，其他月份则几乎为零。通过回查对应月份的语料，可以给出2015年最受媒体关注的徐翔大事记。

2015年最受媒体关注的徐翔大事记
● 11月，徐翔等人因涉嫌利用非法手段获取股市内幕信息，从事内幕交易、操纵股票交易价格，被公安机关依法采取刑事强制措施。
● 12月，"徐翔案"不断发酵，电广传媒董事长秘书廖朝晖等多名涉案人员被带走调查。

2015年"徐翔"媒体褒贬度月变化趋势 —○—好评率 —×—差评率

根据2015年徐翔的媒体褒贬度月变化趋势，在不考虑关注度过低月份的情况下，好评率较高的月份为8月，而差评率较高的月份为12月和11月。通过回查对应月份的语料，可以给出2015年最受媒体好评和最受媒体差评的徐翔相关新闻。

好评	差评
● 8月，徐翔多只私募产品长期盘踞在私募净值排行榜前列，受到市场关注。	● 11月，"涨停板敢死队总舵主"徐翔被查，"徐翔概念股"惨遭跌停。 ● 12月，"徐翔案"多名涉案人员被调查，泽熙投资产品遭遇明显赎回。

周小川

"风雨中的央行行长"

周小川,1948年生,江苏宜兴人,中国人民银行行长、党委书记。素有"中国的格林斯潘""人民币先生"之称的周小川已经在央行行长的位置上度过了13个年头。2015年,央行5次降息降准;面对股票市场的异常波动,周小川罕见地三次发声;11月,人民币成功加入特别提款权货币篮子,身为央行掌门人的周小川动作频频,备受媒体关注。

2015年"周小川"媒体关注度逐月分布

根据2015年周小川的媒体关注度逐月分布,媒体关注度排名前四的月份为3月、4月、9月、11月。通过回查对应月份的语料,可以给出2015年最受媒体关注的周小川大事记。

2015年最受媒体关注的周小川大事记

- 3月,周小川透露正在讨论、起草针对互联网金融的监管新政策。
- 4月,周小川出席华盛顿国际货币基金组织系列会议,称中国货币有宽松空间,将继续执行稳健的货币政策。
- 9月,周小川在二十国集团财长和央行行长会议上表示:中国股市调整已大致到位,金融市场有望更稳定。
- 11月,国际货币基金组织批准人民币加入特别提款权货币篮子,周小川完成"最完美的一役"。

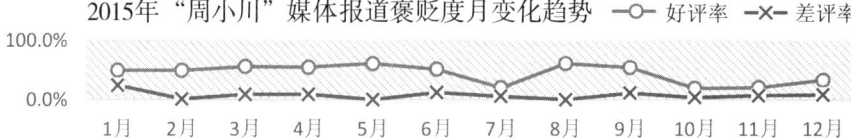

2015年"周小川"媒体报道褒贬度月变化趋势

根据2015年周小川的媒体褒贬度月变化趋势,好评率排名前三的月份为8月、5月、3月,差评率排名前三的月份为1月、6月、9月。通过回查对应月份的语料,可以给出2015年最受媒体好评和最受媒体差评的周小川相关新闻。

好评	差评
● 3月,周小川解析"新常态"下的货币政策,称存款利率上限放开概率非常高。 ● 5月,中国A股将被纳入富时罗素指数,周小川表示"要使境内境外的个人投资更加便利化"。 ● 8月,周小川谈政策性银行改革:可以尝试在资本市场融资。	● 1月,周小川发言表示:希望中国货币政策保持稳定,不追求流动性。部分媒体解读为:央行无意向市场释放过多流动性。 ● 6月,周小川拒绝就中国是否还会降息表态,称人民币汇率处于合理水平。

马化腾

"后微信时代的腾讯之路"

马化腾,1971年生,广东汕头人,腾讯公司主要创办人之一、腾讯公司控股董事会主席兼CEO。当2015年的春节,微信抢红包的风头甚至盖过了吃年夜饭、看春晚,成为除夕夜的重头戏时;当超过三分之一的中国人成为微信活跃用户,其中绑定银行卡用户数超过2亿时;当腾讯公司正以新型的支付方式和娱乐模式潜移默化地改变着用户时,当初那个抱着修改过66遍的商业计划书,跑遍高交会(中国国际高新技术成果交易会)所有会馆的马化腾,如今已然凭借176亿美元的财富,在各类富豪榜上名列前茅。

2015年"马化腾"媒体关注度逐月分布

根据2015年马化腾的媒体关注度逐月分布,媒体关注度较高的月份为3月、12月、4月。通过回查对应月份的语料,可以给出2015年最受媒体关注的马化腾大事记。

2015年最受媒体关注的马化腾大事记

- 3月,腾讯CEO马化腾主动回应春节"抢红包大战"、企业红包缴税等话题。
- 4月,腾讯市值逼近阿里巴巴,马化腾高位减持香港上市的腾讯控股,引发媒体猜测。
- 12月,世界互联网大会在乌镇召开,腾讯CEO马化腾等互联网领军人物参会。

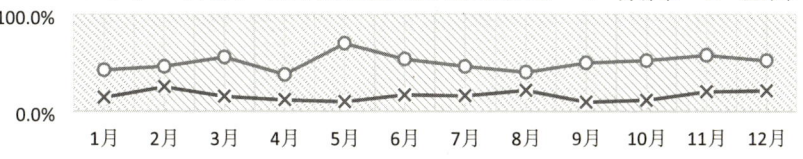

2015年"马化腾"媒体报道褒贬度月变化趋势

根据2015年马化腾的媒体褒贬度月变化趋势,好评率排名前三的月份为5月、11月、3月,差评率排名前三的月份为2月、8月、12月。通过回查对应月份的语料,可以给出2015年最受媒体好评和最受媒体差评的马化腾相关新闻。

好评	差评
● 3月,腾讯CEO马化腾两会议案提出"智慧民生"概念:通过互联网解决防治雾霾等重大民生问题,加快移动互联网在民生领域的普及和应用。 ● 5月,中国科协与腾讯签署"互联网+科普"合作协议,马化腾表示将发挥社交平台优势,推动科普发展。	● 8月,全球股市遭遇"黑色星期一",腾讯创始人马化腾损失近8亿美元。 ● 11月,Uber城市公众号遭微信"封杀",马化腾称其存在违规营销。

李彦宏

"'任性'的百度掌门人"

李彦宏，1968年生，山西阳泉人，百度公司创始人、董事长兼CEO。2015年，向来稳重持家的李彦宏却意外地走起"叛逆"路线，继投资51用车、客如云等企业后，李彦宏又在O2O领域的布局上有了大动作：6月底，他高调宣布将从百度账面上500亿现金中拿出200亿来，在未来3年投给糯米网。种种迹象表明，在完成从后台技术提供商到正式搜索服务提供商，再向移动互联网转型之后，百度正努力实现其"连接人和服务"的第3次转型。

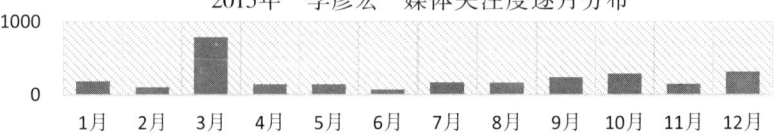

2015年"李彦宏"媒体关注度逐月分布

根据2015年李彦宏的媒体关注度逐月分布，媒体关注度排名前三的月份为3月、12月、10月。通过回查对应月份的语料，可以给出2015年最受媒体关注的李彦宏大事记。

2015年最受媒体关注的李彦宏大事记
● 3月，全国政协委员李彦宏提案建议国家层面设立"中国大脑"计划，推动中国人工智能实现跨越式发展。
● 10月，福布斯发布2015年中国内地富豪榜，李彦宏由榜单亚军下滑至第6名。
● 12月，第2届世界互联网大会在乌镇举行，百度董事长李彦宏参加会议。

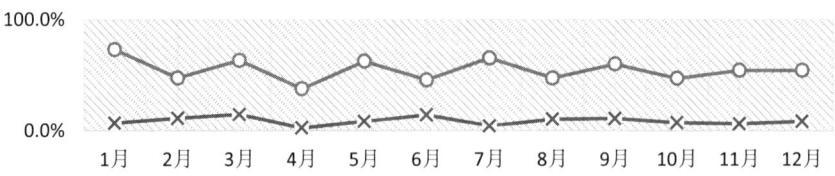

2015年"李彦宏"媒体褒贬度月变化趋势　—○—好评率　—×—差评率

根据2015年李彦宏媒体褒贬度的月变化趋势，好评率排名前三的月份为1月、3月、7月，差评率排名前三的月份为3月、6月、9月。通过回查对应月份的语料，可以给出2015年最受媒体好评和最受媒体差评的李彦宏相关新闻。

好评	差评
● 1月，李彦宏称百度将大手笔投入人工智能及深度学习领域。 ● 3月，百度CEO李彦宏解析"中国大脑"计划。 ● 7月，李彦宏称3年内将投资200亿给糯米网，用于布局本地生活服务平台，此举被媒体解读为百度颠覆产业格局的重要信号。	● 3月，李彦宏谈"创客"：赶潮流可能吃残羹冷炙。 ● 6月，李彦宏批"风口论"：充满投机思维。 ● 9月，百度欲从美退市回归A股，李彦宏称华尔街不懂O2O。

2015年中国媒体关注度最高的十大文化人物

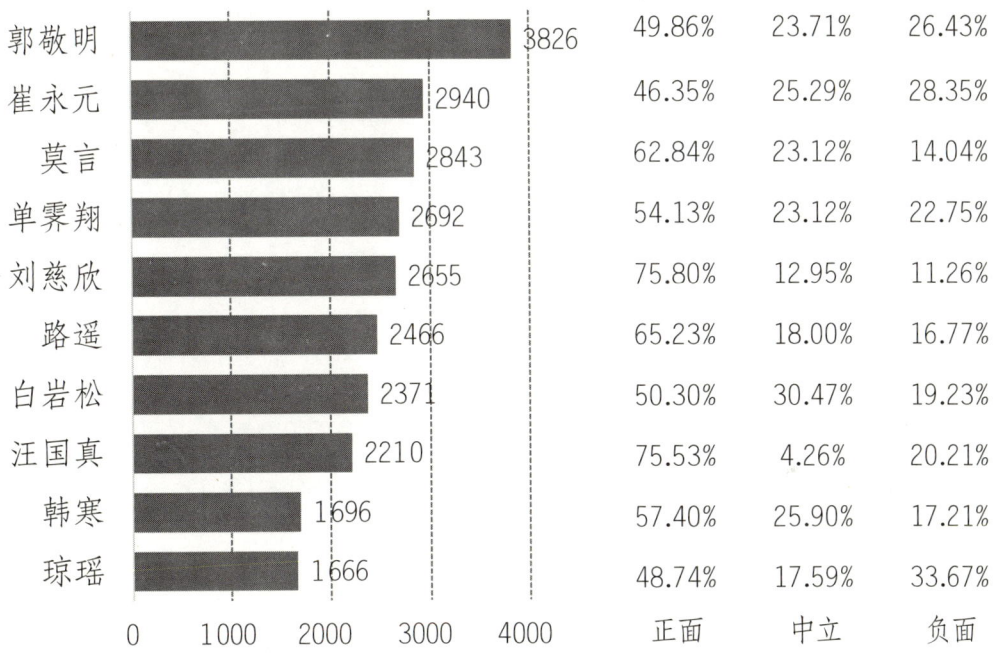

2015年中国媒体关注度最高的十大文化人物是指在2015年的中国媒体上出镜率最高的作家、诗人、新闻工作者等文化领域的明星人物。

翻开这份榜单，上榜人物似乎并不是因为在2015年发表了什么作品而被媒体高度关注，上榜的原因更多的是与影视、新闻、获奖等因素有关。郭敬明成了郭导，电影《小时代》继续维持着高人气。莫言、路遥的作品也纷纷被搬上荧幕，借助影视剧迎来了第二春。崔永元的质疑、单霁翔的革新、刘慈欣的获奖、白岩松的节目、汪国真的离去、韩寒的跨界、琼瑶的官司则引爆了一条又一条新闻。作品与作者渐渐分离，文字与文化融为一体，传媒的力量悄然影响着中国文化。

在上榜的人物中，有作家4人、文学影视跨界2人、新闻主持2人、官员1人、诗人1人，反映了媒体关注焦点的多样化。榜单中有两位故去的人，这也验证了经典文学作品的长久魅力，并不会因为斯人已逝而失去媒体的关注。

郭敬明

"大社会的小时代，小时代的大赢家"

郭敬明，1983生，四川自贡人，作家、导演、编剧。从作家到编剧，从编剧到导演，郭敬明经历了颠覆式的成长和转型，这使其成为文学商业化时代的代表人物。一边是直线上升的票房和销量，一边是不绝于耳的质疑和批判，郭敬明的身边总是围绕着闪烁的镁光灯和无休止的争议。

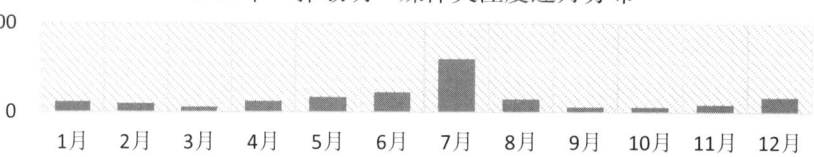

根据2015年郭敬明的媒体关注度逐月分布，媒体关注度排名前三的月份为7月、6月、12月。通过回查对应月份的语料，可以给出2015年最受媒体关注的郭敬明大事记。

2015年最受媒体关注的郭敬明大事记
● 6月，郭敬明宣布自己不仅以导演身份入主《爵迹》，同时也将参演《爵迹》。
● 7月，郭敬明执导的电影《小时代4：灵魂尽头》上映。
● 12月，郭敬明录制《最强大脑》时与魏坤琳起争执，愤而离场。

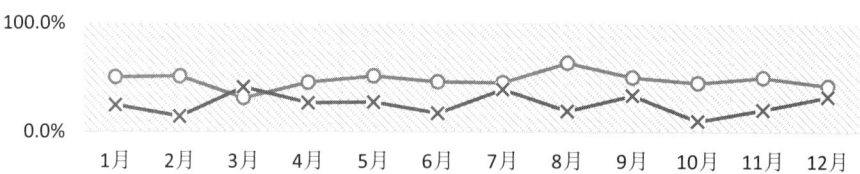

根据2015年郭敬明的媒体褒贬度月变化趋势，好评率排名前三的月份为8月、5月、2月，差评率排名前三的月份为3月、7月、9月。通过回查对应月份的语料，可以给出2015年最受媒体好评和最受媒体差评的郭敬明相关新闻。

好评	差评
● 2月，郭敬明转战科幻电影圈，坦言：是有计划的战略。 ● 5月，《从天儿降》杀青，监制郭敬明认真敬业的精神获得粉丝赞扬。	● 3月，郭敬明蝉联金扫帚奖，获"最令人失望导演"称号。 ● 7月，影评人周黎明发微博称"《小时代》之烂远远超过《富春山居图》"，引起郭敬明及其粉丝的微博反击。 ● 9月，《我知道》节目录制现场，评委郭敬明炮轰赛制残酷，王刚讽刺郭敬明不懂带兵，硝烟不断升级，引发观众的关注。

崔永元

"永不停歇的质疑之路"

崔永元，1963年生，天津人，原中央电视台记者、节目主持人。2013年，崔永元正式从央视离职，成立个人工作室，并在中国传媒大学任教。2015年，永远在"质疑"的小崔可谓风波不断。3月，由崔永元团队和东方卫视联合制作的中国首档社交类谈话节目《东方眼》停播；6月，北京海淀法院一审宣判，认为崔永元和方舟子部分微博均构成名誉侵权，各承担赔礼道歉、赔偿损失等责任；11月，崔永元以"说脏话"为由，在自己的微博上挂出数十幅中国农业大学网友微博主页截图并称之为"垃圾"，引发中国农业大学师生的强烈反击。

根据2015年崔永元的媒体关注度逐月分布，媒体关注度在6月份最高，其次为3月、12月、9月。通过回查对应月份的语料，可以给出2015年最受媒体关注的崔永元大事记。

2015年最受媒体关注的崔永元大事记
● 6月，方舟子诉崔永元案宣判：互赔4.5万，均须公开道歉。
● 9月，方舟子与崔永元名誉侵权案二审开庭，双方拒绝调解。
● 12月，崔永元口述历史研究中心将免费开放，"朝馆夕室"的模式引关注。

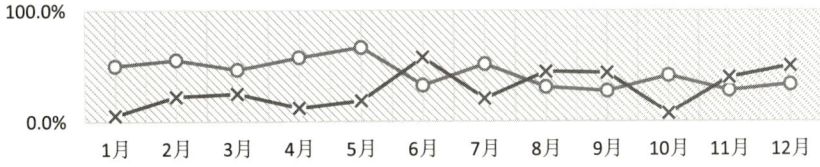

根据2015年崔永元的媒体褒贬度月变化趋势，好评率排名前三的月份为5月、4月和2月，差评率排名前三的月份为6月、12月和8月。通过回查对应月份的语料，可以给出2015年最受媒体好评和最受媒体差评的崔永元相关新闻。

好评	差评
● 2月，辽宁卫视春晚，崔永元与黄西带来别开生面的脱口秀表演。 ● 4月，硬汉电影《赤道》阵容亮相，张学友、张家辉、王学圻、崔永元"型男荟萃"。 ● 5月，央视主持人敬一丹接受采访，赞赏崔永元"举重若轻的表达"。	● 8月，崔永元拍卖"下午茶"以30万元成交，舆论争议不断。 ● 12月，崔永元微博"挂骂"中国农业大学学生引发舆论争议。

莫言

"诺奖光环下的莫言"

莫言，本名管谟业，1955年生，山东高密人，中国当代作家。2012年，莫言成为第一个获得诺贝尔文学奖的中国籍作家。2015年，笼罩在诺奖光环下的莫言，其一言一行都格外令人瞩目。他先是以全国政协委员的身份参加了全国政协会议，并提交了关于"把学前教育纳入免费教育范畴"等相关议案，受到媒体广泛报道；之后随李克强总理出席中国—拉丁美洲人文交流研讨会，成为媒体聚焦点。

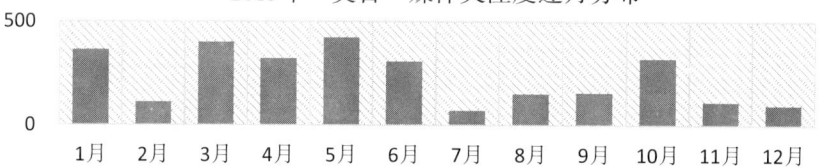

根据2015年莫言的媒体关注度逐月分布，媒体关注度排名前三的月份为5月、3月、1月。通过回查对应月份的语料，可以给出2015年最受媒体关注的莫言大事记。

2015年最受媒体关注的莫言大事记
● 1月，莫言接受访谈，称中国反腐力度超乎想象。 ● 3月，全国政协委员莫言报到，遭记者围堵采访。 ● 5月，莫言、铁凝等作家将随李克强总理出席中国—拉丁美洲人文交流研讨会。

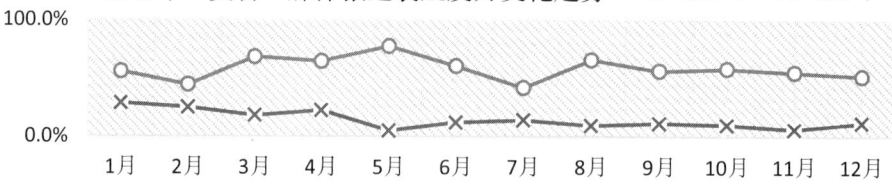

根据2015年莫言的媒体褒贬度月变化趋势，好评率排名前三的月份为5月、3月和8月，差评率排名前三的月份为1月、2月和4月。通过回查对应月份的语料，可以给出2015年最受媒体好评和最受媒体差评的莫言相关新闻。

好评	差评
● 3月，莫言两会不再沉默，提案希望农村学前教育免费化。 ● 5月，哥伦比亚作家戈麦斯高度赞扬莫言：他到达的高度让我惊讶。	● 2月，余秀华谈出名：不担心像莫言那样"新作难产"。 ● 4月，有报道称：王小波的创作达到了艺术最高境界，在当代中国作家里无出左右，莫言也难望其项背。

单霁翔

"守护紫禁城一方天地的院长"

单霁翔，1954年生，北京人，故宫博物院院长、中国文物学会会长、中国建筑学会副理事长。2012年单霁翔出任故宫博物院院长后，推陈出新。2015年10月，故宫博物院迎来建院90周年，不仅开放面积由52%增加至65%，同时还推出了8个特展，展出了包括《清明上河图》在内的5000余件久居深宫的文物珍品，引发了观众的参观热潮，成为本年度的重要文化事件。单霁翔运用科学、先进的管理理念，守护着紫禁城的一方天地。

2015年"单霁翔"媒体关注度逐月分布

根据2015年单霁翔的媒体关注度逐月分布，媒体关注度排名前三的月份为10月、5月、9月。通过回查对应月份的语料，可以给出2015年最受媒体关注的单霁翔大事记。

2015年最受媒体关注的单霁翔大事记

- 3月，故宫博物院建院90周年，院长单霁翔回应群众提问。
- 5月，故宫6月中下旬将启动强制限流，单霁翔详解限流方案。
- 6月，单霁翔回应故宫实名制高价票制度相关质疑。
- 9月，单霁翔表示计划5年内迁出全部停车场，紫禁城内将不准停车。
- 10月，故宫实行实名购票和黑名单制度，单霁翔回应三大传闻。

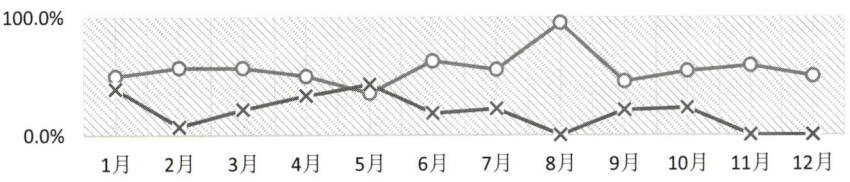

2015年"单霁翔"媒体褒贬度月变化趋势　—○—好评率　—×—差评率

根据2015年单霁翔的媒体褒贬度月变化趋势，好评率排名前三的月份为8月、6月和11月，差评率排名前三的月份为5月、1月和4月。通过回查对应月份的语料，可以给出2015年最受媒体好评和最受媒体差评的单霁翔相关新闻。

好评	差评
● 6月，单霁翔回应"女模裸拍"事件，称将对故宫进行24小时实时监控。 ● 8月，单霁翔接待台北故宫博物院院长冯明珠，两岸故宫有望"双宫合璧"。 ● 11月，单霁翔高度评价长篇纪实文学"故宫三部曲"。	● 3月，单霁翔称希望故宫旺季前开始强制限流，引发舆论争议。 ● 7月，回购流失海外文物引发争议，单霁翔公开表示反对回购。 ● 9月，2020年故宫将再次展出《清明上河图》，单霁翔坦言：被观众"逼"的。

刘慈欣

"获得地球人肯定的'三体人'"

刘慈欣，1963年生，山西阳泉人，科幻小说家。2015年，刘慈欣凭借科幻小说《三体》荣获第23届雨果奖最佳长篇故事奖，这是中国乃至亚洲首次获得这一世界科幻文学的最高殊荣，将中国科幻小说推上了世界的高度。

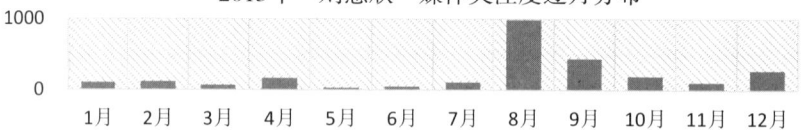

2015年"刘慈欣"媒体关注度逐月分布

根据2015年刘慈欣的媒体关注度逐月分布，媒体关注度排名前三的月份为8月、9月、12月。通过回查对应月份的语料，可以给出2015年最受媒体关注的刘慈欣大事记。

2015年最受媒体关注的刘慈欣大事记
● 4月，刘慈欣作品《时间移民》入围央视"2014年中国好书"。
● 8月，刘慈欣的科幻小说《三体》首摘雨果奖，中国科幻故事获国际认可。
● 9月，第25届全国图书交易博览会开幕，刘慈欣《三体》受读者热捧。
● 10月，刘慈欣首度为孩子写作，"少年科幻科学小说系列"将于2015年11月面市。
● 12月，电影《三体》热度不退，《流浪地球》和《超新星纪元》明年也将改编为电影。

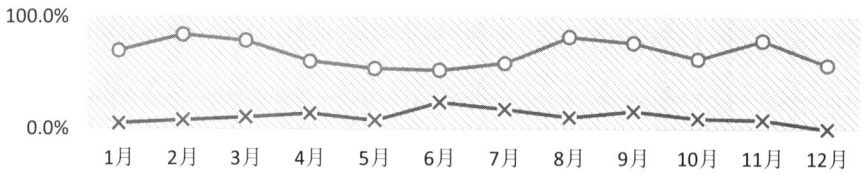

2015年"刘慈欣"媒体褒贬度月变化趋势 —○— 好评率 —×— 差评率

根据2015年刘慈欣的媒体褒贬度月变化趋势，好评率排名前三的月份为2月、8月和11月，差评率排名前三的月份为6月、7月和9月。通过回查对应月份的语料，可以给出2015年最受媒体好评和最受媒体差评的刘慈欣相关新闻。

好评	差评
● 2月，刘慈欣《三体》入围美国星云奖，媒体赞其"再创历史新纪录"。 ● 8月，《三体》获科幻小说界最高荣誉雨果奖，刘慈欣深受媒体和读者好评。 ● 11月，媒体力推刘慈欣中短篇小说集《人和吞食者》，称其为中国科幻写作领军人物。	● 6月，评论称刘慈欣《三体》旋风之势有限，难以改变我国科幻作品的小众地位。 ● 7月，"新视野"号探测器传回冥王星照片，刘慈欣表示小说中冥王星的描述是"瞎写"。 ● 9月，导演沈悦称刘慈欣获奖是个案，我国科幻产业链尚未完全准备好。

路遥

"一代人的'平凡世界'"

路遥，1949年生，陕西榆林人，中国当代作家。1992年路遥逝世，年仅42岁。2015年，根据路遥同名小说改编的电视剧《平凡的世界》正式播出，获得了不凡的口碑。两会期间，习近平主席在参加上海代表团审议后，和代表聊起电视剧《平凡的世界》"好几个频道都在播"，并透露"下乡时跟路遥住过一个窑洞"，更是引发了舆论的高度关注。

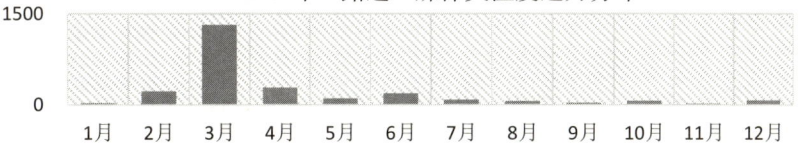

2015年"路遥"媒体关注度逐月分布

根据2015年路遥的媒体关注度逐月分布，媒体关注度最高的月份为3月，其次为4月、2月。通过回查对应月份的语料，可以给出2015年最受媒体关注的路遥大事记。

2015年最受媒体关注的路遥大事记
● 2月，根据路遥同名小说改编的电视剧《平凡的世界》将登大荧幕。
● 3月，习近平："我跟路遥很熟，当年住过一个窑洞。"
● 4月，电视剧《平凡的世界》收官，不改悲怆结局引发观众讨论。

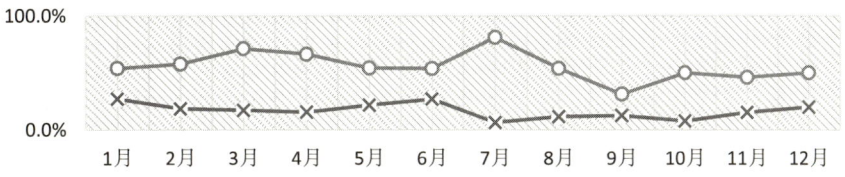

2015年"路遥"媒体报道褒贬度月变化趋势 —○—好评率 —×—差评率

根据2015年路遥的媒体褒贬度月变化趋势，好评率排名前三的月份为7月、3月和4月，差评率排名前三的月份为1月、6月和5月。通过回查对应月份的语料，可以给出2015年最受媒体好评和最受媒体差评的路遥相关新闻。

好评	差评
● 3月，习近平总书记看《平凡的世界》，称路遥是人才。 ● 4月，评《路遥传》：真实记录了一个年代。 ● 7月，《路遥传》作者厚夫高度称赞路遥：他将苦难升华。	● 1月，《活着之上》获路遥文学奖，公正性受到质疑。 ● 5月，民间奖项——路遥文学奖在争议声中开启新评选。

白岩松

"离职潮下的央视名嘴"

白岩松,1968年生,内蒙古人,央视主持人。2015年,白岩松出版了新书《白说》,还以全国政协委员的身份提交了关于报刊亭改革的议案,受到了媒体的广泛关注。在近期央视离职潮下,白岩松主持的《新闻1+1》经历了停播风云,引发媒体对白岩松离职的猜测,但白岩松似乎不为所动,称对央视充满感恩。此外,朋友圈疯狂转发假借白岩松名义的"心灵鸡汤",更使得无辜中招的白岩松不得不站出来澄清非议。

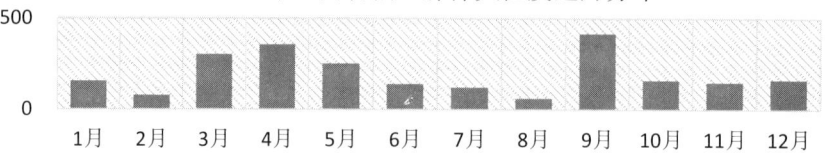

根据2015年白岩松的媒体关注度逐月分布,媒体关注度排名前三的月份为9月、4月、3月。通过回查对应月份的语料,可以给出2015年最受媒体关注的白岩松大事记。

2015年最受媒体关注的白岩松大事记

- 3月,白岩松提案"将报刊亭升级为城市报刊文化亭"。
- 9月,白岩松发布新书《白说》,公开回应辞职传闻。

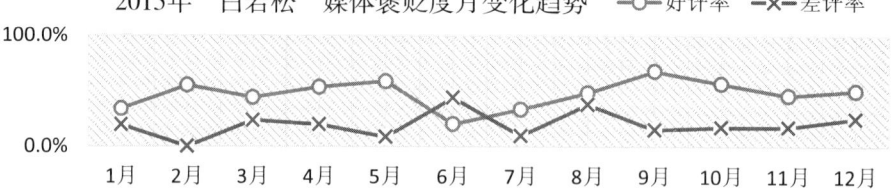

根据2015年白岩松的媒体褒贬度月变化趋势,好评率排名前三的月份为9月、5月和10月,差评率排名前三的月份为6月、8月和12月。通过回查对应月份的语料,可以给出2015年最受媒体好评和最受媒体差评的白岩松相关新闻。

好评	差评
● 5月,主持人敬一丹新书高度评价白岩松,赞其具有前瞻能力。 ● 9月,白岩松谈央视主持人离职,坚持"守土有责"。 ● 10月,白岩松新书《白说》金句层出不穷,广受读者好评。	● 6月,《新闻1+1》停播风波不断,主持人白岩松用词敏感惹争议。

汪国真

"走向远方的诗人"

汪国真，1956年生，北京人，当代诗人、书画家。2015年4月，这位承载了几代人青春记忆的诗人溘然长逝，享年59岁。汪国真随和而热情，与他的诗歌一样，充满哲思的火花。汪国真的离世引发了许多70后、80后的惋惜，就让我们用诗歌的名义来缅怀、感谢这位已走向远方的诗人："我原想收获一缕春风，你却给了我整个春天。"

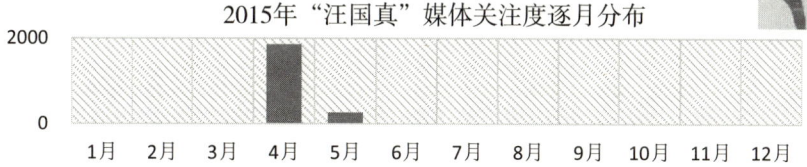

2015年"汪国真"媒体关注度逐月分布

根据2015年汪国真的媒体关注度逐月分布，媒体关注度在4月最高，其次是5月。通过回查对应月份的语料，可以给出2015年最受媒体关注的汪国真大事记。

2015年最受媒体关注的汪国真大事记
● 4月，中国当代诗人汪国真去世，享年59岁。 ● 5月，汪国真遗体告别仪式在北京八宝山殡仪馆举行。

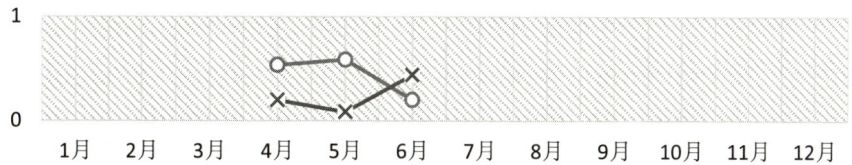

2015年"汪国真"媒体褒贬度月变化趋势 —○—好评率 —×—差评率

根据2015年汪国真的媒体褒贬度月变化趋势，好评率最高的月份为5月，其次为4月，差评率在6月较高。通过回查对应月份的语料，可以给出2015年最受媒体好评和最受媒体差评的汪国真相关新闻。

好评	差评
● 5月，"青春犹在——诗人汪国真追思会"在京举行，家人好友追忆汪国真。	● 6月，有舆论称"汪国真在中学生中影响大，但诗歌圈子里的人不太把他当回事"。

韩寒

"'国民岳父'的悠闲生活"

韩寒，1982年生，上海人，中国作家、导演、职业赛车手。自韩寒在其微博公布女儿小野的照片以来，天真可爱的小野迅速获得了广大网友的喜爱，有网友甚至直言"想要娶回家"，韩寒因此获封"国民岳父"。2015年年初，有女万事足的"国民岳父"韩寒在文坛和影视圈并无大动作，但其频频晒女儿小野的萌照，并分享小野天真有趣的生活点滴，仍为其吸纳了不少人气。

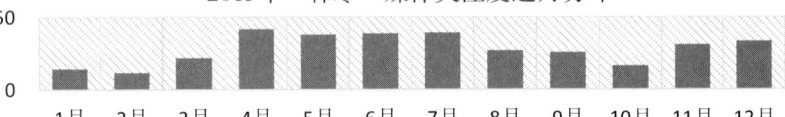

2015年"韩寒"媒体关注度逐月分布

根据2015年韩寒的媒体关注度逐月分布，媒体关注度排名前三的月份为4月、7月、6月。通过回查对应月份的语料，可以给出2015年最受媒体关注的韩寒大事记。

2015年最受媒体关注的韩寒大事记

- 4月，《爸爸去哪儿》第三季启动，疑邀韩寒加盟。
- 6月，根据韩寒小说改编的电影《喜乐长安》定档。
- 7月，"国民岳父"韩寒怀抱女儿小野庆祝赛车锦标赛夺冠。
- 12月，电影《万万没想到》宣传造势火热，韩寒饰演白龙马喜感十足。

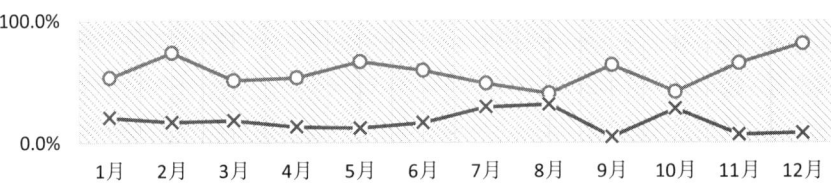

2015年"韩寒"媒体报道褒贬度月变化趋势 —○— 好评率 —✕— 差评率

根据2015年韩寒的媒体褒贬度月变化趋势，好评率排名前三的月份为12月、2月和5月，差评率排名前三的月份为8月、7月和10月。通过回查对应月份的语料，可以给出2015年最受媒体好评和最受媒体差评的韩寒相关新闻。

好评	差评
● 5月，90后偶像大调查：韩寒最受关注，才华与个性受到大学生追捧。 ● 12月，韩寒在电影《万万没想到》中饰演白龙马，展现"深奥的演出方式"。	● 7月，媒体称"韩寒特质异于主流文化"，不能"因此断定80后集体反叛"。 ● 8月，韩寒经营"文艺范"餐厅，被质疑"忘记餐厅的本职，文艺玩得好不如菜做得好"。 ● 10月，杨庆祥批评韩寒"媒体式写作"，韩寒式"口舌之利"被广泛称道值得反思。

琼瑶

"保护原创的正义胜利"

琼瑶，本名陈喆，1938年生，四川成都人，长居中国台湾省台北市，中国当代作家、编剧、影视制作人。2015年年底，琼瑶《梅花烙》著作权维权案终审落幕，琼瑶胜诉，于正被判向琼瑶道歉，并停止传播《宫锁连城》，被告出品方共计赔偿500万元。琼瑶随后发文称"正义胜利了"，并评价判决结果"对保护原创意义深远而伟大"。

根据2015年琼瑶的媒体关注度逐月分布，媒体关注度排名前三的月份为4月、12月和1月，其他月份受到的媒体关注度较低。通过回查对应月份的语料，可以给出2015年最受媒体关注的琼瑶大事记。

2015年最受媒体关注的琼瑶大事记
● 4月，琼瑶诉于正侵权案二审，双方提交新证据，媒体纷纷报道。
● 12月，《梅花烙》著作权维权案终审落幕，琼瑶微博发声"正义胜利了"。

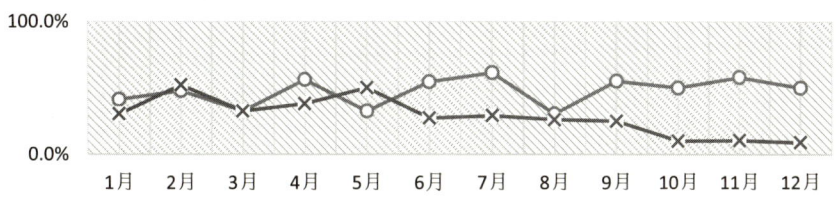

根据2015年琼瑶的媒体褒贬度月变化趋势，好评率排名前三的月份为7月、11月和4月，差评率较高的月份为2月、5月。通过回查对应月份的语料，可以给出2015年最受媒体好评和最受媒体差评的琼瑶相关新闻。

好评	差评
● 4月，琼瑶诉于正侵权案二审开庭，百余名编剧联合声明支持琼瑶。 ● 7月，暑假热播《新还珠格格》，缅怀经典琼瑶剧。	● 2月，琼瑶小说的部分情节也属于"模糊地带"，维权路艰难。 ● 5月，有舆论称琼瑶电视剧《新还珠格格》和《又见一帘幽梦》既没有收获收视率，也失去了口碑。

2015年中国媒体关注度最高的十大体育人物

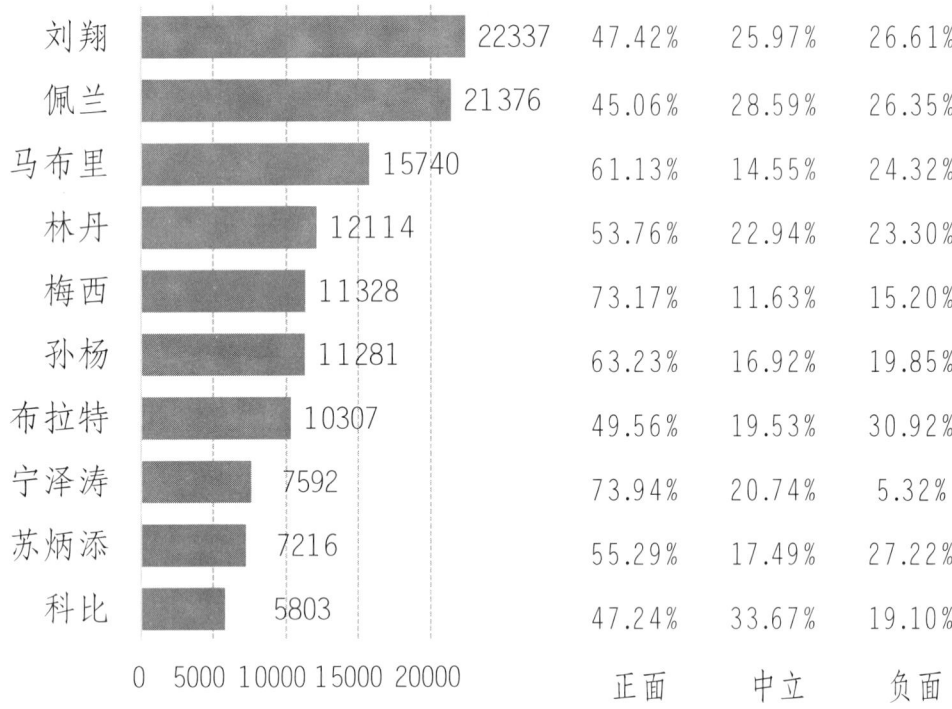

2015年中国媒体关注度最高的十大体育人物是指在2015年的中国媒体上曝光率最高的运动员、教练、体育官员等体育领域的明星人物。

2015年是告别的一年：前110米栏世界冠军刘翔正式宣布退役；NBA湖人球星科比宣布将在本赛季结束后退役；国际足联主席布拉特则在国际足联的反腐风暴中黯然落马。无论功过是非，当他们转身离去时，人们才意识到一个时代已经落幕。怀旧与感慨将刘翔推到了榜首，布拉特和科比则分列第7位和第10位。2015年是迎新的一年：新晋100米自由泳世界冠军宁泽涛和新晋100米世界飞人决赛的苏炳添，这两个陌生的名字一夜之间遍布中国媒体，分别位居排行榜的第8位和第9位。2015年是收获的一年：国足主帅佩兰和CBA球员马布里这两位在中国体育界的"洋"打工者都取得了好成绩，推动了中国大球项目的发展，高居排行榜第2位和第3位也在情理之中。羽毛球世界冠军林丹、世界足球先生梅西、自由泳世界冠军孙杨纷纷再创佳绩，受到中国媒体的持续关注，分列排行榜第4位、第5位和第6位。

在上榜的体育人物中，有3人从事足球项目，2人从事篮球项目，2人从事田径项目，2人从事游泳项目，1人从事羽毛球项目，基本上与运动项目本身受到的媒体关注度相吻合。

刘翔

"一战成名的悲情英雄"

刘翔，1983生，上海人，中国男子田径队110米栏运动员，前110米栏世界纪录保持者。2015年4月，刘翔发表《再见！我的跑道我的栏》个人声明，正式通过微博宣布退役。这份迟来的再见，引发了网友和各路媒体的广泛关注。而就在短短两个月之后，刘翔突然在微博宣布与结婚不到一年的演员妻子葛天离婚，再次引发了舆论热议。

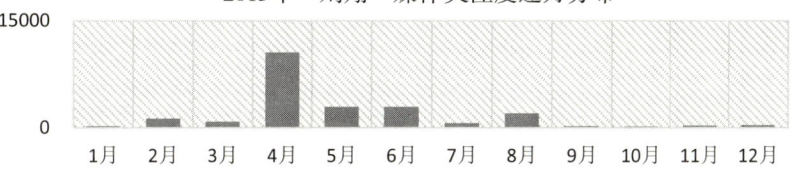

根据2015年刘翔的媒体关注度逐月分布，媒体关注度最高的月份为4月，其次为5月、6月、8月。通过回查对应月份的语料，可以给出2015年最受媒体关注的刘翔大事记。

2015年最受媒体关注的刘翔大事记
● 4月，刘翔在微博正式宣布退役。
● 5月，刘翔退役后婚姻状况亮红灯，被传已与演员妻子葛天离婚。
● 8月，全国青少年阳光体育大会开幕，刘翔、杨威等体育明星与青少年零距离互动。

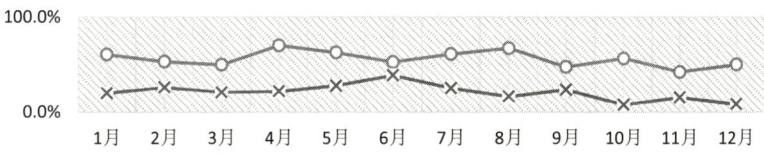

根据2015年刘翔的媒体褒贬度月变化趋势，好评率排名前三的月份为4月、8月、5月，差评率排名前三的月份为6月、5月、2月。通过回查对应月份的语料，可以给出2015年最受媒体好评和最受媒体差评的刘翔相关新闻。

好评	差评
● 4月，奥运冠军刘翔正式宣布退役，勇敢回应质疑，收获粉丝祝福。 ● 5月，刘翔官方告别仪式在国际田联钻石联赛后举行，各国选手纷纷送上诚挚祝福。 ● 8月，刘翔参加全国青少年阳光体育大会，与小选手积极互动。	● 2月，刘翔成绩无法达标，难战北京田径世锦赛，距离复出越来越远。 ● 6月，刘翔离婚陷舆论争议，双方各执一词争论不休。

佩兰

"蜜月期后的伤感散场"

阿兰·佩兰（Alain Perrin），1956年生，法国人，足球教练。2015年1月，佩兰在亚洲杯足球赛中，带领"佩家军"取得了令人眼前一亮的战绩。作风顽强、特点鲜明的国足以三战三胜的成绩昂首出线，为中国球迷献上了令人满意的答卷。佩兰与中国足协进入了一段"蜜月期"，中国足协也决定与佩兰团队续约至2018年。然而，在令人期待的世界杯预选赛中，佩兰率领的国足表现却令人大跌眼镜，不仅不敌卡塔尔，且两场都没能赢下中国香港，出线机会渺茫，主帅佩兰受到球迷和媒体的大加质疑和指责。

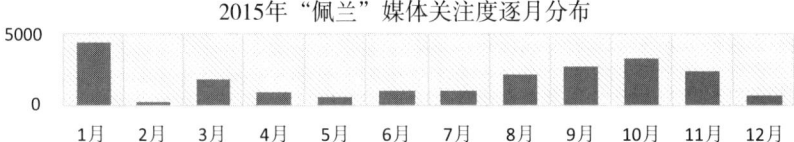

根据2015年佩兰的媒体关注度逐月分布，媒体关注度排名前三的月份为1月、10月、9月。通过回查对应月份的语料，可以给出2015年最受媒体关注的佩兰大事记。

2015年最受媒体关注的佩兰大事记

- 1月，亚洲杯足球赛开战，佩兰率领国足三连胜小组出线。
- 9月，世界杯预选赛，国足主场被中国香港逼平，佩兰信任危机大爆发。
- 10月，世界杯预选赛，国足防线屡遭突破，不敌卡塔尔，出线希望渺茫。主帅佩兰的用人和现场指挥饱受球迷和媒体的诟病和质疑。

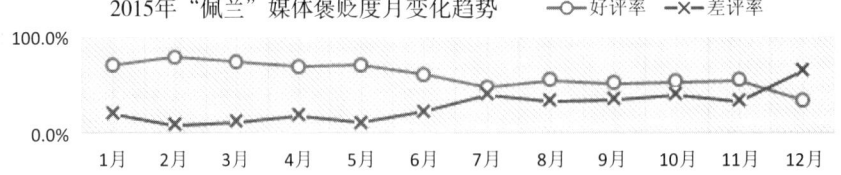

根据2015年佩兰的媒体褒贬度月变化趋势，好评率排名前三的月份为2月、3月、5月，差评率排名前三的月份为12月、10月、7月。通过回查对应月份的语料，可以给出2015年最受媒体好评和最受媒体差评的佩兰相关新闻。

好评	差评
● 2月，亚洲杯足球赛三连胜，国足排名升至亚洲第七，主教练佩兰获得好评。 ● 3月，国足锁定世预赛种子席位，佩兰称将全力冲击世界杯。 ● 5月，佩兰敲定世预赛50人名单，选人重视个人品质。	● 7月，佩兰宣布征战东亚杯23人名单，国安队仅一人进入国家队遭质疑。 ● 10月，世预赛国足客场输给卡塔尔，出线形势严峻，主帅佩兰"下课声"响亮。 ● 12月，佩兰表示中超最强队在法甲中最多是10名之后，受到舆论争议。

马布里

"北京爷们老马"

斯蒂芬·马布里（Stephon Marbury），1977年生，美国人，篮球运动员。2015年3月，北京首钢男篮继2012年和2014年之后，再次捧起中国男子篮球职业联赛的冠军奖杯，而马布里则包揽了常规赛、全明星赛和总决赛的MVP（最有价值球员），球迷亲切地称其为"马政委"。12月，自称"北京爷们"的老马顺利拿到了中国"外国人永久居留证"，成为中国男子篮球职业联赛历史上第一个获得中国"绿卡"的现役外援。

2015年"马布里"媒体关注度逐月分布

根据2015年马布里的媒体关注度逐月分布，媒体关注度排名前三的月份为3月、12月、2月。通过回查对应月份的语料，可以给出2015年最受媒体关注的马布里大事记。

2015年最受媒体关注的马布里大事记

- 2月，中国男子篮球职业联赛半决赛，马布里助北京男篮成功逆袭广东队。
- 3月，中国男子篮球职业联赛决赛，北京男篮客场战胜辽宁队，外援马布里包揽常规赛、全明星赛和总决赛MVP。
- 12月，马布里成功拿到"外国人永久居留证"，成为中国男子篮球职业联赛历史上第一个获得中国"绿卡"的现役外援。

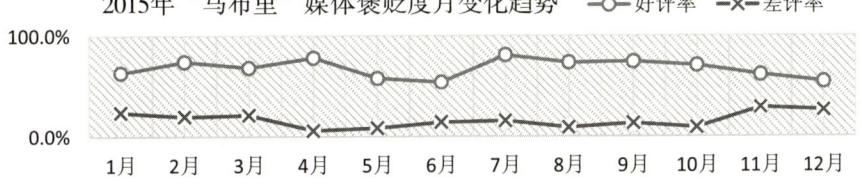

2015年"马布里"媒体褒贬度月变化趋势 —○— 好评率 —×— 差评率

根据2015年马布里的媒体褒贬度月变化趋势，好评率排名前三的月份为7月、4月、2月，差评率排名前三的月份为11月、12月、1月。通过回查对应月份的语料，可以给出2015年最受媒体好评和最受媒体差评的马布里相关新闻。

好评	差评
● 2月，中国男子篮球职业联赛半决赛，马布里助北京男篮成功逆袭广东队。 ● 4月，马布里申请中国"绿卡"，媒体称其对中国和北京的感情可见一斑。 ● 7月，马布里北京定制西装，态度亲和随意。	● 11月，北京首钢男篮队员马布里年龄增大，近期表现不尽如人意。 ● 12月，中国男子篮球职业联赛山东队大胜北京队，马布里疲惫不堪、状态平平。

林丹

"状态不佳的'超级丹'"

林丹，1983年生，羽毛球运动员。羽毛球历史上首位集奥运冠军、世锦赛冠军、世界杯冠军、亚运会冠军、亚锦赛冠军、全英赛冠军于一身的全满贯球员。2015年，这位在无数球迷与媒体眼中战无不胜的"超级丹""不老丹"，却意外爆出大冷门：在雅加达世锦赛，半决赛不敌约根森；从马来西亚公开赛到法国公开赛，连连失利。2015年参加的12项比赛中，林丹仅有两项夺冠，3站超级赛遭遇"一轮游"，令外界舆论惊呼林丹走下"神坛"，甚至质疑其参加商业活动影响了备战。

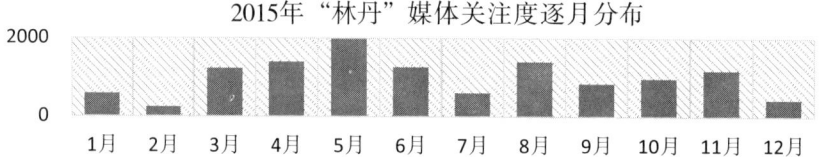

2015年"林丹"媒体关注度逐月分布

根据2015年林丹的媒体关注度逐月分布，媒体关注度排名前三的月份为5月、8月、4月。通过回查对应月份的语料，可以给出2015年最受媒体关注的林丹大事记。

2015年最受媒体关注的林丹大事记
● 4月，羽毛球亚锦赛在武汉落下帷幕，林丹2-0战胜队友田厚威成功卫冕男单冠军。
● 5月，苏迪曼杯世界羽毛球混合团体赛，林丹第3次出场迎战上田拓马。
● 8月，羽毛球世锦赛林丹状态低迷，不敌丹麦名将，止步四强，李永波不满其表现，"警告"林丹：出战里约必须以奥运积分为准。

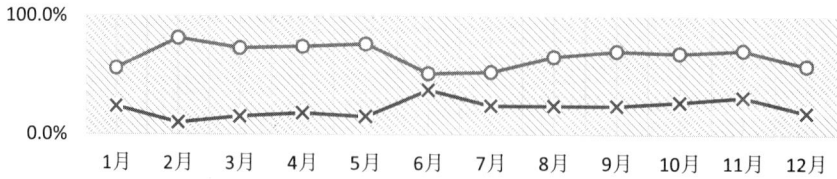

2015年"林丹"媒体褒贬度月变化趋势 —○—好评率 —×—差评率

根据2015年林丹媒体褒贬度的月变化趋势，好评率排名前三的月份为2月、5月、4月，差评率排名前三的月份为6月、11月、10月。通过回查对应月份的语料，可以给出2015年最受媒体好评和最受媒体差评的林丹相关新闻。

好评	差评
● 2月，CCTV体坛风云人物颁奖盛典，林丹成红毯明星人气王。 ● 4月，羽毛球亚锦赛，"超级丹"成功卫冕男单冠军，成亚锦赛"四冠王"。 ● 5月，苏迪曼杯世界羽毛球赛赢取6连冠，林丹轻松击败上田拓马锁定胜局。	● 10月，法国羽毛球公开赛，林丹状态下滑，首轮出局。 ● 11月，中国羽毛球公开赛，李宗伟逆转比赛，战胜老对手林丹。

梅西

"五夺国际足联金球奖"

里奥·梅西（Lionel Messi），1987年生，阿根廷人，足球运动员。2015年的世界足坛再度回归梅西之年。尽管一度因伤缺席2个月，梅西依旧帮助巴萨队赢得西甲、欧冠、国王杯、欧洲超级杯和世俱杯5项桂冠，成为当之无愧的球队精神领袖。在个人表现方面，梅西更是状态神勇，出场61次、打进52球、助攻26次。英国足球杂志《442》、法国权威的《队报》、英国正统的《卫报》，都将梅西列为2015年度世界第一球星。

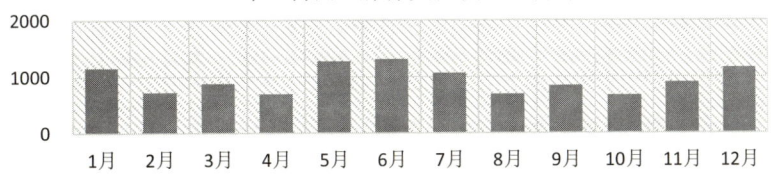

2015年"梅西"媒体关注度逐月分布

根据2015年梅西的媒体关注度逐月分布，媒体关注度较高的月份为6月、5月、12月、1月。通过回查对应月份的语料，可以给出2015年最受媒体关注的梅西大事记。

2015年最受媒体关注的梅西大事记
● 1月，2014年国际足联金球奖揭晓：C罗力压梅西蝉联金球奖。
● 5月，欧冠半决赛巴萨吊打拜仁，梅西状态奇佳引发舆论热议。
● 12月，2015年国际足联金球奖的最终3人名单揭晓，梅西连续第9次入围。

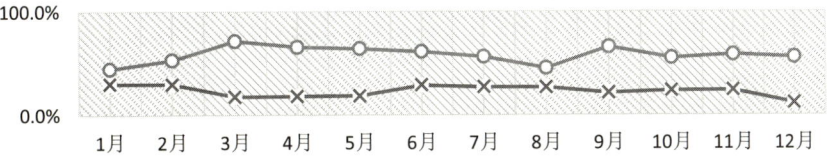

2015年"梅西"媒体褒贬度月变化趋势

根据2015年梅西媒体褒贬度的月变化趋势，好评率排名前三的月份为3月、9月、4月，差评率排名前三的月份为1月、2月、6月。通过回查对应月份的语料，可以给出2015年最受媒体好评和最受媒体差评的梅西相关新闻。

好评	差评
● 3月，欧冠联赛巴萨重新焕发竞争力，梅西回归巅峰状态，被赞"不是地球人"。 ● 4月，梅西打进巴萨生涯的第400个进球。 ● 9月，欧冠联赛最佳球员颁奖典礼，梅西无悬念荣膺欧洲最佳球员。	● 1月，巴萨上演"宫斗戏"，传梅西与主帅恩里克不和，训练请病假遭质疑。 ● 2月，欧冠联赛巴萨客场赢曼城，梅西颗粒无收撕球衣、射丢点球被诟病。 ● 6月，西班牙《世界报》爆料：梅西举办慈善赛涉嫌洗钱。

孙杨

"重振旗鼓的中国游泳健儿"

孙杨，1991年生，浙江杭州人，游泳运动员，男子1500米自由泳比赛世界纪录保持者。2015年，在朋友和粉丝的不断帮助下，孙杨逐渐摆脱阴影，重登赛场，蜕变成熟。在恢复系统训练后，8月，孙杨不仅成功卫冕了男子400米自由泳冠军，还在游泳世锦赛男子800米自由泳决赛中，重回世界巅峰，实现了该项目的三连冠，获得国内外媒体的瞩目和称赞。

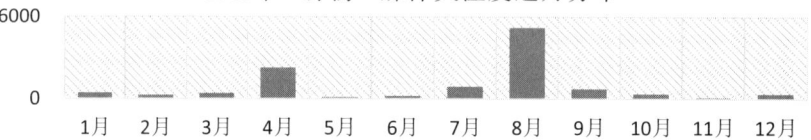

根据2015年孙杨的媒体关注度逐月分布，媒体关注度排名前三的月份为8月、4月、7月。通过回查对应月份的语料，可以给出2015年最受媒体关注的孙杨大事记。

2015年最受媒体关注的孙杨大事记

- 7月，世锦赛中国队参赛名单公布，孙杨积极备战。
- 8月，世锦赛男子800米自由泳决赛，孙杨实现三连冠，获最佳男子运动员奖。

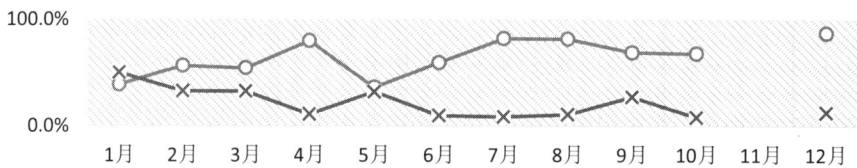

根据2015年孙杨的媒体褒贬度月变化趋势，好评率较高的月份为12月、7月、8月，差评率较高的月份为1月、5月、3月。通过回查对应月份的语料，可以给出2015年最受媒体好评和最受媒体差评的孙杨相关新闻。

好评	差评
● 7月，世锦赛开赛在即，孙杨状态神勇，信心十足，斗志昂扬。 ● 8月，世锦赛落下帷幕，孙杨蝉联最佳男子运动员奖。 ● 12月，启蒙教练与孙杨共录热播综艺节目，赞弟子懂得感恩。	● 3月，孙杨肩部肌肉受损，伤势恢复情况不理想，恐影响其训练。 ● 5月，因违规现身仁川亚运会赛场，中国游泳协会延长孙杨队医巴震禁赛期。

布拉特

"深陷'围猎'风波的足坛'不倒翁'"

约瑟夫·布拉特（Joseph S. Blatter），1936年生，瑞士人，原国际足联主席。2015年5月，布拉特第5次当选为国际足联主席。然而短短4天后，布拉特就宣布辞职，外界舆论一片愕然。美国—瑞士联合执法的针对国际足联的"打虎"行动，已抓捕了超过9名国际足联高官，显然此次行动的最终目标是布拉特。2015年10月，国际足联道德委员会召开会议决定，对主席布拉特实施临时停职90天的处罚。12月，经国际足联道德委员会官方确认，布拉特被禁止参加足球事务8年，这项决议即刻生效。与布拉特的足球政治生涯一同走向终点的，还有他多年来苦心经营的"王朝"。

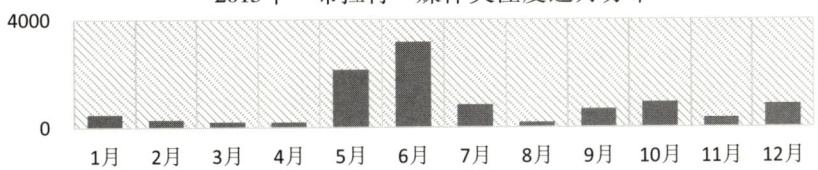

2015年"布拉特"媒体关注度逐月分布

根据2015年布拉特的媒体关注度逐月分布，媒体关注度排名较高的月份为6月、5月、10月、12月。通过回查对应月份的语料，可以给出2015年最受媒体关注的布拉特大事记。

2015年最受媒体关注的布拉特大事记
● 5月，第65届国际足联代表大会，布拉特第5次当选为国际足联主席。
● 6月，当选4天后，布拉特宣布辞去国际足联主席职位。
● 10月，国际足联道德委员会宣布对布拉特实施临时停职90天的处罚。
● 12月，国际足联道德委员会宣布布拉特被禁止参加足球事务8年。

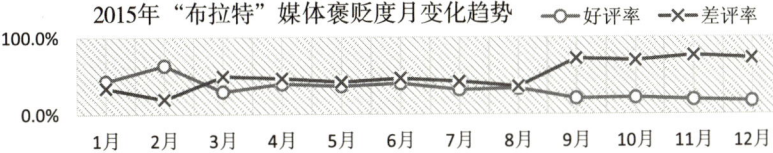

2015年"布拉特"媒体褒贬度月变化趋势 —○—好评率 —×—差评率

根据2015年布拉特的媒体褒贬度月变化趋势，全年差评率基本超过好评率，好评率排名较高的月份为2月、1月，差评率排名较高的月份为11月、12月、9月。通过回查对应月份的语料，可以给出2015年最受媒体好评和最受媒体差评的布拉特相关新闻。

好评	差评
● 1月，欧洲委员会呼吁重选2022世界杯承办国，布拉特被邀参与讨论。 ● 2月，张吉龙放弃竞选国际足联执委，国际足联主席布拉特表示惊讶和遗憾。	● 9月，因涉嫌腐败贪污，瑞士检方正式开展对国际足联主席布拉特的刑事调查，若罪名成立，布拉特将面临10年监禁。 ● 11月，国际足联内部反腐进入高潮阶段，布拉特和普拉蒂尼被正式立案调查。 ● 12月，布拉特被"禁足"8年，各路媒体对布拉特的"讨伐"尺度不断加大。

宁泽涛

"荧幕前的'小鲜肉',泳池中的'男子汉'"

宁泽涛,1993年生,河南郑州人,游泳运动员。2015年,被媒体亲昵称作"小鲜肉"的宁泽涛,荣获2014 CCTV体坛风云人物最佳男运动员奖。在赛场上,这位镜头里颇显羞涩的大男孩,却表现出非一般的男子汉本色。8月,在第16届喀山世界游泳锦标赛上,在欧美选手长期称霸的男子100米自由泳决赛中,宁泽涛以47秒84问鼎冠军,获得本人首枚世锦赛金牌,创造了亚洲游泳历史。凭借出色的成绩、俊朗的外表和谦逊的性格,宁泽涛被媒体誉为中国体坛的下一代巨星级人物。

2015年"宁泽涛"媒体关注度逐月分布

根据2015年宁泽涛的媒体关注度逐月分布,媒体关注度排名最高的月份为8月,其次为2月、4月。通过回查对应月份的语料,可以给出2015年最受媒体关注的宁泽涛大事记。

2015年最受媒体关注的宁泽涛大事记
● 2月,"小鲜肉"宁泽涛被传将组"高颜值"队上春晚。
● 4月,全国游泳冠军赛,宁泽涛表现出色,赢得两金。
● 8月,世锦赛100米自由泳决赛,首位闯入决赛的亚洲选手宁泽涛一举夺冠,创造了新的亚洲游泳历史。

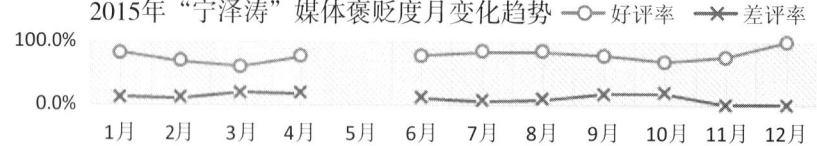

根据2015年宁泽涛媒体褒贬度的月变化趋势,好评率较高的月份为12月、7月、8月,差评率较高的月份为3月、10月。通过回查对应月份的语料,可以给出2015年最受媒体好评和最受媒体差评的宁泽涛相关新闻。

好评	差评
● 7月,游泳世锦赛中国队公开亮相,宁泽涛状态稳定,谦虚态度获得观众喜爱。 ● 8月,游泳世锦赛泳池大战,宁泽涛屡创佳绩。 ● 12月,2015 CCTV体坛风云人物入围名单出炉,宁泽涛成竞选热门人物。	● 3月,宁泽涛参加《超级战队》,献出综艺首秀,称未上春晚心中很遗憾。 ● 10月,第6届世界军人运动会上,宁泽涛热身时被外国女运动员误伤,意外退赛令粉丝失望。

苏炳添

"再创历史的中国'飞人'"

苏炳添，1989年生，广东中山人，短跑运动员。2015年5月31日，苏炳添在国际田联钻石联赛美国尤金站中以9秒99的成绩获得季军。他也因此成为在正常风速下，第一位真正意义上进入9秒关口的亚洲本土选手。8月，在北京田径世锦赛男子100米半决赛上，苏炳添再次跑出9秒99的成绩，成为首位杀入田径世锦赛百米决赛的亚洲运动员。8月，苏炳添和莫有雪、谢震业、张培萌组成的中国接力队在男子4×100米预赛中，以37秒92的成绩打破了亚洲纪录，决赛又以38秒01勇夺亚军，创造了亚洲田径的历史。

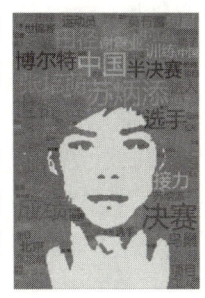

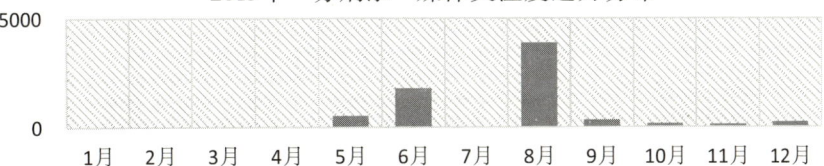

2015年"苏炳添"媒体关注度逐月分布

根据2015年苏炳添的媒体关注度逐月分布，媒体关注度排名前三的月份为8月、6月、5月。通过回查对应月份的语料，可以给出2015年最受媒体关注的苏炳添大事记。

2015年最受媒体关注的苏炳添大事记
● 5月，川崎挑战赛男子百米飞人大战，苏炳添10秒10摘铜，状态不俗。
● 6月，国际田联钻石联赛美国尤金站，苏炳添获得季军，成为第一位进入9秒关口的亚洲本土选手。
● 8月，北京田径世锦赛男子100米半决赛上，苏炳添凭借9秒99的成绩，成为首位杀入世锦赛百米决赛的亚洲运动员，并在男子4×100米接力赛中取得银牌。

2015年"苏炳添"媒体褒贬度月变化趋势 —○— 好评率 —×— 差评率

根据2015年苏炳添媒体褒贬度的月变化趋势，在不考虑关注度过低月份的情况下，好评率较高的月份为9月和8月，差评率较高的月份为6月。通过回查对应月份的语料，可以给出2015年最受媒体好评和最受媒体差评的苏炳添相关新闻。

好评	差评
● 8月：世锦赛，苏炳添创造历史，成首位杀入百米决赛的亚洲运动员。 ● 9月：世锦赛，苏炳添男子4×100米接力比赛获得银牌。	● 6月，亚洲田径锦标赛，苏炳添将不参加男子100米比赛。

科比

"致敬忠诚的湖人队勇士"

科比·布莱恩特（Kobe Bryant），1978年生，美国人，篮球运动员。2015年11月，饱受伤病困扰的科比在新媒体平台"球员论坛"上写了一首名为《亲爱的篮球》的诗，并正式宣布将在本赛季结束后退役。至此，这位将自己整个20年职业生涯全部奉献给了湖人队的忠实干将，结束了其辉煌而值得纪念的职业生涯。他给全世界球迷和观众留下的不仅是连续20个赛季效力于同一支球队的NBA历史，还有其顽强拼搏的精神，以及在他背后那逝去的一个记忆中的时代。

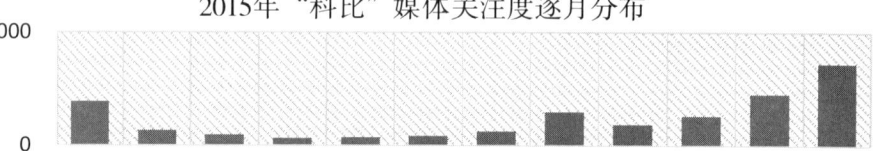

根据2015年科比的媒体关注度逐月分布，媒体关注度排名前三的月份为12月、11月、1月。通过回查对应月份的语料，可以给出2015年最受媒体关注的科比大事记。

2015年最受媒体关注的科比大事记
● 1月，科比因右肩旋转袖肌腱撕裂接受检查。
● 11月，科比在"球员论坛"上发表《亲爱的篮球》，宣布本赛季结束后正式退役。

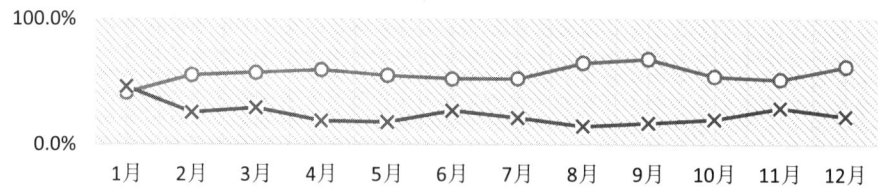

根据2015年科比的媒体褒贬度月变化趋势，好评率排名前三的月份为9月、8月、12月，差评率排名前三的月份为1月、3月、11月。通过回查对应月份的语料，可以给出2015年最受媒体好评和最受媒体差评的科比相关新闻。

好评	差评
● 8月，科比伤势恢复情况良好，积极备战新赛季。 ● 9月，科比表示下赛季不会离开湖人队：我留着紫金的血液。 ● 12月，科比赛后深情亲吻瓦妮莎，带妻女现场见证谢幕战。	● 1月，因肩伤日益严重，科比将缺席本赛季余下比赛，并将连续两年无缘全明星赛。 ● 3月，湖人队无缘季后赛，科比心情不佳，黑脸回应退役传闻。 ● 11月，科比状态低迷，湖人队遭遇四连败。

2015年中国媒体关注度最高的十大娱乐人物

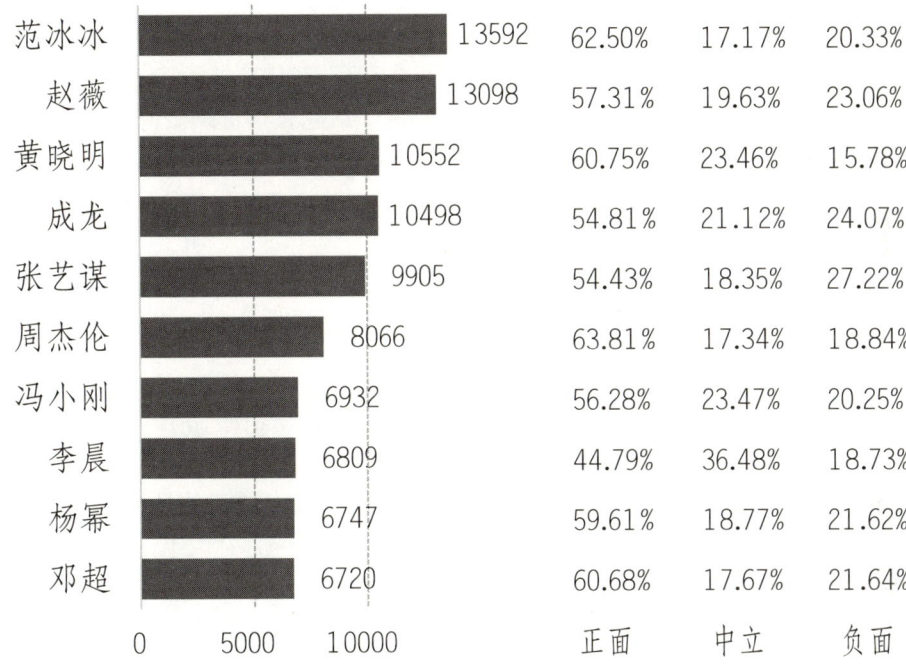

2015年中国媒体关注度最高的十大娱乐人物,是指在2015年的中国媒体上出镜率最高的演艺圈人物,包括演员、歌手、导演等。

2015年演艺圈可谓热闹非凡、喜事连连。前有范冰冰、李晨的"我们"之恋曝光,后有周杰伦、昆凌的浪漫古堡婚礼,以及黄晓明、Angelababy的豪华世纪婚礼。喜得爱女的杨幂火速复工,幸福回归娱乐圈。大哥成龙,因为热词"duang"意外成为网络红人,曝光量骤增。从脍炙人口的《还珠格格》飞出的"小燕子"赵薇,进军股票市场,做起了"娱乐圈女版巴菲特"。同为第5代导演,冯小刚凭借在电影《老炮儿》中的豪情与悲壮的表演,一举夺得金马奖最佳男主角奖;而张艺谋却因自曝往事的传记小说,陷入与张伟平的嘴仗中,令人不甚唏嘘。

2015年,媒体对娱乐圈的关注变得更加全面、更加深入、更加细致,切入角度也更加巧妙。

范冰冰

"我们"

范冰冰，1981年生，山东青岛人，演员。2015年，范冰冰的关键词是"我们"。虽然其主演的宫廷古装剧《武媚娘传奇》开启了"高颜值、高话题、高收视"的中国电视剧"三高"时代，虽然其在电影《王朝的女人·杨贵妃》中富有争议的"马震"话题长期盘踞微博热搜榜，虽然其跨界加盟真人秀《出彩中国人》《挑战者联盟》表现抢眼，但都不及其晒出与李晨甜蜜合影并配文"我们"，大方承认恋情这一话题带来的影响力大。

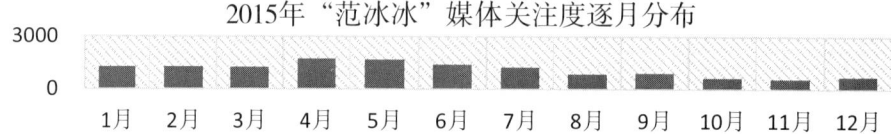

根据2015年范冰冰的媒体关注度逐月分布，媒体关注度排名前三的月份为4月、5月、6月。通过回查对应月份的语料，可以给出2015年最受媒体关注的范冰冰大事记。

2015年最受媒体关注的范冰冰大事记
● 4月，范冰冰与李晨暧昧升级，李晨疑借范冰冰新电影《万物生长》向其隔空示爱。
● 5月，新一轮股市牛市来袭，唐德影视股价暴涨，股东范冰冰身价水涨船高。
● 6月，范冰冰晒出与李晨甜蜜合影，并配文："我们"，大方承认与李晨的恋情，二人也收获众多明星好友和粉丝的衷心祝福。

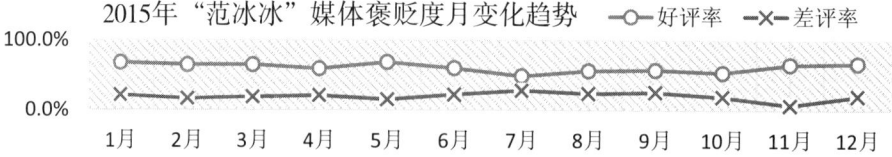

根据2015年范冰冰的媒体褒贬度月变化趋势，好评率排名前三的月份为5月、1月、12月，差评率排名前三的月份为7月、9月、8月。通过回查对应月份的语料，可以给出2015年最受媒体好评和最受媒体差评的范冰冰相关新闻。

好评	差评
● 1月，《武媚娘传奇》在各大电视台热播，范冰冰霸气演绎武则天。 ● 5月，福布斯推"2015年中国名人榜"，范冰冰连续三年摘得桂冠。 ● 12月，《康熙来了》录制最后一期节目，嘉宾范冰冰和李晨现场秀恩爱。	● 7月，范冰冰主演的电影《王朝的女人·杨贵妃》上映，"马震"戏引发舆论一片哗然。范冰冰回应质疑称：心里脏脏啥都脏。 ● 8月，范冰冰被曝携李晨在医学美容诊所待7小时，整容风波再度引发公众争论。 ● 9月，范冰冰诉金稻公司侵犯肖像权案开庭审理，双方各执一词。

赵薇

"多栖跨界的'小燕子'"

赵薇，1976年生，安徽芜湖人，女演员、歌手、导演。2015年，赵薇先是在电视剧《虎妈猫爸》中惊艳四座，又在《港囧》《横冲直撞好莱坞》《三人行》等电影中表现出色。她不仅凭借电影《亲爱的》获得香港金像奖最佳女主角奖，还成为首位在好莱坞中国大剧院留下手印的华人女星。此外，"不安分"的小燕子赵薇早已不满足于在影、视、歌、导四栖领域发展，而是转战商界，在股票投资领域动作频频，"炒股亏40亿""8天赚1.5亿""第2次敲上市钟""娱乐圈女版巴菲特"，都成为赵薇在财经版块上的标题。

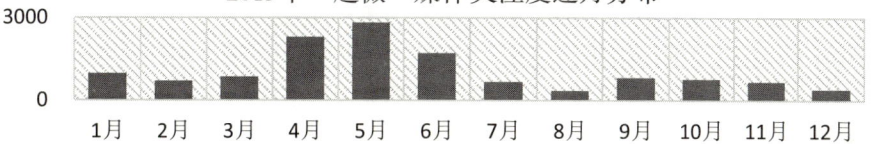

根据2015年赵薇的媒体关注度逐月分布，媒体关注度排名前三的月份为5月、4月、6月。通过回查对应月份的语料，可以给出2015年最受媒体关注的赵薇大事记。

2015年最受媒体关注的赵薇大事记
● 4月，2015年香港的电影金像奖颁奖典礼，赵薇险胜蔡卓妍赢得影后桂冠。
● 5月，赵薇、佟大为主演的都市话题家庭喜剧《虎妈猫爸》热播。
● 6月，赵薇成为在好莱坞中国大剧院留下手印的首位华人女星。

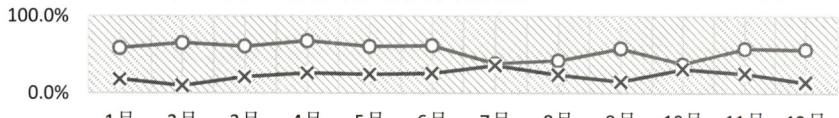

根据2015年赵薇的媒体褒贬度月变化趋势，好评率排名前三的月份为4月、2月、6月，差评率排名前三的月份为7月、10月、4月。通过回查对应月份的语料，可以给出2015年最受媒体好评和最受媒体差评的赵薇相关新闻。

好评	差评
● 2月，新股唐德影视上市，明星股东赵薇身价暴增数千万。 ● 4月，赵薇凭借电影《亲爱的》获得香港金像奖最佳女主角奖。 ● 6月，赵薇在好莱坞的中国大剧院留下手印，成为在好莱坞留下手印的首位华人女星。	● 4月，赵薇在电影《港囧》宣传期称"周星驰不是喜剧之王，没法和徐峥比"，激起舆论非议。 ● 7月，港股盘中创7个月新低，明星股东赵薇身家缩水超22亿元。 ● 10月，有媒体称赵薇夫妇因知晓阿里巴巴收购优酷土豆内幕，提前购买股份，捞金超2亿元，赵薇发表律师声明回应质疑。

黄晓明

"抱得Baby归的黄教主"

黄晓明，1977年生，山东青岛人，男演员、歌手。2015年，被影迷称为"黄教主"的黄晓明共有1部电视剧和3部电影上映，其中在电影《何以笙箫默》中携手杨幂谱写"不将就"的痴心虐恋，获得了超高票房。同时，黄晓明成为首位在好莱坞中国大剧院留下手印的中国内地男演员，还参与了《全员加速中》等综艺节目的录制。2015年10月8日，黄晓明与恋爱了5年的女友Angelababy（杨颖）在上海举办了堪称娱乐圈之最的"世纪婚礼"。

2015年"黄晓明"媒体关注度逐月分布

根据2015年黄晓明的媒体关注度逐月分布，媒体关注度最高的月份为10月，其次为4月、3月、5月。通过回查对应月份的语料，可以给出2015年最受媒体关注的黄晓明大事记。

2015年最受媒体关注的黄晓明大事记
● 3月，黄晓明主演的电视剧《锦绣缘》热播，"黄教主"与"东方教主"荧幕恋情甜蜜，"胸咚""壁咚"成为微博热门话题。 ● 4月，黄晓明与Angelababy微博频频秀恩爱，疑似利用恋情炒作话题，宣传电影。 ● 5月，黄晓明与Angelababy在青岛登记结婚，微博晒结婚证。 ● 10月，黄晓明与Angelababy在上海展览中心举办婚礼，众多演艺圈明星到场。

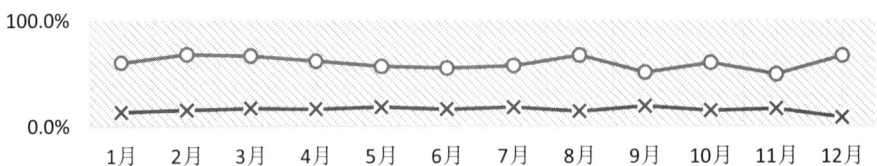

2015年"黄晓明"媒体褒贬度月变化趋势 —○— 好评率 —×— 差评率

根据2015年黄晓明媒体褒贬度月变化趋势，全年好评率明显高于差评率。好评率排名前三的月份为2月、8月、3月，差评率相对较高的月份为9月、5月。通过回查对应月份的语料，可以给出2015年最受媒体好评和最受媒体差评的黄晓明相关新闻。

好评	差评
● 2月，Angelababy庆祝26岁生日，晒与黄晓明的甜蜜合影，网友催其"快点结婚"。 ● 3月，黄晓明、杨幂携手参演《何以笙箫默》电影，被赞"国民情侣"。 ● 10月，黄晓明与Angelababy举办盛大婚礼。	● 5月，黄晓明《何以笙箫默》电影上映，票房喜人，口碑不佳。

成龙

"duang~"

成龙，1954年生，中国香港人，演员、导演、动作指导。2015年，成龙主演的古装动作片《天将雄狮》在春节档电影市场爆红，取得了不俗的票房成绩。但真正令成龙在2015年话题量骤然蹿升的，并非其子房祖名因涉毒被判刑9个月的消息，而是羊年第一热词"duang"。起因是网友挖出了2004年成龙代言的某洗发水广告，并对其进行恶搞，其中成龙发出的特效声"duang"，更是一夜之间迅速"蹿红"，引发了舆论讨论的热潮。

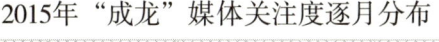

根据2015年成龙的媒体关注度逐月分布，媒体关注度排名前三的月份为2月、4月、3月。通过回查对应月份的语料，可以给出2015年最受媒体关注的成龙大事记。

2015年最受媒体关注的成龙大事记
● 2月，由成龙主演的电影《天将雄狮》票房飘红，成绩喜人，称霸春节档期。
● 3月，成龙代言洗发水广告遭恶搞，"duang"成热门话题。
● 4月，成龙自传《还没长大就老了》发行，自曝灰色过往。

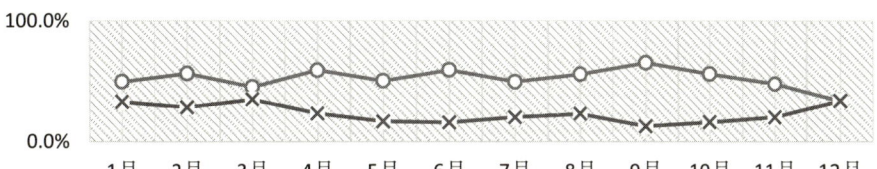

根据2015年成龙媒体褒贬度月变化趋势，好评率排名前三的月份为9月、6月、4月，差评率排名前三的月份为3月、12月、1月。通过回查对应月份的语料，可以给出2015年最受媒体好评和最受媒体差评的成龙相关新闻。

好评	差评
● 4月，成龙新书谈与儿子相处之道，态度诚恳。 ● 6月，成龙、范冰冰出演"龙式动作喜剧片"《绝地逃亡》。 ● 9月，成龙及其影迷向天津港爆炸事故烈士捐400余万元。	● 1月，成龙之子房祖名涉毒案开庭审理，网传房祖名写信道歉，埋怨成龙关心太少。 ● 3月，媒体报道称房祖名终获得成龙原谅，成龙改遗嘱将准备捐献的全部身家留给房祖名。成龙私生女吴卓林向警方控诉被母亲打伤，有传闻称成龙有意接管"小龙女"，承认对其忽略太久。

张艺谋

"硝烟再起的'二张'之战"

张艺谋，1950年生，陕西西安人，中国电影导演。2015年年初，张艺谋的文学策划周晓枫出版新书《宿命：孤独张艺谋》，惊人地在书中曝光了张艺谋与张伟平之间的恩怨纠纷，并直接细数张伟平对张艺谋犯下的"十宗罪"，张伟平则在第一时间进行反击。

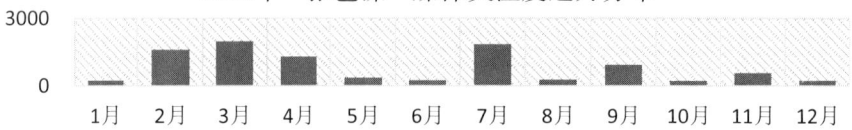

2015年"张艺谋"媒体关注度逐月分布

根据2015年张艺谋的媒体关注度逐月分布，媒体关注度排名前三的月份为3月、7月、2月。通过回查对应月份的语料，可以给出2015年最受媒体关注的张艺谋大事记。

2015年最受媒体关注的张艺谋大事记

- 2月，张艺谋的文学策划周晓枫出版新书《宿命：孤独张艺谋》，正面曝光张艺谋与张伟平之间的恩怨纠纷，称张伟平对张艺谋犯下了"十宗罪"，被对方回击"无中生有、满嘴谎言、恶意炒作"。
- 3月，张艺谋妻子陈婷发文透露，张艺谋新电影《长城》正式开机。
- 7月，张艺谋新片《长城》发布会在京举行，好莱坞大片级别阵容备受媒体期待；张艺谋追讨新画面影业拖欠其《三枪拍案惊奇》的上千万片酬。

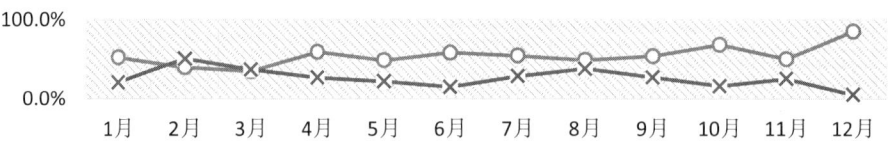

2015年"张艺谋"媒体褒贬度月变化趋势 —○— 好评率 —×— 差评率

根据2015年张艺谋媒体褒贬度月变化趋势，好评率排名前三的月份为12月、10月、4月，差评率排名前三的月份为2月、8月、3月。通过回查对应月份的语料，可以给出2015年最受媒体好评和最受媒体差评的张艺谋相关新闻。

好评	差评
● 4月，周晓枫新书披露张艺谋成长历程和生活状态，称其本性节俭。 ● 10月，北京电影学院65周年校庆，张艺谋、赵薇等毕业生齐贺母校生日。 ● 12月，张艺谋之女张末将导演新片《二十八岁未成年》，张艺谋负责监制。	● 2月，张艺谋的文学策划周晓枫出版新书，借张艺谋之口翻"二张"旧账，引发舆论高度关注。 ● 3月，《宿命：孤独张艺谋》炮轰张伟平事件不断发酵，孰是孰非成业内"悬案"。

周杰伦

"爱情事业两得意的周董"

周杰伦,又称"周董",1979年生,中国台湾人,歌手、词曲创作人、制作人、导演、编剧、监制等。2015年,周董与模特女友昆凌完成了梦幻婚礼"巡演",古堡婚纱秀羡煞旁人。接着昆凌产下"小周周"Hathaway,周董初为人父。之后,周董坐镇《中国好声音4》,几乎是以一己之力拯救了收视率和话题。与此同时,他还举办了"摩天伦"巡回演唱会,在名利双收之余,与爱妻昆凌一路夫唱妇随秀尽恩爱。

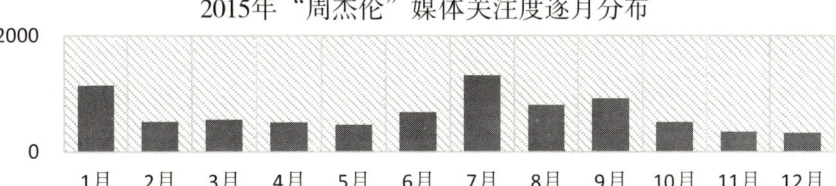

2015年"周杰伦"媒体关注度逐月分布

根据2015年周杰伦的媒体关注度逐月分布,媒体关注度排名前三的月份为7月、1月、9月。通过回查对应月份的语料,可以给出2015年最受媒体关注的周杰伦大事记。

2015年最受媒体关注的周杰伦大事记
● 1月,周杰伦与昆凌在英国古堡完婚,婚礼现场浪漫梦幻。
● 7月,周杰伦妻子昆凌剖腹生女,周杰伦升级当爹。
● 9月,周杰伦告某微信公众号侵犯名誉权,引发公众关注。

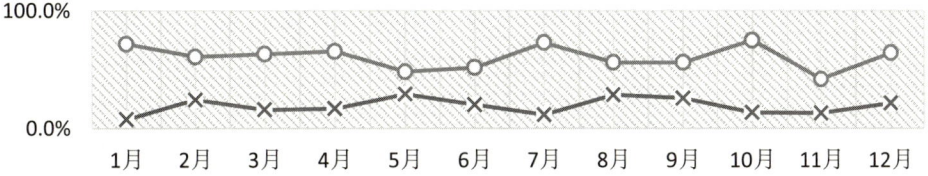

2015年"周杰伦"媒体褒贬度月变化趋势

根据2015年周杰伦媒体褒贬度月变化趋势,好评率排名前三的月份为10月、7月、1月,差评率排名前三的月份为5月、8月、9月。通过回查对应月份的语料,可以给出2015年最受媒体好评和最受媒体差评的周杰伦相关新闻。

好评	差评
● 1月,周杰伦与昆凌举办童话式梦幻婚礼,收获众多粉丝的真心祝福。 ● 7月,《中国好声音4》导师周杰伦首次登上舞台展露歌喉。昆凌生女,周杰伦升级当爹。	● 5月,周杰伦被曝拖欠住宿餐饮费,"周杰伦吃霸王餐"消息震惊网络。 ● 9月,周杰伦被某微信公众号指为"汉奸""卖国贼",周杰伦怒而上告其侵犯名誉权并索赔60万。

冯小刚

"惊艳荧屏的'老炮儿'"

　　冯小刚，1958年生，北京人，中国电影导演、编剧、演员。2015年，从导演到监制再到演员，冯小刚在各个领域都游刃有余。主演电影《老炮儿》一经上映，便获得了"一边倒"的高口碑和高票房，其兼具豪情和悲情的演出，更是技惊四座，感动无数观众。11月，众人瞩目的第52届金马奖最佳男演员奖，最终花落《老炮儿》男主角冯小刚。

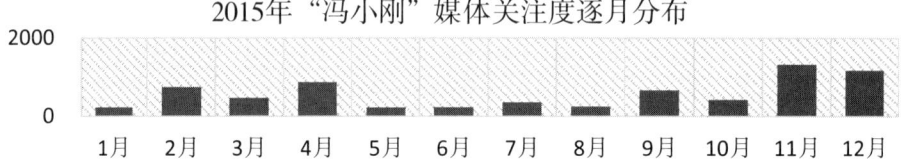

2015年"冯小刚"媒体关注度逐月分布

　　根据2015年冯小刚的媒体关注度逐月分布，媒体关注度排名前三的月份为11月、12月、4月。通过回查对应月份的语料，可以给出2015年最受媒体关注的冯小刚大事记。

2015年最受媒体关注的冯小刚大事记
● 4月，冯小刚被授予法国骑士勋章，称都是妻子徐帆的功劳。
● 11月，电影金马奖颁奖典礼举行，冯小刚凭借《老炮儿》获得最佳男主角奖。
● 12月，华谊兄弟10亿元收购空壳公司，老股东冯小刚身价暴涨6倍。

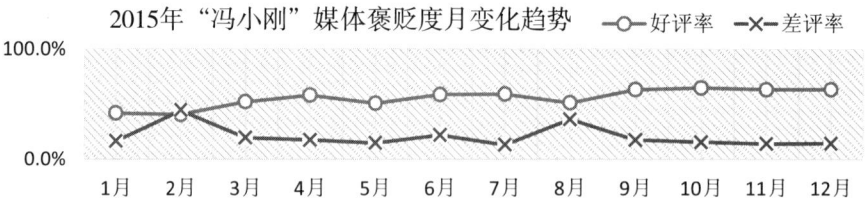

2015年"冯小刚"媒体褒贬度月变化趋势

　　根据2015年冯小刚的媒体褒贬度月变化趋势，好评率排名前三的月份为10月、12月、11月，差评率排名前三的月份为2月、8月、6月。通过回查对应月份的语料，可以给出2015年最受媒体好评和最受媒体差评的冯小刚相关新闻。

好评	差评
● 11月，冯小刚获得金马奖最佳男主角奖，演技备受好评。 ● 12月，《笑傲江湖》复赛，冯小刚将"舞蹈美少年"何贤文招入麾下，成夺冠热门。	● 2月，冯小刚痛斥综艺电影圈钱，被网友翻旧账质疑：你怎么起家的。 ● 6月，冯小刚被网友曝光因没吃米饭而对航空公司发飙。 ● 8月，冯小刚监制的电影《命中注定》票房不佳。

李晨

"大黑牛"

李晨，1978年生，演员。2014年起，李晨加盟大型户外竞技真人秀《奔跑吧兄弟》，凭借卖力的表现和健壮的体格被粉丝亲昵地称作"大黑牛"。2015年，李晨参演的大型古装电视剧《武媚娘传奇》在各大电视台热播，主演的电影《咱们结婚吧》《九层妖塔》等也颇受关注。5月，范冰冰、李晨在微博公布恋情，轰动整个娱乐圈。

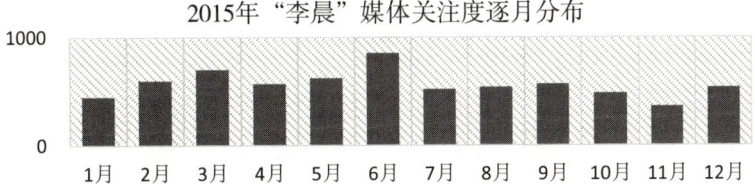

根据2015年李晨的媒体关注度逐月分布，媒体关注度排名前三的月份为6月、3月、5月。通过回查对应月份的语料，可以给出2015年最受媒体关注的李晨大事记。

2015年最受媒体关注的李晨大事记
● 3月，电视剧《天使的城》开播在即，主演李晨"打太极"拒谈感情问题。
● 5月，李晨、范冰冰在微博上宣布"我们"正式在一起，李晨前女友张馨予发文暗示范冰冰插足，引发网络热议。
● 6月，李晨发文替范冰冰澄清"插足"传闻，成为媒体关注的焦点。

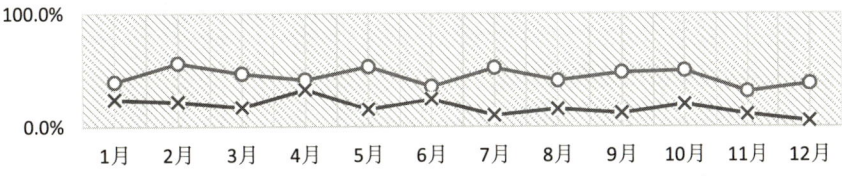

根据2015年李晨媒体褒贬度月变化趋势，好评率排名前三的月份为2月、5月、7月，差评率排名前三的月份为4月、6月、1月。通过回查对应月份的语料，可以给出2015年最受媒体好评和最受媒体差评的李晨相关新闻。

好评	差评
● 2月，李晨微博发文疑似向范冰冰示爱，网友喊话"在一起"。 ● 5月，李晨与范冰冰承认恋情，收获众多明星朋友、粉丝的祝福。 ● 7月，电视剧《秀才遇到兵》热播，主演李晨表现抢眼。	● 4月，李晨拒回应与范冰冰之间的绯闻，遭到部分网友质疑是炒作。 ● 6月，李晨微博发文否认范冰冰为"第三者"，称前女友张馨予出轨导致分手。

杨幂

"幸福归来的'少女幂'"

杨幂，1986年生，北京人，演员、歌手、电视剧制片人。2015年，生女后的杨幂正式回归娱乐圈，人气不减，更因产后迅速恢复身材被粉丝称作"少女幂"。其参演的电影《何以笙箫默》上映，票房成绩不俗。不仅如此，杨幂还在电影《我是证人》中首度挑战盲人角色，更宣布将搭档人气男星黄轩，出演热门IP改编电视剧《翻译官》，引发媒体和粉丝的热烈讨论。

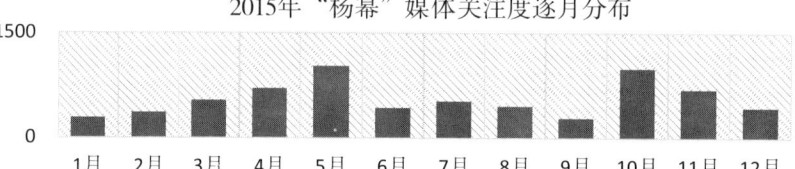

根据2015年杨幂的媒体关注度逐月分布，媒体关注度排名前三的月份为5月、10月、4月。通过回查对应月份的语料，可以给出2015年最受媒体关注的杨幂大事记。

2015年最受媒体关注的杨幂大事记

- 4月，电影《何以笙箫默》热映，"明幂情侣"引发网友的热烈讨论。
- 5月，网络惊现"杨幂"不雅视频，引发舆论轩然大波，杨幂现身派出所报警。
- 10月，杨幂重回小荧屏演绎《翻译官》，搭档"国民男神"黄轩成亮点。

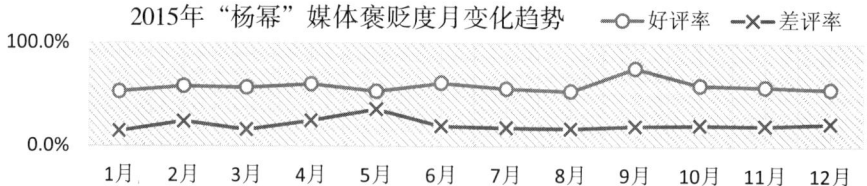

根据2015年杨幂媒体褒贬度月变化趋势，好评率排名前三的月份为9月、6月、4月，差评率排名前三的月份为5月、4月、2月。通过回查对应月份的语料，可以给出2015年最受媒体好评和最受媒体差评的杨幂相关新闻。

好评	差评
● 4月，黄晓明、杨幂主演的电影《何以笙箫默》上映，票房飘红。 ● 6月，爱情电影《怦然星动》正式开机，主演杨幂、李易峰在《古剑奇谭》之后再续前缘。 ● 9月，电影《我是证人》宣传造势火热，杨幂首度挑战盲人角色。	● 4月，《何以笙箫默》口碑不佳，遭观众疯狂吐槽。 ● 5月，网曝假杨幂大尺度视频，杨幂发文澄清事实。

邓超

"偏要靠才华的'逗比男神'"

邓超，1979年生，江西南昌人，演员、电影导演。2015年，邓超凭借在电影《烈日灼心》中的实力表演获得了观众的一致认可，并拿下了上海国际电影节金爵奖最佳男演员奖。其携手妻子孙俪自演自导的第二部喜剧片《恶棍天使》，票房一路飘红。自2014年起，邓超就在户外竞技综艺节目《奔跑吧兄弟》中担任队长，风格搞怪逗趣，获得了不少粉丝的喜爱。

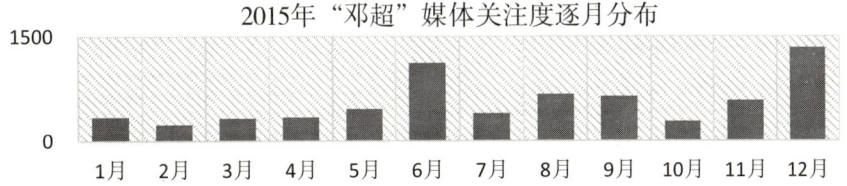

根据2015年邓超的媒体关注度逐月分布，媒体关注度排名前三的月份为12月、6月、8月。通过回查对应月份的语料，可以给出2015年最受媒体关注的邓超大事记。

2015年最受媒体关注的邓超大事记
● 6月，有微博爆料称"又一跑男出轨了"，邓超成为网友怀疑对象。
● 8月，电影《烈日灼心》上映，主演邓超获上海国际电影节金爵奖最佳男演员奖。
● 12月，邓超第二部自导自演的喜剧片《恶棍天使》票房成绩喜人。

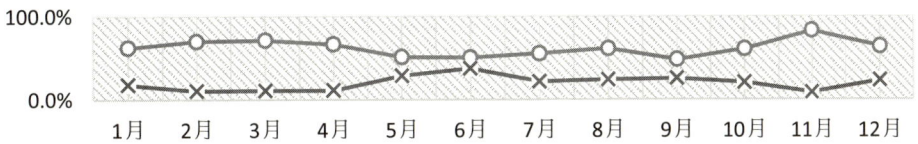

根据2015年邓超的媒体褒贬度月变化趋势，好评率排名前三的月份为11月、3月、2月，差评率排名前三的月份为6月、5月、9月。通过回查对应月份的语料，可以给出2015年最受媒体好评和最受媒体差评的邓超相关新闻。

好评	差评
● 2月，邓超、孙俪庆祝结婚5周年，夫妻感情和睦。	● 5月，邓超扮"巨婴"为女儿小花庆生，逗比风格招部分网友反感。
● 3月，《奔跑吧兄弟》成都录制，"跑男"团遭遇粉丝围堵，队长邓超受到热烈欢迎。	● 6月，"跑男"出轨事件不断发酵，孙俪母亲发微博力挺邓超反招怀疑。
● 11月，《芈月传》《恶棍天使》即将上映，邓超、孙俪夫妇接受采访互相赞美。	● 9月，邓超担任长虹产品经理，股民不买账，指其扮演"花瓶"角色。

2015年《新闻联播》《人民日报》使用最多的十大成语

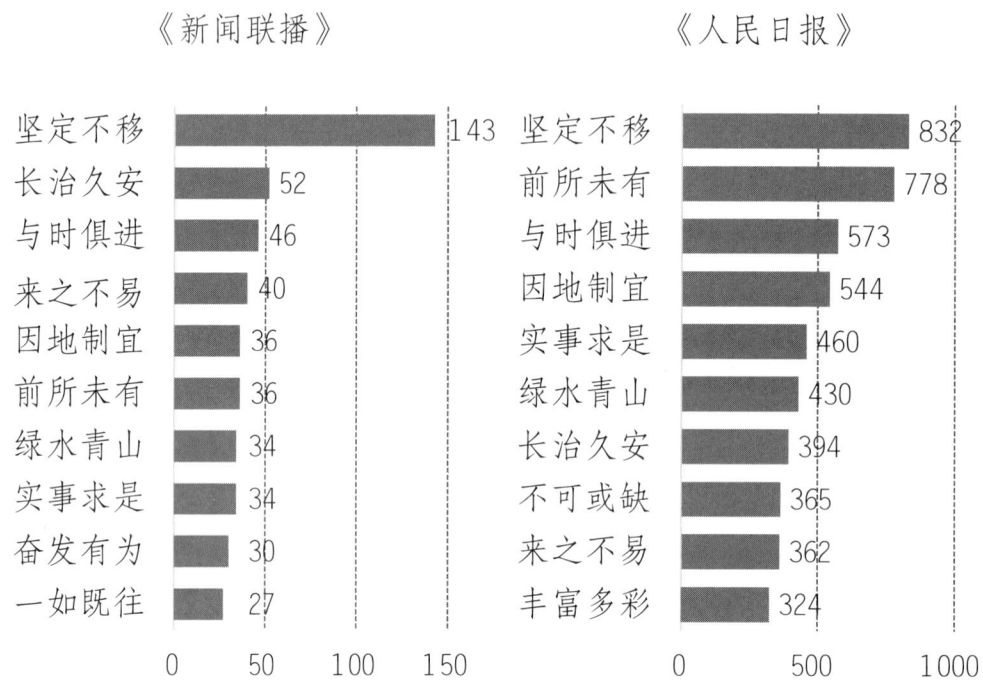

2015年《新闻联播》《人民日报》使用最多的十大成语是指在2015年的《新闻联播》和《人民日报》上出现频率最高的十个成语。

2015年,《新闻联播》和《人民日报》使用最多的十个成语中有八个相同,位于榜首的是"坚定不移",其余七个分别是长治久安、与时俱进、来之不易、因地制宜、前所未有、绿水青山、实事求是。"坚定不移"的是我们实现中国梦和中华民族伟大复兴的决心;"与时俱进"和"因地制宜"是我们的手段和方法;"长治久安"和"绿水青山"是我们对幸福生活的期盼;"前所未有"的可以是困难,也可以是成就,对于困难我们要"实事求是",对于"来之不易"的成就我们要珍惜。稍有不同的是,《新闻联播》更多使用"奋发有为""一如既往"两个成语,而《人民日报》更多使用"不可或缺""丰富多彩"两个成语。

坚定不移

"稳定坚强，毫不动摇"

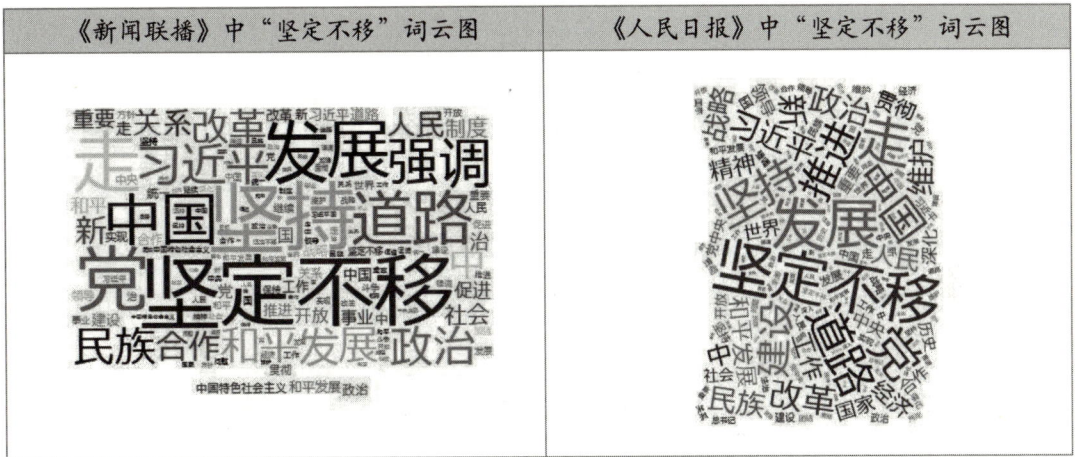

2015年，"坚定不移"在《新闻联播》和《人民日报》中都是出现最多的成语。通过对《新闻联播》和《人民日报》中"坚定不移"的出现语境分别进行统计，绘制出以"坚定不移"为中心的词云图，可以观察到《新闻联播》中和"坚定不移"搭配的主要有"中国""和平发展""道路""推进""坚持""维护"等词，《人民日报》中和"坚定不移"搭配的主要有"发展""中国""走""道路""改革""民族"等词，两者之间略有差异。我们将《新闻联播》和《人民日报》中出现频率较高的"坚定不移"语句片段摘录如下，以供对比。

《新闻联播》中的"坚定不移"	《人民日报》中的"坚定不移"
● 坚定不移走和平发展道路。 ● 坚定不移走中国特色社会主义政治发展道路。 ● 坚定不移推进党风廉政建设和反腐败斗争。 ● 坚定不移维护世界和平。 ● 坚定不移奉行互利共赢的开放战略。	● 坚定不移走中国特色社会主义道路。 ● 必须坚定不移走中国特色解决民族问题的正确道路。 ● 坚定不移走和平发展道路。 ● 坚定不移促进经济社会发展。 ● 坚定不移推进改革创新。

长治久安

"建久安之势，成长治之业"

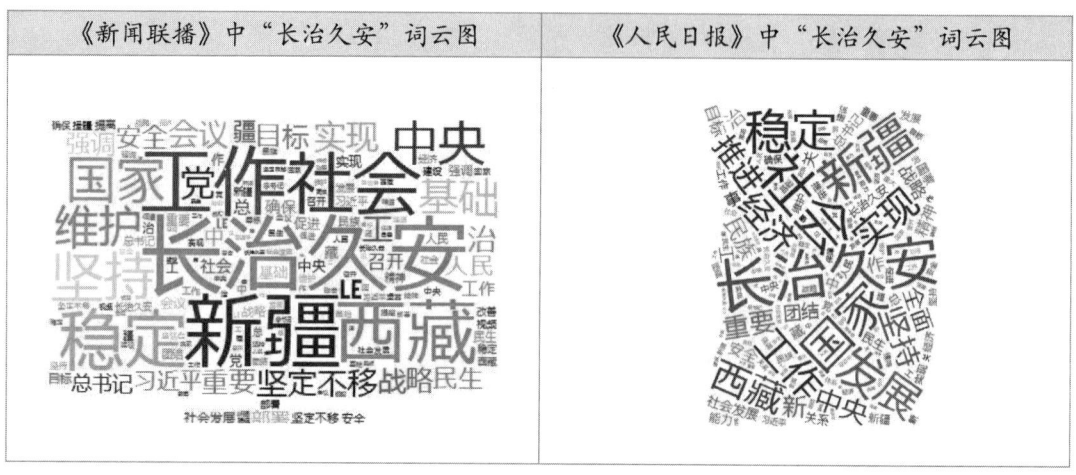

2015年，"长治久安"出现频率在《新闻联播》中排第二，在《人民日报》中排第七。通过对《新闻联播》和《人民日报》中"长治久安"的出现语境分别进行统计，绘制出以"长治久安"为中心的词云图，可以观察到《新闻联播》中和"长治久安"搭配的主要有"社会""发展""工作""新疆""西藏""稳定""确保"等词，《人民日报》中和"长治久安"搭配的主要有"国家""社会""稳定""新疆""党""实现""维护"等词，两者之间略有差异。我们将《新闻联播》和《人民日报》中出现频率较高的"长治久安"语句片段摘录如下，以供对比。

《新闻联播》中的"长治久安"	《人民日报》中的"长治久安"
● 努力促进新疆社会稳定和长治久安。 ● 确保国家安全和长治久安。 ● 发展经济、保障民生、维护稳定，促进国家长治久安。 ● 实现西藏和青、川、滇、甘四省藏区长治久安。 ● 确保人民安居乐业、社会安定有序、国家长治久安。	● 实现党和国家长治久安。 ● 确保国家安全和长治久安。 ● 维护新疆社会稳定和长治久安。 ● 推进西藏经济社会发展和长治久安。 ● 实现国家长治久安乃至世界和平发展。

与时俱进

"与时偕行，推陈出新"

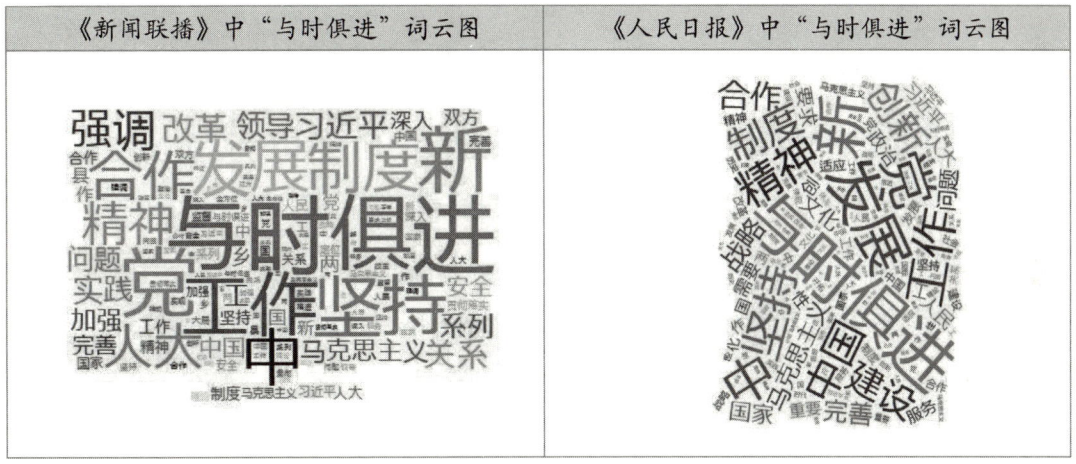

| 《新闻联播》中"与时俱进"词云图 | 《人民日报》中"与时俱进"词云图 |

2015年，"与时俱进"在《新闻联播》和《人民日报》中出现频率都是排第三。通过对《新闻联播》和《人民日报》中"与时俱进"的出现语境分别进行统计，绘制出以"与时俱进"为中心的词云图，可以观察到《新闻联播》中和"与时俱进"搭配的主要有"党""发展""制度""人大""坚持""创新"等词，《人民日报》中和"与时俱进"搭配的主要有"发展""党""精神""中国""坚持""建设"等词，两者之间略有差异。我们将《新闻联播》和《人民日报》中出现频率较高的"与时俱进"语句片段摘录如下，以供对比。

《新闻联播》中的"与时俱进"	《人民日报》中的"与时俱进"
● 与时俱进加强党的建设、管理和监督。 ● 坚持与时俱进、改革创新。 ● 完善选举和代表制度，推动人民代表大会制度与时俱进。 ● 要求全党同志以与时俱进、奋发有为的精神状态，不断推进实践创新和理论创新。 ● 两国关系的定位确定为与时俱进的全方位合作伙伴关系。	● 解放思想、实事求是、与时俱进、求真务实。 ● 坚持与时俱进、改革创新。 ● 实现制度建设的与时俱进。 ● 党建工作也要与时俱进。 ● 推动人大制度和人大工作与时俱进、完善发展。

来之不易

"来之不易,物力维艰"

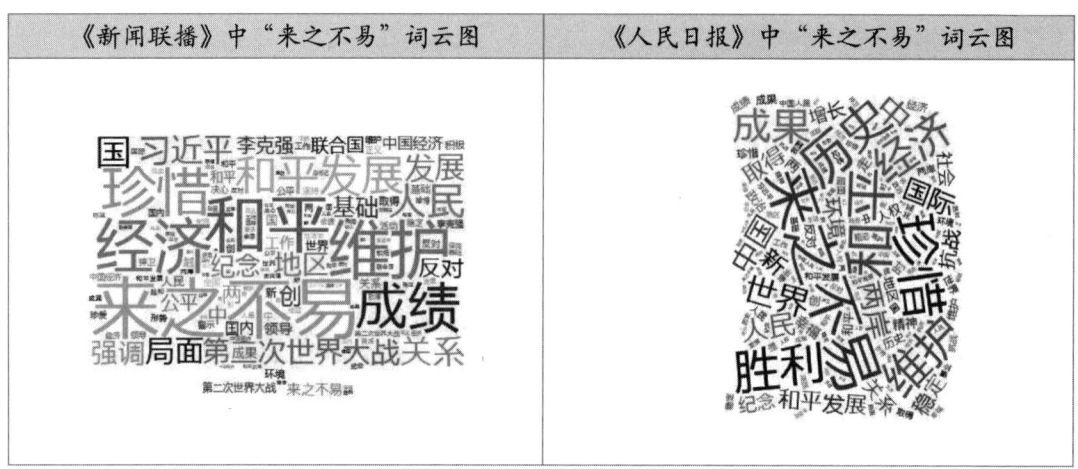

| 《新闻联播》中"来之不易"词云图 | 《人民日报》中"来之不易"词云图 |

2015年,"来之不易"出现频率在《新闻联播》中排第四,在《人民日报》中排第九。通过对《新闻联播》和《人民日报》中"来之不易"的出现语境分别进行统计,绘制出以"来之不易"为中心的词云图,可以观察到《新闻联播》中和"来之不易"搭配的主要有"经济""和平""成绩""珍惜""维护"等词,《人民日报》中和"来之不易"搭配的主要有"和平""历史""胜利""经济""珍惜""维护"等词,两者之间略有差异。我们将《新闻联播》和《人民日报》中出现频率较高的"来之不易"语句片段摘录如下,以供对比。

《新闻联播》中的"来之不易"	《人民日报》中的"来之不易"
● 经济平稳增长来之不易。 ● 警示世界人民珍惜和维护来之不易的和平,防止战争悲剧重演。 ● 珍惜来之不易的和平,共同维护国际和地区包括南海地区的和平与稳定。 ● 和平来之不易,和平必须捍卫。	● 和平来之不易,需要倍加珍惜。 ● 我国经济发展取得了来之不易的成绩。 ● 倍加珍惜来之不易的和平发展环境。 ● 绝不能让来之不易的台海和平和两岸关系和平发展成果得而复失。 ● 倍加珍惜来之不易的世界反法西斯战争胜利果实。

因地制宜

"量体裁衣,随时变通"

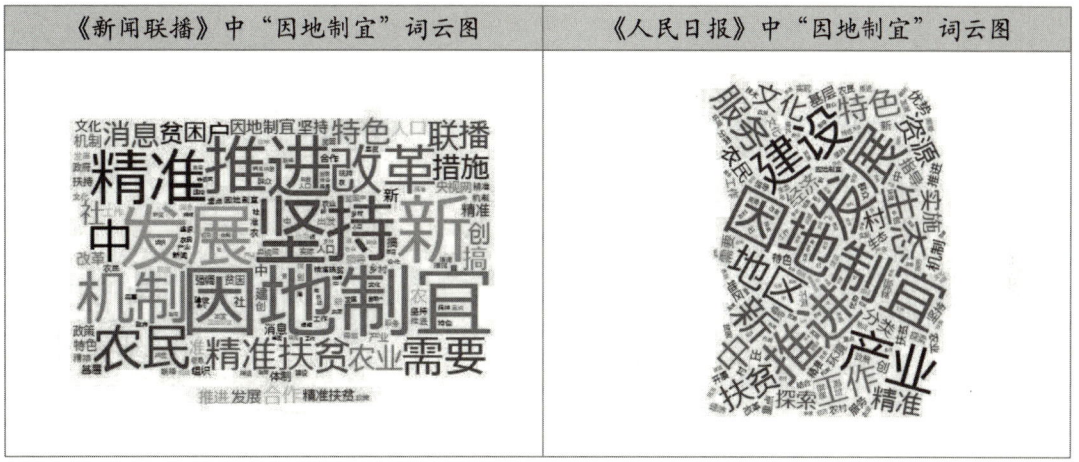

| 《新闻联播》中"因地制宜"词云图 | 《人民日报》中"因地制宜"词云图 |

2015年,"因地制宜"出现频率在《新闻联播》中排第五,在《人民日报》中排第四。通过对《新闻联播》和《人民日报》中"因地制宜"的出现语境分别进行统计,绘制出以"因地制宜"为中心的词云图,可以观察到《新闻联播》中和"因地制宜"搭配的主要有"发展""机制""坚持""推进""改革""精准扶贫"等词,《人民日报》中和"因地制宜"搭配的主要有"发展""推进""建设""产业""地区""生态"等词,两者之间略有差异。我们将《新闻联播》和《人民日报》中出现频率较高的"因地制宜"语句片段摘录如下,以供对比。

《新闻联播》中的"因地制宜"	《人民日报》中的"因地制宜"
● 因地制宜实施扶贫攻坚行动计划。 ● 因地制宜推进体制改革和机制创新。 ● 因地制宜发掘民俗文化。 ● 要因地制宜,突出重点,依靠改革加快推进农业现代化。 ● 因地制宜发展特色产业。	● 因地制宜发展特色产业。 ● 因地制宜推进创新。 ● 因地制宜、分类指导、精准扶贫。 ● 坚持从实际出发、因地制宜。 ● 因地制宜探索发展路径。

前所未有

"史无前例,前所未闻"

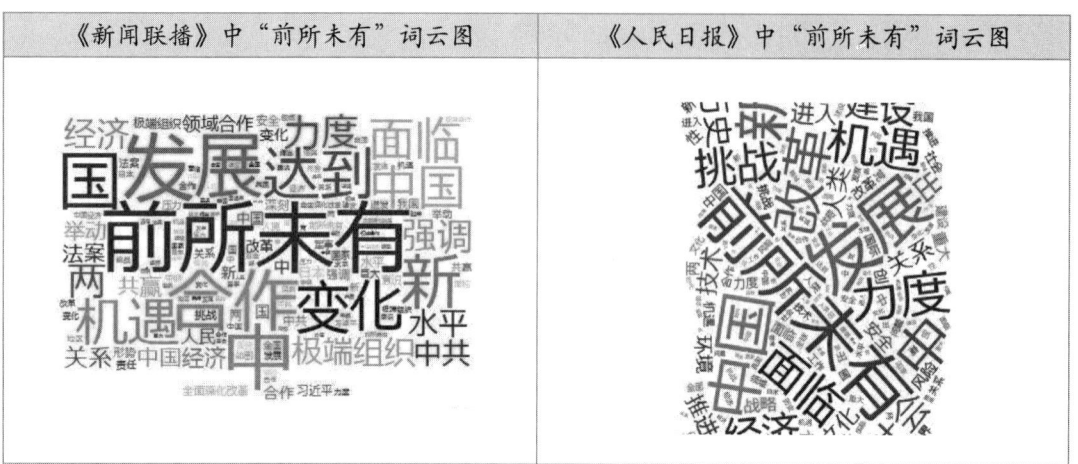

| 《新闻联播》中"前所未有"词云图 | 《人民日报》中"前所未有"词云图 |

2015年,"前所未有"出现频率在《新闻联播》中排第六,在《人民日报》中排第二。通过对《新闻联播》和《人民日报》中"前所未有"的出现语境分别进行统计,绘制出以"前所未有"为中心的词云图,可以观察到《新闻联播》中和"前所未有"搭配的主要有"发展""合作""机遇""改革""达到""面临"等词,《人民日报》中和"前所未有"搭配的主要有"发展""中国""改革""机遇""挑战""面临"等词,两者之间略有差异。我们将《新闻联播》和《人民日报》中出现频率较高的"前所未有"语句片段摘录如下,以供对比。

《新闻联播》中的"前所未有"	《人民日报》中的"前所未有"
● 中非合作面临前所未有的机遇。 ● 两国关系取得了前所未有的历史性发展。 ● 机遇前所未有,挑战也前所未有。 ● 亚洲形势发生了前所未有的变化。 ● 各领域合作达到了前所未有的水平。	● 中国新一轮改革是全面改革,力度之大前所未有。 ● 我们面临前所未有的发展机遇。 ● 改革发展稳定任务之重前所未有。 ● 世界发生了前所未有的深刻变化。 ● 创业和创新被提到了前所未有的高度。

绿水青山

"绿水青山就是金山银山"

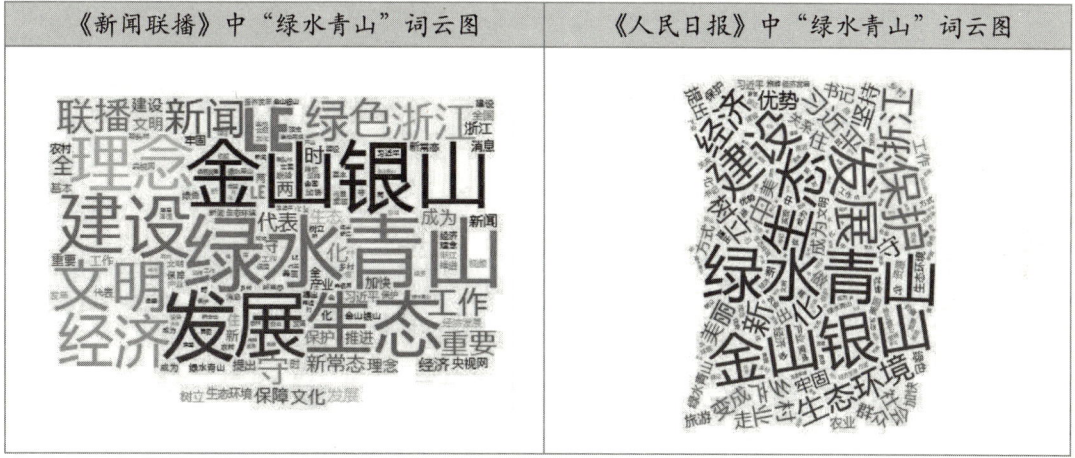

| 《新闻联播》中"绿水青山"词云图 | 《人民日报》中"绿水青山"词云图 |

2015年,"绿水青山"出现频率在《新闻联播》中排第七,在《人民日报》中排第六。通过对《新闻联播》和《人民日报》中"绿水青山"的出现语境分别进行统计,绘制出以"绿水青山"为中心的词云图,可以观察到《新闻联播》中和"绿水青山"搭配的主要有"金山银山""发展""生态""经济""建设""理念"等词,《人民日报》中和"绿水青山"搭配的主要有"金山银山""生态""发展""建设""保护""绿色"等词,两者之间略有差异。我们将《新闻联播》和《人民日报》中出现频率较高的"绿水青山"语句片段摘录如下,以供对比。

《新闻联播》中的"绿水青山"	《人民日报》中的"绿水青山"
● 牢固树立"绿水青山就是金山银山"的理念。 ● 绿水青山正变成金山银山。 ● 既要金山银山,又要绿水青山。 ● 守住绿水青山,实现永续发展。 ● 金山银山买不到绿水青山。	● 牢固树立"绿水青山就是金山银山"的理念。 ● 绿水青山变成了聚宝盆。 ● 为子孙后代留下绿水青山的美好家园。 ● 既要金山银山,又要绿水青山。 ● 绿水青山变成了金山银山。

实事求是

"脚踏实地，求真务实"

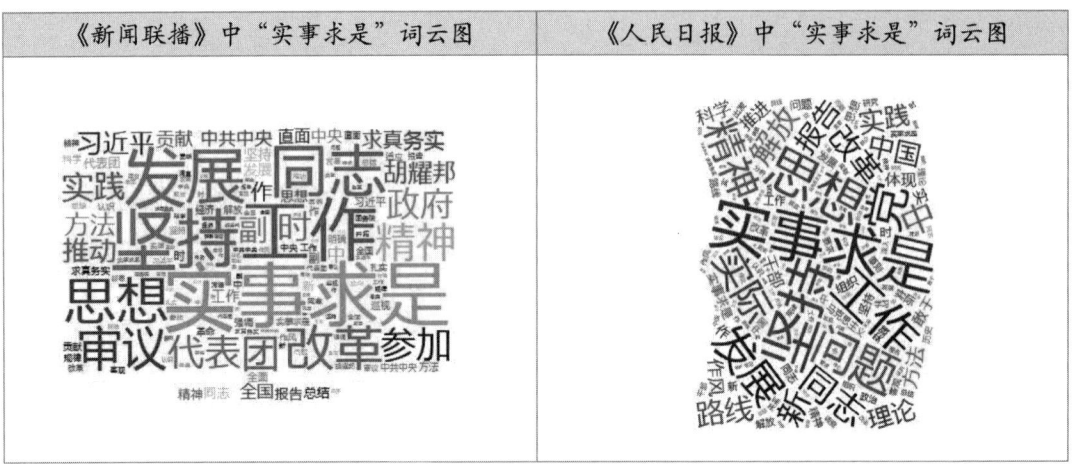

2015年，"实事求是"出现频率在《新闻联播》中排第八，在《人民日报》中排第五。通过对《新闻联播》和《人民日报》中"实事求是"的出现语境分别进行统计，绘制出以"实事求是"为中心的词云图，可以观察到《新闻联播》中和"实事求是"搭配的主要有"坚持""工作""发展""同志""报告""改革"等词，《人民日报》中和"实事求是"搭配的主要有"坚持""思想""发展""问题""党""精神"等词，两者之间略有差异。我们将《新闻联播》和《人民日报》中出现频率较高的"实事求是"语句片段摘录如下，以供对比。

《新闻联播》中的"实事求是"	《人民日报》中的"实事求是"
● 坚持解放思想、实事求是，坚定不移推进改革开放。 ● 坚持实事求是，注重问题导向。 ● 报告总结工作实事求是、重点突出。 ● 坚持实事求是的思想方法和工作方法。 ● 科学严谨、实事求是、依法依规。	● 坚持实事求是的思想路线。 ● 要坚持解放思想、实事求是、与时俱进、求真务实。 ● 大力弘扬实事求是、求真务实精神。 ● 坚持实事求是原则，把握发展大势。 ● 坚持实事求是，一切从实际出发，脚踏实地干事。

奋发有为

"振作精神，有所作为"

2015年，"奋发有为"出现频率在《新闻联播》中排第九。通过对《新闻联播》中"奋发有为"的出现语境进行统计，绘制出以"奋发有为"为中心的词云图，可以观察到《新闻联播》中和"奋发有为"搭配的主要有"发展""经济""全面""改革""担当""创新"等词。我们将《新闻联播》中出现频率较高的"奋发有为"语句片段摘录如下。

《新闻联播》中"奋发有为"词云图	《新闻联播》中的"奋发有为"
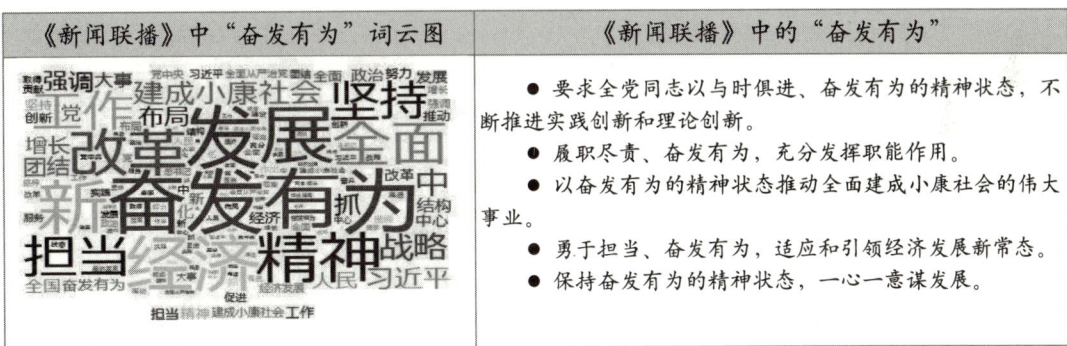	● 要求全党同志以与时俱进、奋发有为的精神状态，不断推进实践创新和理论创新。 ● 履职尽责、奋发有为，充分发挥职能作用。 ● 以奋发有为的精神状态推动全面建成小康社会的伟大事业。 ● 勇于担当、奋发有为，适应和引领经济发展新常态。 ● 保持奋发有为的精神状态，一心一意谋发展。

一如既往

"自始至终，一如以往"

2015年，"一如既往"出现频率在《新闻联播》中排第十。通过对《新闻联播》中"一如既往"的出现语境进行统计，绘制出以"一如既往"为中心的词云图，可以观察到《新闻联播》中和"一如既往"搭配的主要有"支持""发展""中国""中方""国际""合作"等词。我们将《新闻联播》中出现频率较高的"一如既往"语句片段摘录如下。

《新闻联播》中"一如既往"词云图	《新闻联播》中的"一如既往"
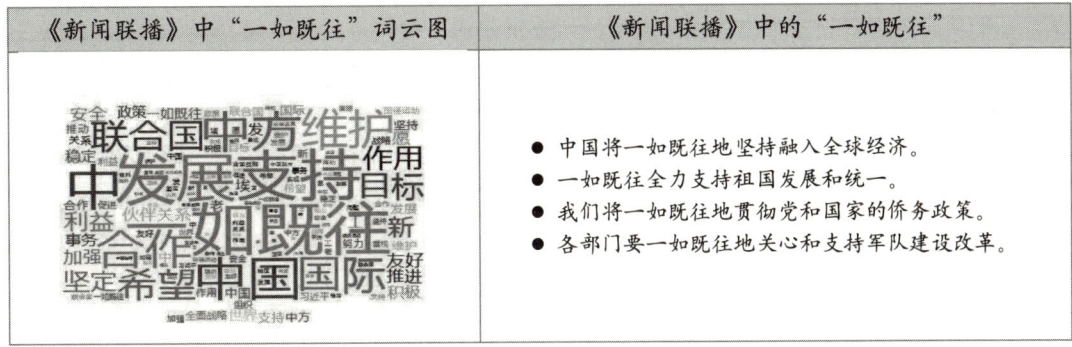	● 中国将一如既往地坚持融入全球经济。 ● 一如既往全力支持祖国发展和统一。 ● 我们将一如既往地贯彻党和国家的侨务政策。 ● 各部门要一如既往地关心和支持军队建设改革。

不可或缺

"非常重要，必不可少"

  2015年，"不可或缺"出现频率在《人民日报》中排第八。通过对《人民日报》中"不可或缺"的出现语境进行统计，绘制出以"不可或缺"为中心的词云图，可以观察到《人民日报》中和"不可或缺"搭配的主要有"重要""中国""社会""发展""国家""作用"等词。我们将《人民日报》中出现频率较高的"不可或缺"语句片段摘录如下。

《人民日报》中"不可或缺"词云图	《人民日报》中的"不可或缺"
	● 中国作用在全球治理中不可或缺。 ● "三资企业"已成为我国市场主体中不可或缺的组成部分。 ● 法治是治国理政不可或缺的重要手段。 ● 中国机遇，方兴未艾，这是助力全球增长不可或缺的力量。

丰富多彩

"内容丰富，花色繁多"

  2015年，"丰富多彩"出现频率在《人民日报》中排第十。通过对《人民日报》中"丰富多彩"的出现语境进行统计，绘制出以"丰富多彩"为中心的词云图，可以观察到《人民日报》中和"丰富多彩"搭配的主要有"中国""文化""活动""生活""开展""举办"等词。我们将《人民日报》中出现频率较高的"丰富多彩"语句片段摘录如下。

《人民日报》中的"丰富多彩"	《人民日报》中的"丰富多彩"
	● 充分展示了中国丰富多彩的历史文化和国家建设的巨大成就。 ● 从人民的伟大实践和丰富多彩的生活中汲取营养。 ● 活动形式多种多样，内容丰富多彩。 ● 开展丰富多彩的群众文体活动。 ● 丰富多彩的人文交流，无不体现着中南关系的战略高度。

2015年《新闻联播》《人民日报》使用最多的十大常用语

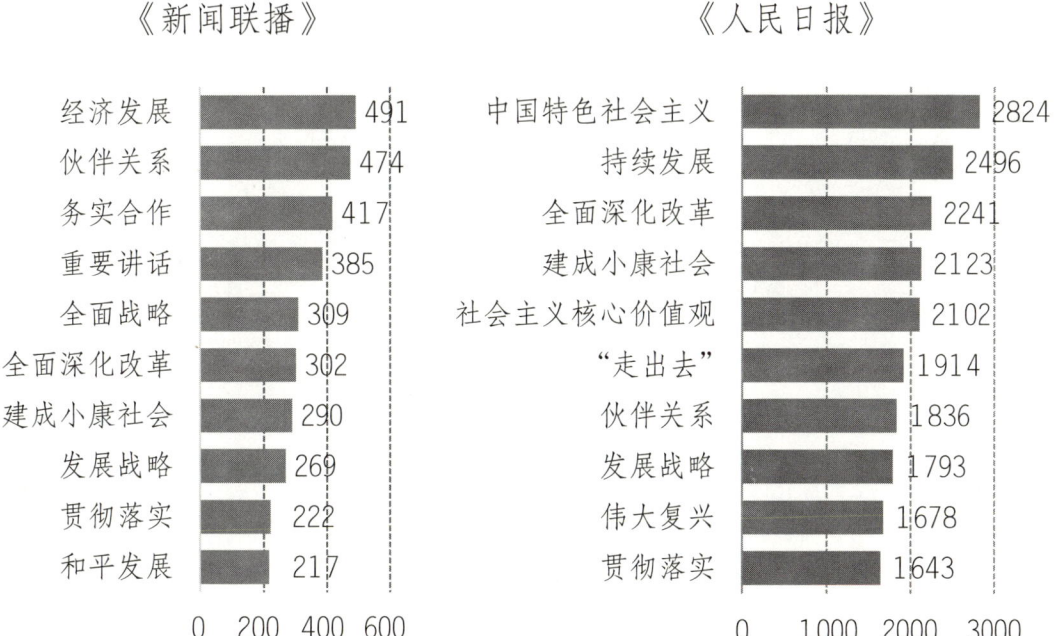

2015年《新闻联播》《人民日报》使用最多的十大常用语是指在2015年的《新闻联播》和《人民日报》上出现频率最高的十个常用短语。

2015年，《新闻联播》和《人民日报》使用最多的十个常用语中有五个相同，分别是"全面深化改革""伙伴关系""发展战略""贯彻落实""建成小康社会"。2015年是中国"全面深化改革"的关键之年，也是全国人民"贯彻落实"党中央的重大决策部署，深入实施创新驱动、"一带一路"建设、长江经济带建设等重大发展战略，为全面"建成小康社会"的努力奋斗之年。此外，2015年也是中国外交的丰收之年，"伙伴关系"为中国特色大国外交助力良多。

两者相比不同之处在于：《新闻联播》更多使用"经济发展""务实合作""重要讲话""全面战略""和平发展"五个短语；《人民日报》则更多使用"中国特色社会主义""持续发展""社会主义核心价值观""走出去""伟大复兴"五个短语。

全面深化改革

"开创新时代的伟大革命"

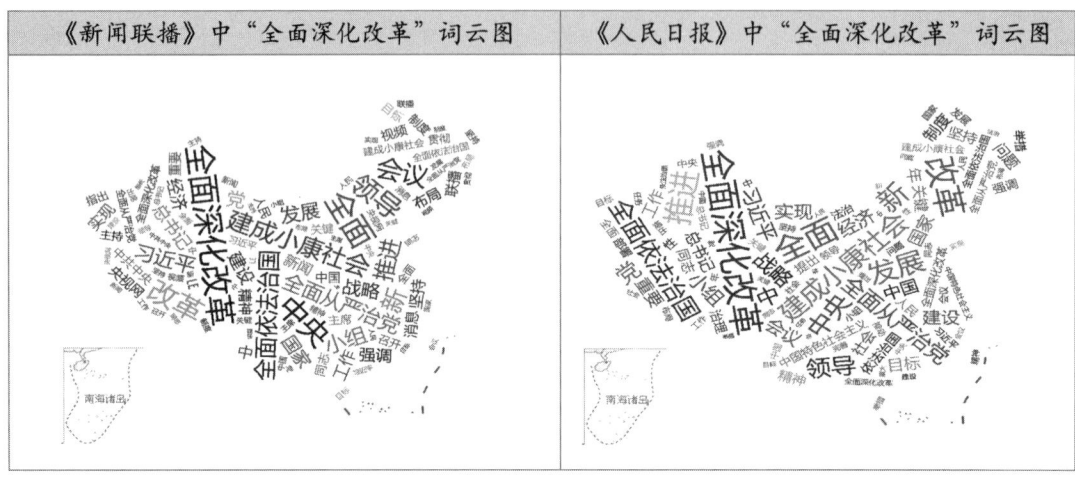

2015年,"全面深化改革"出现频率在《新闻联播》和《人民日报》中排名分列第六和第三。通过对《新闻联播》和《人民日报》中"全面深化改革"的出现语境分别进行统计,绘制出以"全面深化改革"为中心的词云图,可以观察到《新闻联播》中和"全面深化改革"搭配的主要有"全面""中央""会议""战略""国家"等词,《人民日报》中和"全面深化改革"搭配的主要有"改革""全面""推进""发展""领导""战略"等词,两者之间略有差异。我们将《新闻联播》和《人民日报》中出现频率较高的"全面深化改革"语句片段摘录如下,以供对比。

《新闻联播》中的"全面深化改革"	《人民日报》中的"全面深化改革"
● 转变发展方式,增进民生福祉,是全面深化改革的着力点、切入点。 ● 全面深化改革、扩大开放的战略布局,为港澳台地区带来了前所未有的发展机遇。 ● 必须从贯彻落实"四个全面"战略布局的高度,深刻把握全面深化改革的关键地位和重要作用。 ● 共同把全面深化改革这篇大文章做好。 ● 要高度重视全面深化改革引起的利益关系调整。	● 今年是全面深化改革关键之年。 ● 全面深化改革的价值,恰恰就在造福中国乡村、普惠中国农民中生动地体现了出来。 ● 刚刚过去的2014年,是全面深化改革的开局之年。 ● 围绕全面深化改革谋篇布局,强化顶层设计。 ● 全面深化改革领导小组确定的80个重点改革任务基本完成。

伙伴关系

"助力中国特色大国外交"

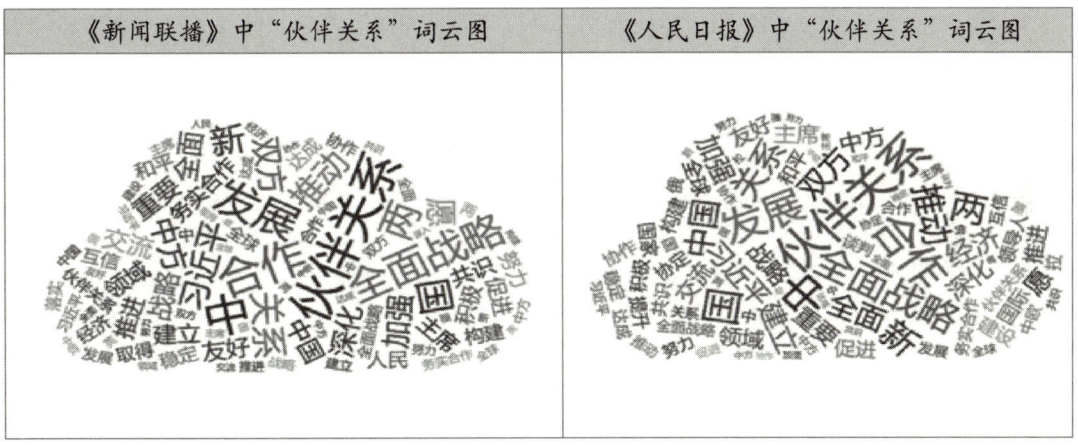

2015年，"伙伴关系"出现频率在《新闻联播》中排第二，在《人民日报》中排第七。通过对《新闻联播》和《人民日报》中"伙伴关系"的出现语境分别进行统计，绘制出以"伙伴关系"为中心的词云图，可以观察到《新闻联播》中和"伙伴关系"搭配的主要有"推动""发展""合作""经济""中国""全面"等词，《人民日报》中和"伙伴关系"搭配的主要有"推动""合作""发展""关系""双方""全面战略"等词，两者之间略有差异。我们将《新闻联播》和《人民日报》中出现频率较高的"伙伴关系"语句片段摘录如下，以供对比。

《新闻联播》中的"伙伴关系"	《人民日报》中的"伙伴关系"
● 推动中尼世代友好的全面合作伙伴关系不断向前发展。 ● 两国全面战略合作伙伴关系不断深化。 ● 推动中越全面战略合作伙伴关系长期健康稳定发展。 ● 不断充实中土战略伙伴关系内涵，造福两国人民。 ● 为建立更加多元开放、务实有效的新型全球发展伙伴关系而努力。	● 中国愿与拉美和加勒比国家并肩前行，开拓进取，共同开创中拉全面合作伙伴关系新局面。 ● 两国元首决定建立中厄战略伙伴关系。 ● 去年我们共同宣布将中委关系提升为全面战略伙伴关系，开启了中委关系发展新篇章。 ● 推动中拉全面合作伙伴关系在更高水平上发展。 ● 普京表示俄美两国伙伴关系能够顺利发展。

发展战略

"指导发展的战略理论"

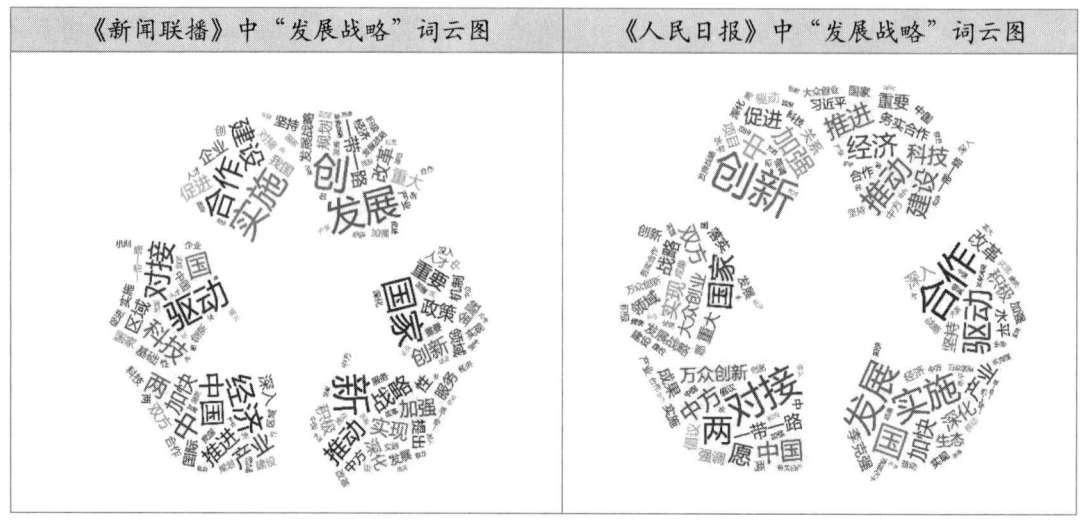

2015年,"发展战略"出现频率在《新闻联播》和《人民日报》中均排名第八位。通过对《新闻联播》和《人民日报》中"发展战略"的出现语境分别进行统计,绘制出以"发展战略"为中心的词云图,可以观察到《新闻联播》中和"发展战略"搭配的主要有"实施""建设""合作""创新""对接""改革"等词,《人民日报》中和"发展战略"搭配的主要有"国家""合作""发展""实施""推动""驱动"等词,两者之间略有差异。我们将《新闻联播》和《人民日报》中出现频率较高的"发展战略"语句片段摘录如下,以供对比。

《新闻联播》中的"发展战略"	《人民日报》中的"发展战略"
● 为两国对接发展战略、深化务实合作创造良好的法治环境。 ● 加强宏观经济政策和发展战略协调对接。 ● 要深入实施创新驱动发展战略,把推动发展的着力点更多放在创新上。 ● 双方要加强"一带一路"和"两廊一圈"发展战略对接和产能合作达成重要共识。	● 为今后制定残疾人事业发展战略与规划、为残疾人提供精准化服务提供重要依据。 ● 落实"一带一路"建设和长江经济带重大部署,深入实施五大功能区域发展战略。 ● 实施创新驱动发展战略,东北地区具有独特的产业与科教资源优势。 ● 必须执行兼顾环境、经济与社会的可持续发展战略。 ● 实现两国发展战略对接,进一步拓宽和充实中土战略合作内涵。

贯彻落实

"通过周密、明确、可行的计划或措施达到彻底实现目标"

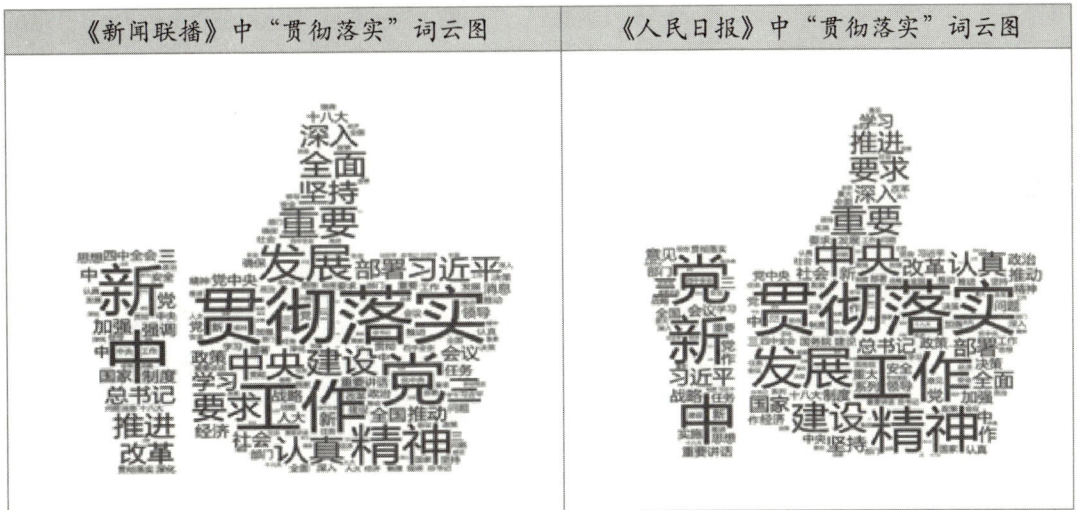

2015年,"贯彻落实"出现频率在《新闻联播》中排第九,《人民日报》中排第十。通过对《新闻联播》和《人民日报》中"贯彻落实"的出现语境分别进行统计,绘制出以"贯彻落实"为中心的词云图,可以观察到《新闻联播》中和"贯彻落实"搭配的主要有"精神""工作""发展""重要""全面""建设"等词,《人民日报》中和"贯彻落实"搭配的主要有"发展""工作""重要""要求""党""精神"等词,两者之间略有差异。我们将《新闻联播》和《人民日报》中出现频率较高的"贯彻落实"语句片段摘录如下,以供对比。

《新闻联播》中的"贯彻落实"	《人民日报》中的"贯彻落实"
● 要坚决贯彻落实党中央的重大决策部署。 ● 改革要围绕贯彻落实全会精神。 ● 要牢固树立和贯彻落实创新、协调、绿色、开放、共享的发展理念。 ● 增强贯彻落实五大发展理念的思想自觉和行动自觉。 ● 部分民生政策措施贯彻落实不到位。	● 深入贯彻落实党的十八大和十八届三中、四中全会精神。 ● 做好新时期经济外交工作,建立新型国际关系,必须贯彻落实习近平同志经济外交思想。 ● 此次重启"上海文学艺术奖"评选,是上海贯彻落实习近平总书记在文艺工作座谈会上重要讲话精神的重要举措。 ● 为掌握全国贯彻落实"八项规定"精神情况,中央纪委在31个省区市和新疆生产建设兵团、59个中央和国家机关建立了落实中央"八项规定"精神情况月报制度。 ● 加强宣传阐释、营造良好氛围,推动中央决策部署贯彻落实。

建成小康社会

"到2020年全面建成小康社会"

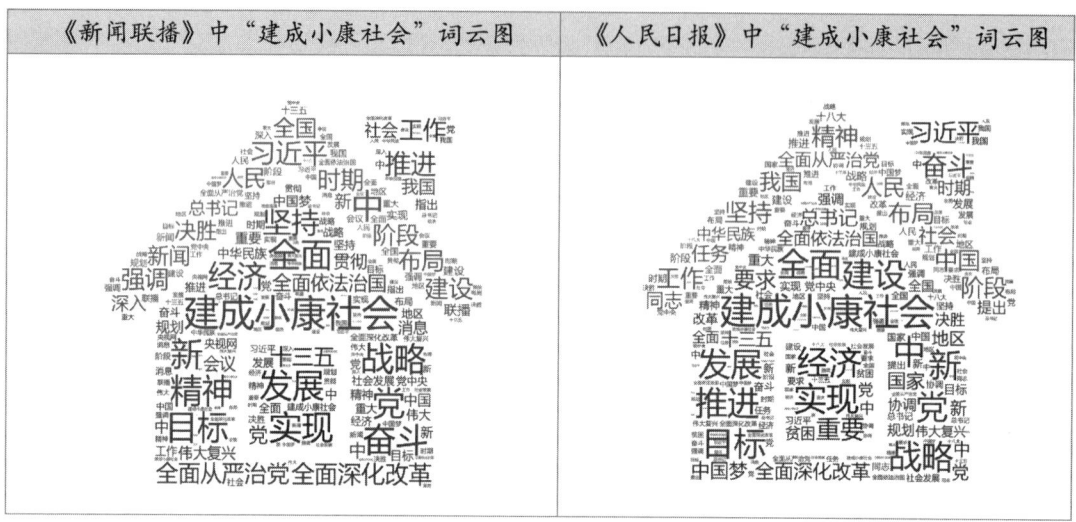

2015年,"建成小康社会"出现频率在《新闻联播》中排第七,在《人民日报》中排第四。通过对《新闻联播》和《人民日报》中"建成小康社会"的出现语境分别进行统计,绘制出以"建成小康社会"为中心的词云图,可以观察到《新闻联播》中和"建成小康社会"搭配的主要有"党""奋斗""经济""精神""目标""战略"等词,《人民日报》中和"建成小康社会"搭配的主要有"发展""党""战略""经济""实现""建设"等词,两者之间略有差异。我们将《新闻联播》和《人民日报》中出现频率较高的"建成小康社会"语句片段摘录如下,以供对比。

《新闻联播》中的"建成小康社会"	《人民日报》中的"建成小康社会"
● 到2020年全面建成小康社会,是中华民族伟大复兴征程上的关键一步。 ● 聚焦如期全面建成小康社会的既定目标。 ● 党的十八届五中全会是在全面建成小康社会进入决胜阶段召开的一次重要会议。 ● 确保如期全面建成小康社会。 ● 如期实现全面建成小康社会的奋斗目标,推动经济社会持续健康发展。	● 协调推进全面建成小康社会。 ● 中国已进入全面建成小康社会的决定性阶段。 ● 全面建成小康社会,是目标,也是要求。 ● 把解决不平衡、不协调、不可持续问题作为全面建成小康社会的主要着力点。 ● 为全面建成小康社会、全面深化改革、全面依法治国、全面从严治党提供有力思想舆论支持。

经济发展

"摆脱贫困落后，走向现代化"

2015年，"经济发展"在《新闻联播》中是出现频率最高的词语。通过对《新闻联播》中"经济发展"的出现语境进行统计，绘制出以"经济发展"为中心的词云图，可以观察到《新闻联播》中和"经济发展"搭配的主要有"新常态""促进""建设""发展""坚持""社会"等词。我们将《新闻联播》中出现频率较高的"经济发展"语句片段摘录如下。

《新闻联播》中"经济发展"词云图	《新闻联播》中的"经济发展"
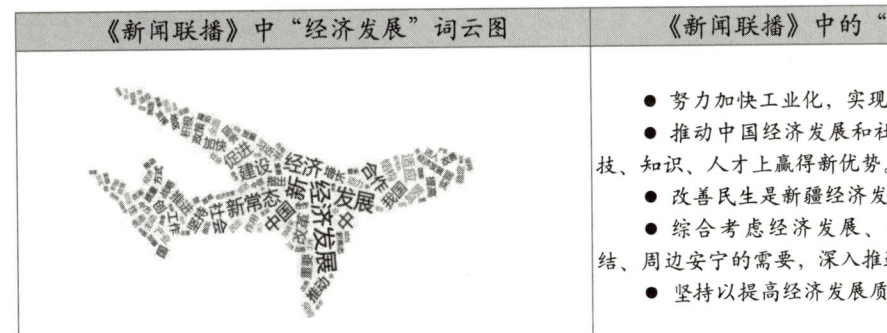	● 努力加快工业化，实现经济发展多元化。 ● 推动中国经济发展和社会进步，必须在科技、知识、人才上赢得新优势。 ● 改善民生是新疆经济发展的"指南针"。 ● 综合考虑经济发展、边疆稳定、民族团结、周边安宁的需要，深入推进兴边富民行动。 ● 坚持以提高经济发展质量和效益为中心。

务实合作

"脚踏实地，精诚合作"

2015年，"务实合作"出现频率在《新闻联播》中排第三。通过对《新闻联播》中"务实合作"的出现语境进行统计，绘制出以"务实合作"为中心的词云图，可以观察到《新闻联播》中和"务实合作"搭配的主要有"加强""发展""合作""领域""友好""深化"等词。我们将《新闻联播》中出现频率较高的"务实合作"语句片段摘录如下。

《新闻联播》中"务实合作"词云图	《新闻联播》中的"务实合作"
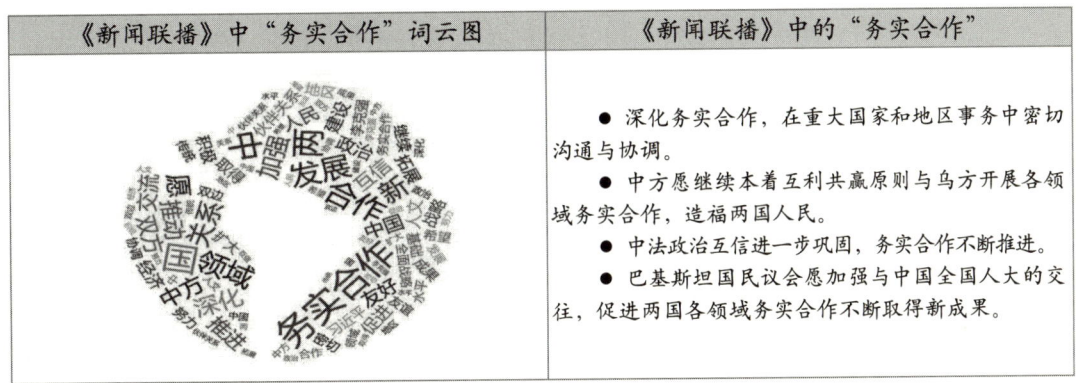	● 深化务实合作，在重大国家和地区事务中密切沟通与协调。 ● 中方愿继续本着互利共赢原则与乌方开展各领域务实合作，造福两国人民。 ● 中法政治互信进一步巩固，务实合作不断推进。 ● 巴基斯坦国民议会愿加强与中国全国人大的交往，促进两国各领域务实合作不断取得新成果。

重要讲话

"领导人发言"

2015年,"重要讲话"出现频率在《新闻联播》中排第四。通过对《新闻联播》中"重要讲话"的出现语境进行统计,绘制出以"重要讲话"为中心的词云图,可以观察到《新闻联播》中和"重要讲话"搭配的主要有"贯彻""学习""精神""习近平""发展""建设"等词。我们将《新闻联播》中出现频率较高的"重要讲话"语句片段摘录如下。

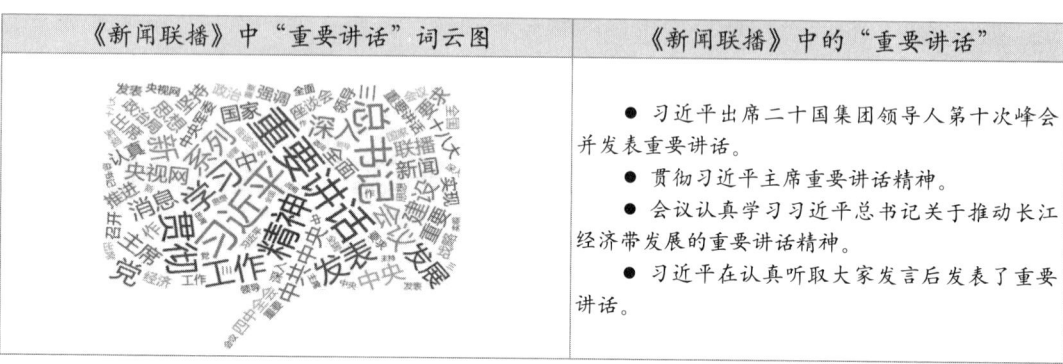

《新闻联播》中"重要讲话"词云图	《新闻联播》中的"重要讲话"
	● 习近平出席二十国集团领导人第十次峰会并发表重要讲话。 ● 贯彻习近平主席重要讲话精神。 ● 会议认真学习习近平总书记关于推动长江经济带发展的重要讲话精神。 ● 习近平在认真听取大家发言后发表了重要讲话。

全面战略

"政治、军事、经济等全方位战略"

2015年,"全面战略"出现频率在《新闻联播》中排第五。通过对《新闻联播》中"全面战略"的出现语境进行统计,绘制出以"全面战略"为中心的词云图,可以观察到《新闻联播》中和"全面战略"搭配的主要有"伙伴关系""合作""发展""友好""共识""推进"等词。我们将《新闻联播》中出现频率较高的"全面战略"语句片段摘录如下。

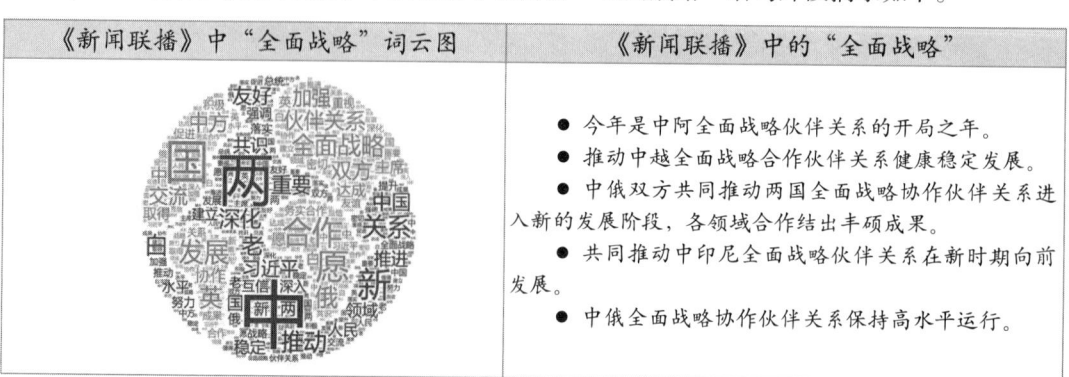

《新闻联播》中"全面战略"词云图	《新闻联播》中的"全面战略"
	● 今年是中阿全面战略伙伴关系的开局之年。 ● 推动中越全面战略合作伙伴关系健康稳定发展。 ● 中俄双方共同推动两国全面战略协作伙伴关系进入新的发展阶段,各领域合作结出丰硕成果。 ● 共同推动中印尼全面战略伙伴关系在新时期向前发展。 ● 中俄全面战略协作伙伴关系保持高水平运行。

和平发展

"以和平促发展,以发展保和平"

　　2015年,"和平发展"出现频率在《新闻联播》中排第十。通过对《新闻联播》中"和平发展"的出现语境进行统计,绘制出以"和平发展"为中心的词云图,可以观察到《新闻联播》中和"和平发展"搭配的主要有"两岸""关系""中国""坚持""合作""道路""维护"等词。我们将《新闻联播》中出现频率较高的"和平发展"语句片段摘录如下。

《新闻联播》中"和平发展"词云图	《新闻联播》中的"和平发展"
	● 中国将坚定不移地走和平发展道路。 ● 双方将就推进两岸关系和平发展交换意见。 ● 中国坚持走和平发展道路,是我们的战略选择和郑重承诺。 ● 两岸关系走上了和平发展的道路。 ● 希望日本同中国一道沿着和平发展的道路走下去。

中国特色社会主义

"中华民族伟大复兴的必由之路"

　　2015年,"中国特色社会主义"是《人民日报》中出现频率最高的常用语。通过对《人民日报》中"中国特色社会主义"的出现语境进行统计,绘制出以"中国特色社会主义"为中心的词云图,可以观察到《人民日报》中和"中国特色社会主义"搭配的主要有"坚持""建设""制度""体系""发展""道路""理论"等词。我们将《人民日报》中出现频率较高的"中国特色社会主义"语句片段摘录如下。

《人民日报》中"中国特色社会主义"词云图	《人民日报》中的"中国特色社会主义"
	● 做好宣传思想工作,最根本的是用中国特色社会主义凝聚思想共识。 ● 全面深化改革必将不断拓展中国特色社会主义道路。 ● 高举中国特色社会主义伟大旗帜。 ● "四个全面"战略布局是统一的整体,支撑起中国特色社会主义事业全局。 ● 完善以宪法为核心的中国特色社会主义法律体系。

持续发展

"既满足当代人的需求，又不损害后代人满足其需求的发展"

2015年，"持续发展"是《人民日报》中出现频率第二高的常用语。通过对《人民日报》中"持续发展"的出现语境进行统计，绘制出以"持续发展"为中心的词云图，可以观察到《人民日报》中和"持续发展"搭配的主要有"中国""经济""社会""合作""实现"、"建设"等词。我们将《人民日报》中出现频率较高的"持续发展"语句片段摘录如下。

《人民日报》中"持续发展"词云图	《人民日报》中的"持续发展"
	● 靠发展、靠改革、靠管理，破解制约可持续发展的难题。 ● 围绕全球治理、可持续发展、应对气候变化、网络安全等全球性议题和热点问题加强沟通和协作。 ● 经济发展与生态改善双赢的可持续发展之路。 ● 实现农业可持续发展。 ● 全面务实合作是推动中哥双边关系可持续发展的重要动力。

社会主义核心价值观

"富强、民主、文明、和谐，自由、平等、公正、法治，爱国、敬业、诚信、友善"

2015年，"社会主义核心价值观"出现频率在《人民日报》中排第五。通过对《人民日报》中"社会主义核心价值观"的出现语境进行统计，绘制出以"社会主义核心价值观"为中心的词云图，可以观察到《人民日报》中和"社会主义核心价值观"搭配的主要有"深入""发展""加强""推动""弘扬""群众""建设"等词。我们将《人民日报》中出现频率较高的"社会主义核心价值观"语句片段摘录如下。

《人民日报》中"社会主义核心价值观"词云图	《人民日报》中的"社会主义核心价值观"
	● 要深入推进社会主义核心价值观建设。 ● 推进社会主义核心价值观学习教育实践具体化、系统化，努力在全社会形成共同的价值追求。 ● 社会主义核心价值观深入人心。 ● 全方位培育和践行社会主义核心价值观；着力推进媒体融合发展走稳、走快、走好。 ● 坚决同党中央保持高度一致，积极培育和践行社会主义核心价值观。

走出去

"'走出去'战略是坚持对外开放的基本国策"

2015年,"走出去"出现频率在《人民日报》中排第六。通过对《人民日报》中"走出去"的出现语境进行统计,绘制出以"走出去"为中心的词云图,可以观察到《人民日报》中和"走出去"搭配的主要有"中国""企业""国际""战略""发展""合作"等词。我们将《人民日报》中出现频率较高的"走出去"语句片段摘录如下。

《人民日报》中"走出去"词云图	《人民日报》中的"走出去"
	● 特别是随着"走出去"的步伐加快,建筑业新出口订单指数增幅明显。 ● 着力构建全方位、多层次、宽领域的文化"走出去"格局。 ● 推动有实力的企业"走出去",进一步加强与发展中国家的互利合作。 ● 积极推动文化产业"走出去",努力传播当代中国价值理念。

伟大复兴

"民族复兴中国梦"

2015年,"伟大复兴"出现频率在《人民日报》中排第九。通过对《人民日报》中"伟大复兴"的出现语境进行统计,绘制出以"伟大复兴"为中心的词云图,可以观察到《人民日报》中和"伟大复兴"搭配的主要有"中华民族""实现""目标""奋斗""发展""中国梦"等词。我们将《人民日报》中出现频率较高的"伟大复兴"语句片段摘录如下。

《人民日报》中"伟大复兴"词云图	《人民日报》中的"伟大复兴"
	● 广大海外华侨华人对实现中华民族伟大复兴的中国梦信心倍增。 ● 怀抱伟大复兴梦想的中国,由此进入了新的"改革时间"。 ● 实现中华民族伟大复兴的中国梦,具有重大深远的意义。 ● 坚定不移地以开放促改革、促发展,为实现中华民族伟大复兴的中国梦和持久和平、共同繁荣的世界梦作出应有贡献。

2015年《新闻联播》《人民日报》关注度最高的十大话题

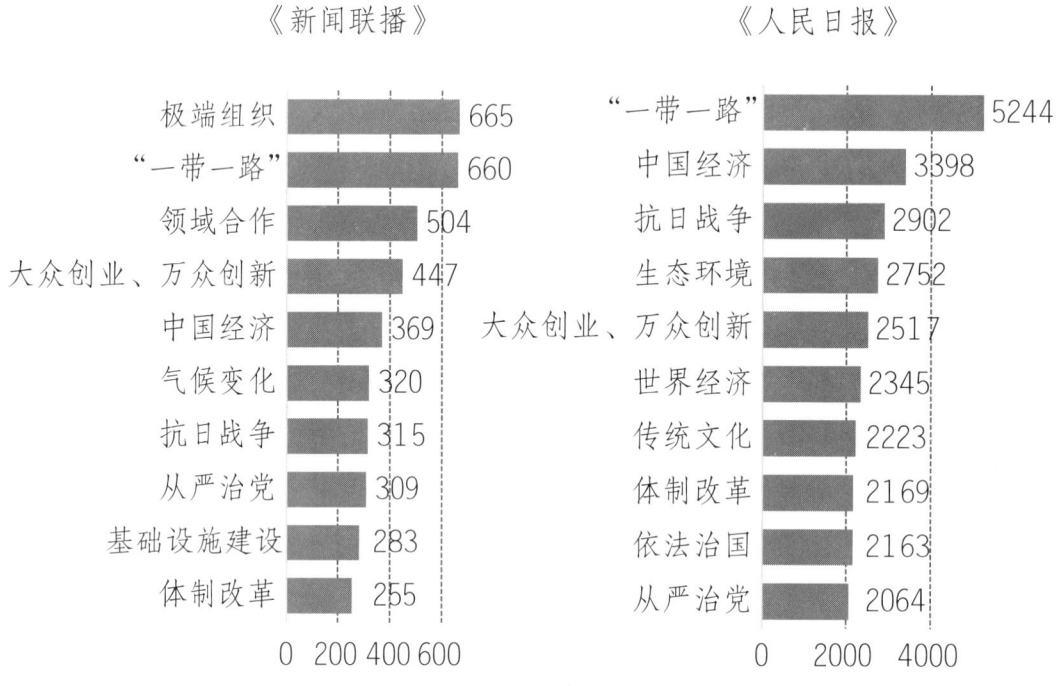

2015年《新闻联播》《人民日报》关注度最高的十大话题是指在2015年的《新闻联播》和《人民日报》上出现频率最高的新闻话题关键词。

2015年，《新闻联播》和《人民日报》最受关注的十大话题中有六个相同，位于榜首的是"一带一路"，其余五个分别是"大众创业、万众创新""中国经济""抗日战争""从严治党""体制改革"。"一带一路"作为欧亚经济整合大战略，使"中国经济"和"世界经济"高度关联。李克强总理在《政府工作报告》中提出的"大众创业、万众创新"也为创造"中国经济"的新奇迹提供了助力。隆重纪念"抗日战争"胜利70周年是中国在铭记历史的同时向世界展示我们的实力以及永葆和平的决心。深化"体制改革"，克服现有体制中的弊端，是我国当前工作的重中之重。全面"从严治党"，夯实廉洁从政防线，提高拒腐防变能力，只有保证党的纯洁性和先进性，才能更好地实现经济社会发展、民族团结进步、国家长治久安。

两者相比有所不同的是，《新闻联播》更多关注"极端组织""领域合作""气候变化""基础设施建设"四个话题，而《人民日报》更多关注"生态环境""世界经济""传统文化""依法治国"四个话题。

一带一路

"丝绸之路经济带、21世纪海上丝绸之路"

2015年,"一带一路"在《新闻联播》中的关注度排名第二,在《人民日报》中的关注度排名首位。通过对《新闻联播》和《人民日报》中"一带一路"的出现语境分别进行统计,绘制出以"一带一路"为中心的词云图,可以观察到《新闻联播》中和"一带一路"搭配的主要有"合作""建设""国家""沿线""发展""中国"等词,《人民日报》中和"一带一路"搭配的主要有"建设""合作""国家""中国""发展""沿线"等词,两者之间略有差异。我们将《新闻联播》和《人民日报》中出现频率较高的"一带一路"语句片段摘录如下,以供对比。

《新闻联播》中的"一带一路"	《人民日报》中的"一带一路"
● 推动"一带一路"建设和国际产能合作,实现合作共赢。 ● 希望同"一带一路"沿线国家加强合作。 ● 共同参与"一带一路"建设,实现共同发展和共同繁荣。 ● "一带一路"建设将为中国和沿线国家共同发展带来巨大机遇。	● "一带一路"建设秉持合作共赢的价值理念。 ● 主动服务"一带一路"倡议等国家重大战略部署。 ● 中国倡导建设的"一带一路"得到了沿线国家的广泛支持。 ● 推动与"一带一路"沿线国家发展战略全面对接。

大众创业、万众创新

"激发民族的创业精神和创新基因"

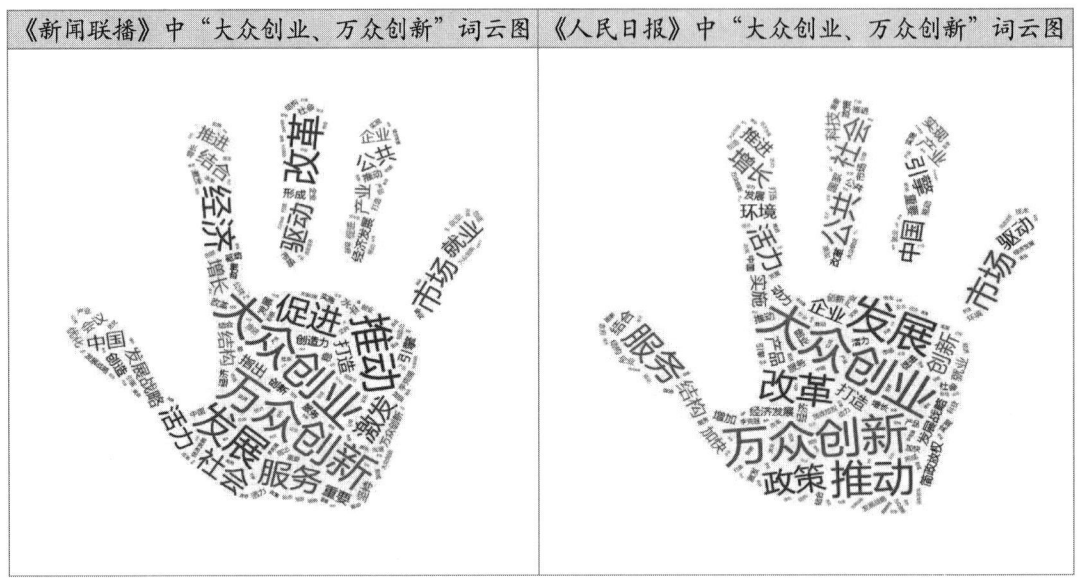

2015年,"大众创业、万众创新"在《新闻联播》中的关注度排名第四,在《人民日报》中的关注度排名第五。通过对《新闻联播》和《人民日报》中"大众创业、万众创新"的出现语境分别进行统计,绘制出以"大众创业、万众创新"为中心的词云图,可以观察到《新闻联播》中和"大众创业、万众创新"搭配的主要有"推动""发展""改革""经济""促进""服务"等词,《人民日报》中和"大众创业、万众创新"搭配的主要有"发展""推动""经济""改革""服务""市场"等词,两者之间略有差异。我们将《新闻联播》和《人民日报》中出现频率较高的"大众创业、万众创新"语句片段摘录如下,以供对比。

《新闻联播》中的"大众创业、万众创新"	《人民日报》中的"大众创业、万众创新"
● 实施创新驱动发展战略,推动大众创业、万众创新。 ● 大众创业、万众创新是激发亿万群众智慧和创造力的重大改革举措。 ● 助力大众创业、万众创新,促进中国经济保持中高速增长。 ● 促进大众创业、万众创新。 ● 大力倡导大众创业、万众创新,大力推动简政放权、放管结合、优化服务。	● 加快实施创新驱动发展战略,推动大众创业、万众创新。 ● 推动大众创业、万众创新,激发市场活力。 ● 促进大众创业、万众创新,增强经济发展动力。 ● 坚持全面深化改革,为大众创业、万众创新创造好的环境。 ● 激发市场活力和社会创造力,大众创业、万众创新的社会氛围越来越浓。

中国经济

"中国经济当前正处在结构调整的关键时期、攻坚阶段"

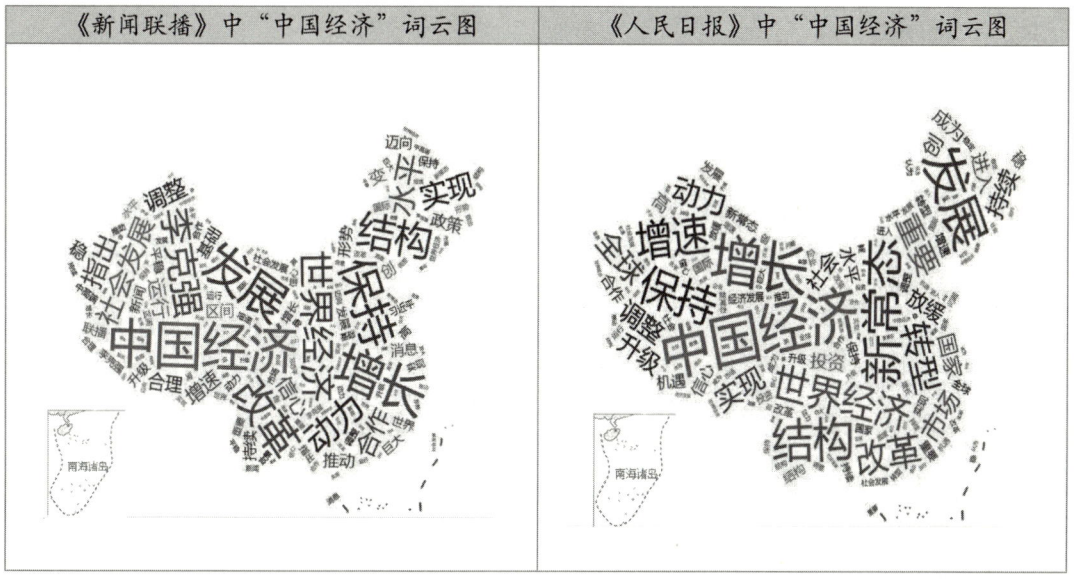

2015年,"中国经济"在《新闻联播》中的关注度排名第五,在《人民日报》中的关注度排名第二。通过对《新闻联播》和《人民日报》中"中国经济"的出现语境分别进行统计,绘制出以"中国经济"为中心的词云图,可以观察到《新闻联播》中和"中国经济"搭配的主要有"增长""发展""保持""改革""结构""世界经济"等词,《人民日报》中和"中国经济"搭配的主要有"增长""发展""新常态""结构""保持""增速"等词,两者之间略有差异。我们将《新闻联播》和《人民日报》中出现频次较高的"中国经济"语句片段摘录如下,以供对比。

《新闻联播》中的"中国经济"	《人民日报》中的"中国经济"
● 促进中国经济长期中高速增长。 ● 中国经济发展进入新常态,必须按下全面深化改革的"快进键"。 ● 推动中国经济保持中高速增长、迈向中高端水平。 ● 中国经济正在呈现出增长平稳、结构优化、活力增强的好局面。 ● 中国经济与世界经济高度融合。	● 中国经济运行保持在合理区间,经济增长走在世界前列。 ● 中国经济发展进入新常态,正从高速增长转为中高速增长。 ● 中国经济结构正在发生变化。 ● 中国经济增速有所放缓。

抗日战争

"纪念伟大的民族胜利,传承不屈的民族精神"

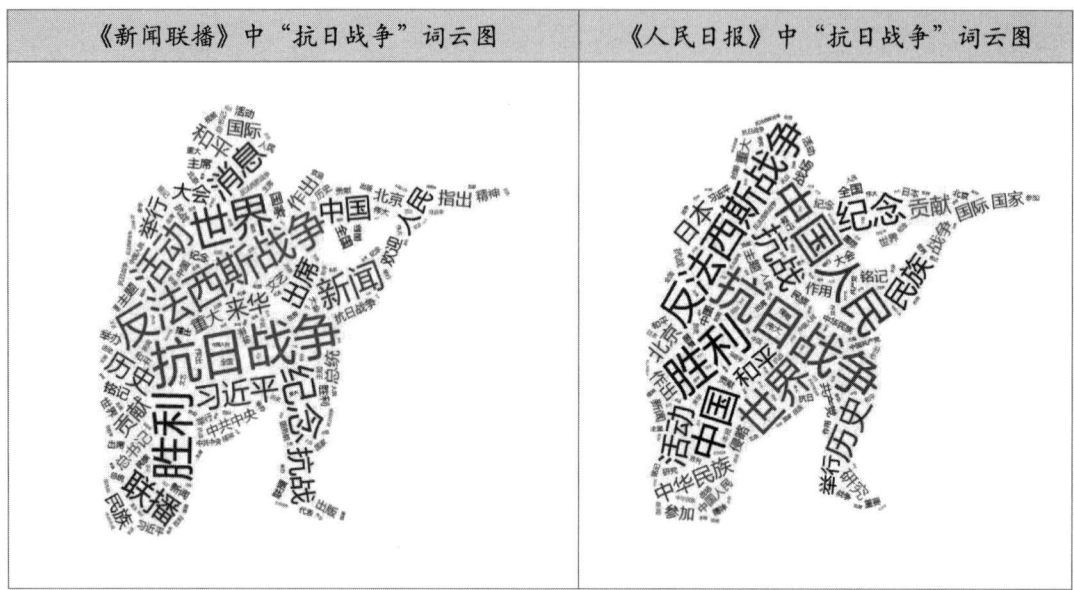

2015年,"抗日战争"在《新闻联播》中的关注度排名第七,在《人民日报》中的关注度排名第三。通过对《新闻联播》和《人民日报》中"抗日战争"的出现语境分别进行统计,绘制出以"抗日战争"为中心的词云图,可以观察到《新闻联播》中和"抗日战争"搭配的主要有"中国人民""胜利""世界""反法西斯战争""纪念""活动"等词,《人民日报》中和"抗日战争"搭配的主要有"胜利""中国人民""世界""反法西斯战争""中国""纪念"等词,两者之间略有差异。我们将《新闻联播》和《人民日报》中出现频率较高的"抗日战争"语句片段摘录如下,以供对比。

《新闻联播》中的"抗日战争"	《人民日报》中的"抗日战争"
● 中国人民抗日战争暨世界反法西斯战争胜利70周年纪念活动。 ● 今年是抗日战争胜利70周年。 ● 中国人民抗日战争为世界反法西斯战争胜利作出了伟大贡献。	● 中国人民取得了抗日战争伟大胜利。 ● 中国人民抗日战争胜利70周年。 ● 今年是中国人民抗日战争暨世界反法西斯战争胜利70周年。 ● 中国人民抗日战争是世界反法西斯战争的重要组成部分。

2015年中国媒体关注度十大榜单解读

从严治党

"打铁还需自身硬"

2015年,"从严治党"在《新闻联播》中的关注度排名第八,在《人民日报》中的关注度排名第十。通过对《新闻联播》和《人民日报》中"从严治党"的出现语境分别进行统计,绘制出以"从严治党"为中心的词云图,可以观察到《新闻联播》中和"从严治党"搭配的主要有"建设""坚持""纪律""问题""要求""责任"等词,《人民日报》中和"从严治党"搭配的主要有"建设""责任""要求""纪律""落实""坚持"等词,两者之间略有差异。我们将《新闻联播》和《人民日报》中出现频率较高的"从严治党"语句片段摘录如下,以供对比。

《新闻联播》中的"从严治党"	《人民日报》中的"从严治党"
● 认清坚持全面从严治党的历史责任,深入推进党风廉政建设和反腐败斗争。 ● 坚持全面从严治党。 ● 加强纪律建设是全面从严治党的治本之策。 ● 要贯彻全面从严治党要求。 ● 各级党组织要切实履行全面从严治党主体责任。	● 按照全面从严治党的要求,全面落实党风廉政建设主体责任和监督责任。 ● 要切实承担好从严治党的责任。 ● 认真落实全面从严治党要求。 ● 全面从严治党,要求落实从严治党责任,坚持思想建党和制度建党,严明政治纪律和政治规矩,加强纪律建设。

体制改革

"克服现有体制中的弊端,适应社会主义现代化建设的需要"

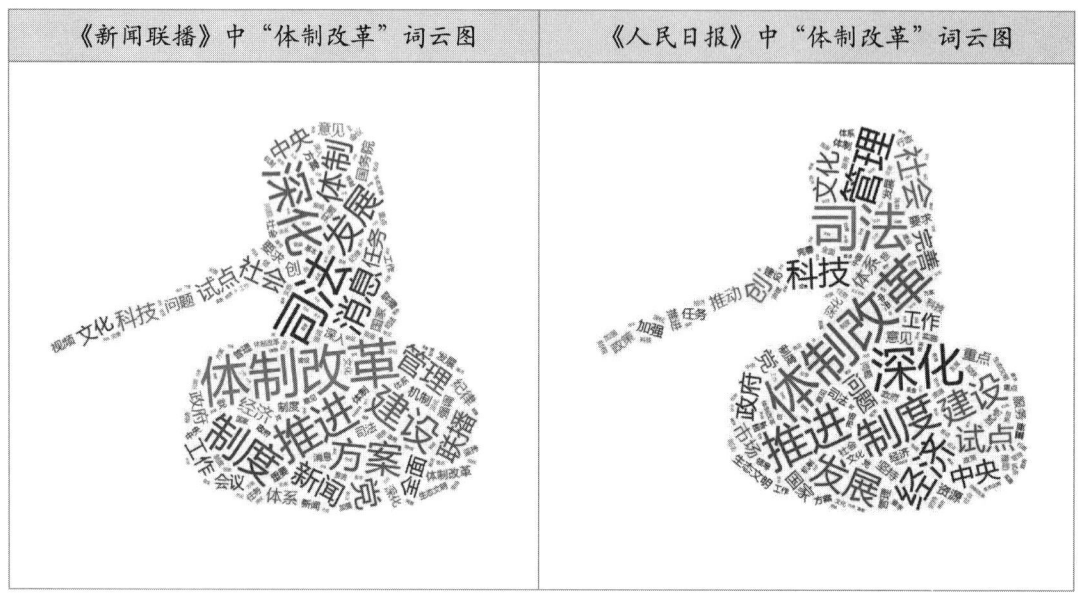

2015年,"体制改革"在《新闻联播》中的关注度排名第十,在《人民日报》中的关注度排名第八。通过对《新闻联播》和《人民日报》中"体制改革"的出现语境分别进行统计,绘制出以"体制改革"为中心的词云图,可以观察到《新闻联播》中和"体制改革"搭配的主要有"司法""深化""推进""制度""建设""方案"等词,《人民日报》中和"体制改革"搭配的主要有"司法""深化""推进""制度""管理""经济"等词,两者之间略有差异。我们将《新闻联播》和《人民日报》中出现频率较高的"体制改革"语句片段摘录如下,以供对比。

《新闻联播》中的"体制改革"	《人民日报》中的"体制改革"
● 全面推进司法体制改革。 ● 进一步深化司法体制和社会体制改革。 ● 深入推进财税体制改革。 ● 司法体制改革是社会主义司法制度的自我完善和发展。 ● 推进健康中国建设,深化医药卫生体制改革。	● 深入推进司法体制改革。 ● 要深化行政体制改革,推进政府职能转变。 ● 因地制宜推进体制改革和机制创新。 ● 深化行政管理体制改革。 ● 全面深化经济体制改革。

极端组织

"危害国家安全,反社会、反人类、反科学的团体"

2015年,"极端组织"在《新闻联播》中是最受关注的话题。通过对《新闻联播》中"极端组织"的出现语境进行统计,绘制出以"极端组织"为中心的词云图,可以观察到《新闻联播》中和"极端组织"搭配的主要有"叙利亚""伊拉克""打击""空袭""境内""武装"等词。我们将《新闻联播》中出现频率较高的"极端组织"语句片段摘录如下,以供参考。

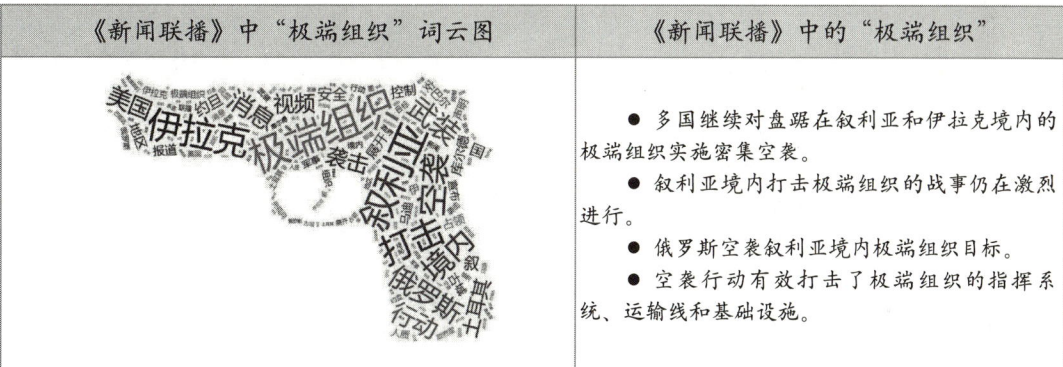

《新闻联播》中"极端组织"词云图	《新闻联播》中的"极端组织"
	● 多国继续对盘踞在叙利亚和伊拉克境内的极端组织实施密集空袭。 ● 叙利亚境内打击极端组织的战事仍在激烈进行。 ● 俄罗斯空袭叙利亚境内极端组织目标。 ● 空袭行动有效打击了极端组织的指挥系统、运输线和基础设施。

领域合作

"各领域互相合作,建立新型国际关系"

2015年,"领域合作"在《新闻联播》中的关注度排名第三。通过对《新闻联播》中"领域合作"的出现语境进行统计,绘制出以"领域合作"为中心的词云图,可以观察到《新闻联播》中和"领域合作"搭配的主要有"国""合作""加强""发展""双方""关系"等词。我们将《新闻联播》中出现频率较高的"领域合作"语句片段摘录如下,以供参考。

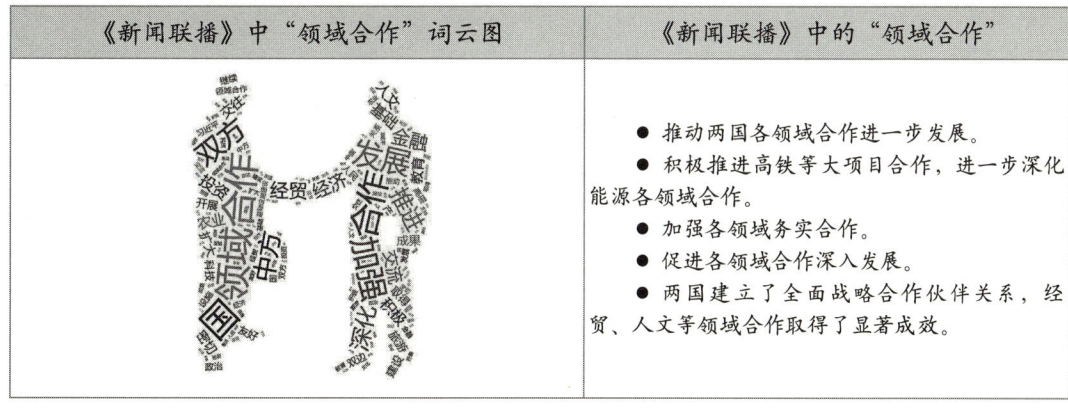

《新闻联播》中"领域合作"词云图	《新闻联播》中的"领域合作"
	● 推动两国各领域合作进一步发展。 ● 积极推进高铁等大项目合作,进一步深化能源各领域合作。 ● 加强各领域务实合作。 ● 促进各领域合作深入发展。 ● 两国建立了全面战略合作伙伴关系,经贸、人文等领域合作取得了显著成效。

气候变化

"气候状态关乎人类命运"

2015年,"气候变化"在《新闻联播》中的关注度排名第六。通过对《新闻联播》中"气候变化"的出现语境进行统计,绘制出以"气候变化"为中心的词云图,可以观察到《新闻联播》中和"气候变化"搭配的主要有"合作""大会""巴黎""问题""加强""国际"等词。我们将《新闻联播》中出现频率较高的"气候变化"语句片段摘录如下,以供参考。

《新闻联播》中"气候变化"词云图	《新闻联播》中的"气候变化"
	● 联合国愿同中国在实现千年发展目标、全球减贫、应对气候变化等领域加强合作。 ● 联合国气候变化巴黎大会达成历史性协定。 ● 中方高度重视气候变化问题。 ● 中方愿同荷方加强人权、司法领域的交流合作,就维护世界和平与稳定、应对气候变化等全球性问题加强沟通。

基础设施建设

"提供生产生活共同条件和公共服务的设施建设"

2015年,"基础设施建设"在《新闻联播》中的关注度排名第九。通过对《新闻联播》中"基础设施建设"的出现语境进行统计,绘制出以"基础设施建设"为中心的词云图,可以观察到《新闻联播》中和"基础设施建设"搭配的主要有"合作""中方""加强""发展""中国""领域"等词。我们将《新闻联播》中出现频率较高的"基础设施建设"语句片段摘录如下,以供参考。

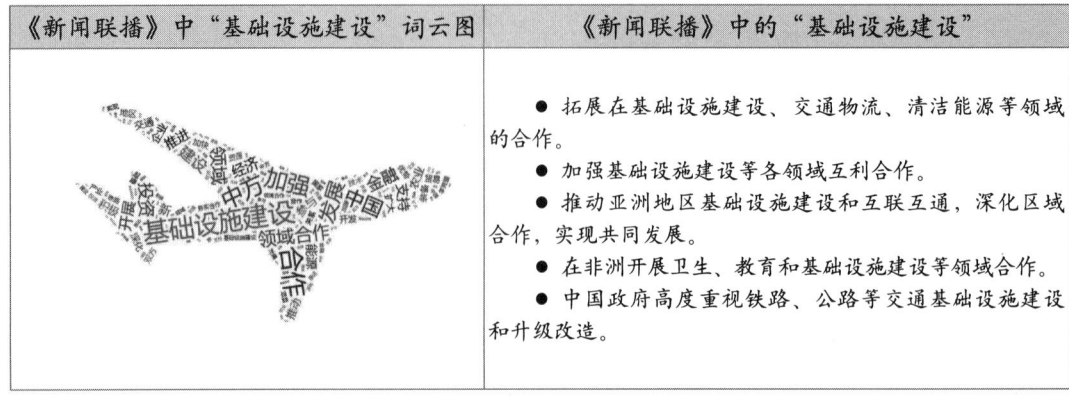

《新闻联播》中"基础设施建设"词云图	《新闻联播》中的"基础设施建设"
	● 拓展在基础设施建设、交通物流、清洁能源等领域的合作。 ● 加强基础设施建设等各领域互利合作。 ● 推动亚洲地区基础设施建设和互联互通,深化区域合作,实现共同发展。 ● 在非洲开展卫生、教育和基础设施建设等领域合作。 ● 中国政府高度重视铁路、公路等交通基础设施建设和升级改造。

生态环境

"经济发展不能以牺牲生态环境为代价"

2015年,"生态环境"在《人民日报》中的关注度排名第四。通过对《人民日报》中"生态环境"的出现语境进行统计,绘制出以"生态环境"为中心的词云图,可以观察到《人民日报》中和"生态环境"搭配的主要有"保护""发展""生态""建设""资源""环境"等词。我们将《人民日报》中出现频率较高的"生态环境"语句片段摘录如下,以供参考。

《人民日报》中"生态环境"词云图	《人民日报》中的"生态环境"
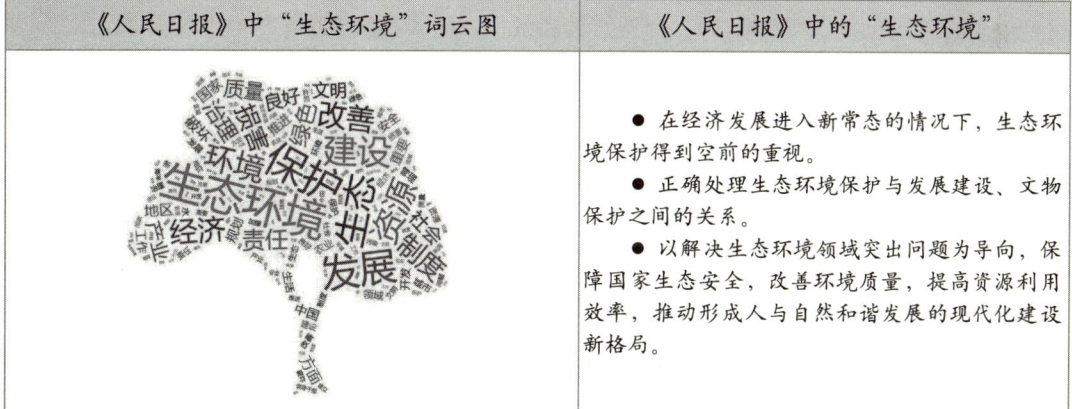	● 在经济发展进入新常态的情况下,生态环境保护得到空前的重视。 ● 正确处理生态环境保护与发展建设、文物保护之间的关系。 ● 以解决生态环境领域突出问题为导向,保障国家生态安全,改善环境质量,提高资源利用效率,推动形成人与自然和谐发展的现代化建设新格局。

世界经济

"期待世界经济的复苏"

2015年,"世界经济"在《人民日报》中的关注度排名第六。通过对《人民日报》中"世界经济"的出现语境进行统计,绘制出以"世界经济"为中心的词云图,可以观察到《人民日报》中和"世界经济"搭配的主要有"增长""中国""发展""国际""复苏""全球"等词。我们将《人民日报》中出现频率较高的"世界经济"语句片段摘录如下,以供参考。

《人民日报》中"世界经济"词云图	《人民日报》中的"世界经济"
	● 推动完善全球治理机制,共同促进世界经济稳定增长。 ● 中国已成为世界经济增长的重要引擎。 ● 维护国际金融稳定,确保世界经济持续、均衡、稳定增长。 ● 世界经济复苏进程曲折艰难,国际金融危机的影响并未消散。

传统文化

"民族的也是世界的"

2015年,"传统文化"在《人民日报》中的关注度排名第七。通过对《人民日报》中"传统文化"的出现语境进行统计,绘制出以"传统文化"为中心的词云图,可以观察到《人民日报》中和"传统文化"搭配的主要有"文化""优秀""中华""中国""弘扬""精神"等词。我们将《人民日报》中出现频率较高的"传统文化"语句片段摘录如下,以供参考。

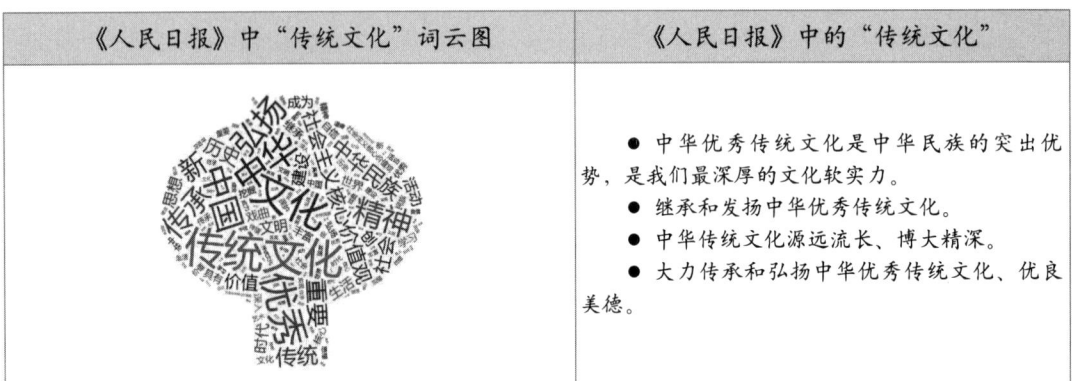

《人民日报》中"传统文化"词云图	《人民日报》中的"传统文化"
	● 中华优秀传统文化是中华民族的突出优势,是我们最深厚的文化软实力。 ● 继承和发扬中华优秀传统文化。 ● 中华传统文化源远流长、博大精深。 ● 大力传承和弘扬中华优秀传统文化、优良美德。

依法治国

"法治是治国理政的基本方式"

2015年,"依法治国"在《人民日报》中的关注度排名第九。通过对《人民日报》中"依法治国"的出现语境进行统计,绘制出以"依法治国"为中心的词云图,可以观察到《人民日报》中和"依法治国"搭配的主要有"推进""全面""法治""建设""坚持""国家"等词。我们将《人民日报》中出现频率较高的"依法治国"语句片段摘录如下,以供参考。

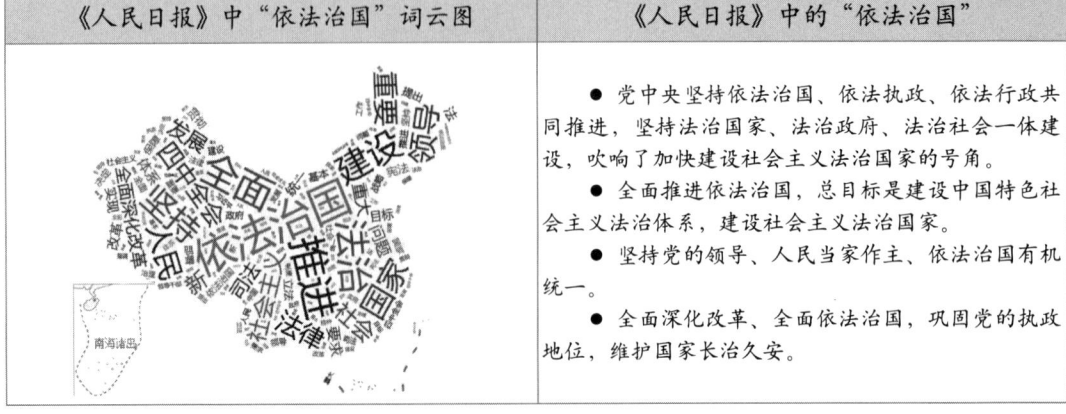

《人民日报》中"依法治国"词云图	《人民日报》中的"依法治国"
	● 党中央坚持依法治国、依法执政、依法行政共同推进,坚持法治国家、法治政府、法治社会一体建设,吹响了加快建设社会主义法治国家的号角。 ● 全面推进依法治国,总目标是建设中国特色社会主义法治体系,建设社会主义法治国家。 ● 坚持党的领导、人民当家作主、依法治国有机统一。 ● 全面深化改革、全面依法治国,巩固党的执政地位,维护国家长治久安。

附录一

2015年中国媒体关注度十大榜单发布会嘉宾现场点评

发布时间：2016年1月6日
发布机构：中国传媒大学国家语言资源监测与研究有声媒体中心
现场点评嘉宾：中央人民广播电台主持人苏扬先生、资深媒体人张春蔚女士

张春蔚（点评十大网事）：

观察这十大网事，大家可能会发现，以前我们谈互联网，最多会觉得有一个@就是互联网，但是现在你还会看到很多特殊的名词，甚至专业课的老师都会说P2P、O2O，可以看到互联网在真实地影响着我们的生活，甚至你买一个烤红薯，下面都写着可以用微信或支付宝支付，这一系列变化就在我们身边，核心就是效率、方便。我们感受到了互联网跟我们的密切联系。比如以前你打车的时候，会发现马路上大家都是"千手观音"，所有的手都在伸出来，试图拦截一辆出租车，现在不需要了，你在家里坐着，就可以让出租车在楼下等你，还可以让人送饭上来，或者让人带着按摩床来给你按摩，第一次还经常免费。你会发现有越来越多的人创业，还有越来越多的免费，因为互联网跟我们的生活越来越相关，这里面所有的一切都在改变着我们的生活方式。通过"海淘"，我们不仅买全球，而且还卖全球，这意味着我们的购物方式也在发生变化。农村电商、网约、网签，这一切的背后，你发现都是互联网在帮你实现。为什么你妈妈做的事，可以由别人通过互联网来解决？因为有足够多的剩余劳动力供给，使更多的"妈妈"能够帮你解决问题，这就是十大网事可以替你完成的事情。谢谢！

苏扬（点评十大"习语"）：

我感觉压力很大，从细节来看，因为出了问题，所以有十大举措，这些问题就是我们面对的新常态。而上一张榜单，十大网事也包含在新常态之内。这个新常态上至总书记、下至普通百姓，都躲不开，因为它是一张大网，我们在这个时代里要思考一个问题：如何让我们的话传播得更远，如何让更多的人明白我们的意思。言之无文，行而不远。在新常态网络社会里，什么样的话能够让人们听起来印象深刻呢？习总书记是党的历任领导当中普通话说得最好的一位，这一点，从我的职业角度来讲，油然而生一种内心的认同感，但是我这个话并不是否认其他领导人，只是这位领导人的普通话说得太好了，而且从有些词语中我们能研究出各位领袖的成长历程。在这样一个要求我们每个人都懂得一点传播的时代里，我站在中国传媒大学这一方宝地上，心里真的觉得非常契合。各位专家、学者多研究一下，从传播的角度，分析领袖人物的言论，分析引导全社会的沟通和交流技巧，这些传播理论可能就是新媒体得以生存的一个重要支柱，可能就是新媒体要努力开发的内容。所以，这里面有大把的

钱可以赚，有大把的名可以出，习大大已经给我们做了一个榜样。

张春蔚（点评十大潮语）：

看着十大潮语这几个字就会乐出来，每个人的表情符号就伴随着这几个潮语涌现出来。为什么把"任性"排在第一位？因为总理说"有权不可任性"，这意味着我们在很多话语权里必须把任性界定出来。这个词普通人可以用，但在庙堂之上我们把任性说出来的时候，必须要有一个尺度、一个约束。而在颜值、小鲜肉、网红这样的词的背后你会发现我们使用的方式，网络潮语越来越有礼貌，什么话都不直接说，要绕几个弯来说，比如萌萌哒，本意是我今天没有吃药，所以可能有点萌萌哒，这后面是有潜台词的，而至于说脑洞大开，实际上就是脑补。很多话题的背后，你会觉得越是潮语，越是存在着我要有一个更深层次的了解，不是一维，有的时候是二维、三维，而且很多词语来自于日本的动漫，核心就是我们不理解的那群人。他们来自二次元世界，更重要的一点是他们会影响我们对于语言的表达。买买买，你会想为什么这个词的结构会如此让你印象深刻。包括约吗？主要看气质，等等，它们会让你看着文字想图片，看着图片想情境，看着情境想我有什么需要去表达，所以潮语的背后是我们懂得更加委婉地、更加心有灵犀地彼此互联互通。谢谢！

苏扬（点评十大"首虎"）：

我跟春蔚点评哪个是我自己选的，大家从细节来看，这个"首"字是所有盘点榜单当中特别爱用的一个字，因为它很极端、很说明问题。就2015年我们所知道的"虎"来说，如果从大小来论，上榜的这几位恐怕属于发展中的"虎"，我们为什么没有盘点十大"虎"，而盘点了十大"首虎"呢？我们都知道在收藏界，"首"枚生肖邮票，八分钱的面值，现在已经是一万块钱一张了，如果你家里有几大版，你的人生将从此与众不同，所以首战告捷、首届奥运会等都非常有意义。可是对于反腐这件事来说，我们的媒体在2016年头的时候是不是应该反思，是否继续使用传播当中的规律，就是"首"字规律来传播新闻？反腐是没有尽头的事情，我们不应该以首末偏娱乐化的方式报道这样的事情。这个榜单给我们带来了2016年的思考：媒体在党和国家反腐进程当中应该起到什么样的作用？我相信各位在过去的一年看到这几位的资料，如果你去搜的话不是短短的几行字就介绍完了，为什么那么多的背景以及他们之间的关系社会上的人都门清儿呢？你随便叫一个专车司机，他都会给你讲。我们的主流媒体发生了什么呢？面对这样一张榜单，我们应该思考什么呢？怎样发挥我们的媒体主动性？我希望在2016年能够看到换一个字，十"大虎"，以及每一个"大虎"后面挖出萝卜带出泥解决的问题，彻底解决的问题。

张春蔚（点评十大女性人物）：

因为是评点女性人物，落实到人了，十大女性人物当中，三个80后：李娜、姚贝娜、彭帅，还有三个政界的铁娘子，大家猜一猜希拉里、朴槿惠、默克尔的年龄顺序？希拉里年纪最大，68岁了，默克尔61岁，朴槿惠63岁。如果你把默克尔跟董明珠放在一起，会发现董明珠只比默克尔小一个月。你会发现在现在这样一个阶段，一个女性在什么时候被人们所关注，其实是需要积累的。大家说成名要趁早，但其实男性更容易被关注，而政坛女性要过60岁才会得到关注。屠呦呦1930年出生的，虽然她是12月30号出生的，但是你想想，80多岁的高龄，才迎来一个人生巅峰的状态。这十大女性人物中排在最后的余秀华，是一个农村人。她把穗子最普通的表达变成了诗歌语言，我不知道多少人可以把她的诗念出来，对于这个70后女性，她所带给我们这个世界的就是敞开自己内心世界的真实。所以我觉得我今天的一个结尾，就是《南方周末》在采访余秀华时说的这句话，"余秀华是真正的草莽，热眼看万物，冷眼看主流"。虽然我们今天的榜单并不主流，但是它让我们看到了成长的艰难。谢谢！

张春蔚（点评十大经济人物）：

我们看到这个榜单，排在前三位的其实就是首富之争，华人世界当中谁最有钱？一会儿是王健林，一会儿是马云，最新的消息是王健林排第一位，马云、李嘉诚排在后面。最值得关注的是马云的财富增长幅度比李嘉诚还高，王健林反超各位的能力也很强，他在去年的财富增值达到了40%。可想而知，我们对于这个世界的理解，必须要加入更多的娱乐化成分。另外，我们看到在这个榜单当中，很多是互联网人士。马云是互联网人士，马化腾、李彦宏，包括小米的雷军都是互联网人士。我们看到互联网的格局很难被打破，先发优势已经彻底堵死了其他人想进入的门槛，这样的门槛也是他们财富的门槛。这里面更值得关注的是楼继伟，作为财政部部长，他受到大家的关注可能跟岁末当中的很多话题有关，比如税的问题、退休人员缴纳医保的问题等。实际上我觉得他出现的背后其实涉及的是中国的这个"家"如何当，中国的财政篮子如何分配，普通老百姓跟这个国家之间的财富往来最核心的东西都由他在代言，他是不得已出现在这样一个榜单当中的。至于巴菲特、徐翔、周小川，他们都具有"金融属性"，这种属性背后很多人是一个尴尬的出现，比如徐翔，你可能会想到白色的阿玛尼西装；对于周小川而言，过去一年你的财富增值、贬值，很多的话题都可以在他的身上找原因；再看巴菲特，他去年可能真的没有赚到人们想象中的那么多钱。但是我们愿意去寻找长者，因为长者带给我们经验，使我们能从他们的成功当中找到下一个稳定的可能性，所以面对十大经济人物，我们不关心财富，而更关心他们未来会如何影响我们的生活表达、生活方式。谢谢！

苏扬（点评十大电影）：

按照时间排序，这十部影片基本代表了去年我们关注影片的排行。《速度与激情7》来自美国，是唯一一部代表好莱坞大片的影片。《狼图腾》《聂隐娘》走出国门，但是它们在国外远远没有获得《速度与激情7》在国内的票房，这是我们不可回避的现实。从宏观来看，2015年年底的时候，出现了两种新现象：一种是出现了新类型影片，如玄幻类的《寻龙诀》，之前还有一部《九层妖塔》，但是遗憾的是《九层妖塔》被作者本人批得体无完肤，现在正在打官司，这个官司将成为跨年的官司；另外一种是出现了新内容，比如我的朋友圈每天都有很多人持很多观点在探讨《老炮儿》，关于这部影片的研究，我们2016年再辩，等它下线以后。

电影是文化产业的重要组成部分，有人说电影是造梦的，理所当然，电影应该是中国梦的一部分。我们看到2015年来自海外的大片、来自国产电影人的努力，给我们造了五彩缤纷的一些梦，这些梦都属于中国梦，但是在做这个梦的过程中，我们真正的做梦者发现一个问题，就是所有人造的东西都必须有标准，而2015年的中国梦没有标准，我指的是电影。所以在2015年年底，在《老炮儿》上映的时候，其中争论的一个焦点，就是我们真的需要出台分级制吗？如果再不分级，这五彩缤纷的梦将互相干扰，谁的梦也做不圆满，2016年我们媒体是否应该呼唤电影分级，并把它作为年终热词呢？这是我个人作为媒体从业者非常期待和关注的一件事情，因为它关系到我们每个人的中国梦是否圆满。谢谢！

附录二

历年中国媒体关注度十大榜单

2014年中国媒体关注度十大榜单

1. 十大新闻热点

乌克兰、反腐、世界杯、马航、埃博拉病毒、全面深化改革、反恐、"一带一路"、依法治国、伊斯兰国

2. 十大新举措

沪港通、京津冀一体化、发展混合所有制、不动产统一登记、司法改革、户籍制度改革、公车改革、预算法修订、招生制度改革、行政审批制度改革

3. 十大科技热点

微信、高铁、机器人、新能源汽车、云计算、北斗、物联网、移动支付、智能家居、大飞机

4. 十大情感

担心、幸福、紧张、满意、快乐、高兴、轻松、怀疑、遗憾、开心

5. 十大"伤"

暴恐、污染、腐败、失联、病毒、贫困、雾霾、毒品、诈骗、火灾

6. 十大现代"症"

抑郁症、自闭症、孤独症、恐惧症、强迫症、依赖症、焦虑症、拖延症、忧郁症、失眠症

7. 十大公共安全事件

"岁月号"沉船、昆山爆炸事故、新疆系列暴恐案、招远血案、昆明火车站砍人事件、兰州水污染、广州公交车爆炸事故、昆明小学踩踏事件、湘潭校车落水事故、广州火车站暴恐案

8. 十大电视节目

《爸爸去哪儿》《舌尖上的中国》《我是歌手》《最强大脑》《新闻联播》《焦点访谈》《花儿与少年》《非诚勿扰》《奔跑吧兄弟》《花样爷爷》

9. 十大影视剧

《来自星星的你》《归来》《变形金刚4》《后会无期》《白日焰火》《一代宗师》《黄金时代》《小时代3》《纸牌屋》《红高粱》

10. 十大中国秀

《中国好声音》《中国好歌曲》《出彩中国人》《中国梦之声》《中国梦想秀》《中国好舞蹈》《最美和声》《中国达人秀》《星光大道》《中国新声代》

11.十大"老虎"
刘铁男、周永康、万庆良、徐才厚、宋林、李春城、金道铭、申维辰、童名谦、秦玉海

12.十大"虎蝇"
马超群、肖绍祥、周伟思、张新华、李华波、张新、戴兵、陈伟杰、侯福才、陈万寿

13.十大国际人物
奥巴马、普京、金正恩、安倍晋三、朴槿惠、英拉、莫迪、克里、奥朗德、默克尔

14.十大经济人物
马云、雷军、李嘉诚、王健林、比尔·盖茨、潘石屹、任志强、楼继伟、吴长江、罗永浩

15.十大文化人物
韩寒、邵逸夫、崔永元、郭敬明、莫言、琼瑶、萧红、金庸、马尔克斯、方舟子

16.十大体育人物
李娜、梅西、C罗、孙杨、里皮、詹姆斯、丁俊晖、林丹、内马尔、彭帅

17.十大娱乐人物
张艺谋、成龙、柯震东、冯小刚、周迅、金秀贤、谢霆锋、邓超、黄渤、李代沫

18.《新闻联播》《人民日报》使用最多的十大成语
《新闻联播》：坚定不移、长治久安、与时俱进、源远流长、前所未有、一如既往、因地制宜、持之以恒、安居乐业、丰富多彩
《人民日报》：坚定不移、前所未有、实事求是、长治久安、与时俱进、见义勇为、因地制宜、不可或缺、坚持不懈、丰富多彩

19.《新闻联播》《人民日报》使用最多的十大常用语
《新闻联播》：全面深化、重要讲话、全面推进、高度重视、伟大复兴、共同发展、友好合作、新形势、共同努力、健康发展
《人民日报》：全面深化、传统文化、重要讲话、充分发挥、伟大复兴、高度重视、全面推进、新形势、健康发展、公平正义

20.《新闻联播》《人民日报》关注度最高的十大话题
《新闻联播》：深化改革、党的群众路线教育实践活动、"一带一路"、中国梦、埃博拉病毒、依法治国、社会主义核心价值观、反腐败、体制改革、索契冬奥会
《人民日报》：深化改革、"一带一路"、社会主义核心价值观、中国梦、党的群众路线教育实践活动、传统文化、反腐败、体制改革、依法治国、暴力恐怖事件

2013年中国媒体关注度十大榜单

1.十大新闻热点
城镇化、监听丑闻、雾霾、中国梦、党的群众路线教育实践活动、钓鱼岛、微信、十八届三中全会、深化改革、生化武器

2.十大情感
紧张、幸福、恐怖、高兴、快乐、担忧、遗憾、激动、开心、害怕

3. 十大改革举措

新型城镇化、营业税改增值税、利率市场化、行政审批制度改革、废除劳教制度、上海自贸区、农业转移人口市民化、单独两孩、高考改革、渐进式延迟退休

4. 十大公益活动

光盘行动、寻找最美××、地球一小时、免费午餐、爱心送考、爱心字典、关爱环卫工、芙蓉学子、春节回家顺风车、母亲水窖

5. 十大中国Style

城管、春运、留守儿童、临时工、土豪、公务员热、大学生村官、广场舞、到此一游、中国大妈

6. 十大案

"房姐"龚爱爱案、李某某案、刘志军案、薄熙来案、雷政富案、唐慧案、张曙光案、"表哥"杨达才案、复旦投毒案、湖南瓜农死亡案

7. 十大自然灾害

大范围雾霾、南方持续高温、雅安地震、四川强降雨、东北洪涝、台风"菲特"、台风"海燕"、台风"天兔"、甘肃定西地震、云南镇雄山体滑坡

8. 十大公共安全事件

棱镜门、H7N9禽流感、波士顿马拉松爆炸事件、冀中星机场爆炸事件、恒天然奶粉事件、韩亚空难、欧洲马肉风波、黄浦江死猪事件、吉林宝源丰禽业公司火灾、青岛输油管道爆炸事件

9. 十大图书

《红楼梦》《新华字典》《论语》《史记》《诗经》《十万个为什么》《三国演义》《邓小平时代》《易经》《弟子规》

10. 十大电视节目

《中国好声音》《爸爸去哪儿》《我是歌手》《非诚勿扰》《新闻联播》《中国梦之声》《中国最强音》《快乐男声》《中国达人秀》《星光大道》

11. 十大电影

《泰囧》《小时代》《西游降魔篇》《一代宗师》《致我们终将逝去的青春》《少年派的奇幻漂流》《私人订制》《悲惨世界》《中国合伙人》《无人区》

12. 十大经济人物

马云、巴菲特、楼继伟、宗庆后、任志强、王健林、贾康、林毅夫、厉以宁、潘石屹

13. 十大文化人物

莫言、郭敬明、杨绛、金庸、韩寒、单霁翔、门罗、王蒙、宫崎骏、贾平凹

14. 十大娱乐人物

张艺谋、赵本山、成龙、郭德纲、冯小刚、章子怡、林志颖、周星驰、王菲、刘德华

15. 十大女性人物

李娜、默克尔、华春莹、希拉里、撒切尔、赵红霞、英拉、王亚平、邓文迪、梦鸽

16. 十大国际人物

奥巴马、安倍晋三、斯诺登、普京、曼德拉、朴槿惠、穆尔西、查韦斯、克里、金正恩

17.《新闻联播》《人民日报》使用最多的十大成语

《新闻联播》：坚定不移、一如既往、艰苦奋斗、铺张浪费、前所未有、继往开来、与时俱进、力所能及、实事求是、来之不易

《人民日报》：坚定不移、前所未有、实事求是、与时俱进、艰苦奋斗、铺张浪费、厉行节约、因地制宜、不可或缺、全心全意

18.《新闻联播》《人民日报》使用最多的十大常用语

《新闻联播》：全面深化、高度重视、重要讲话、共同发展、健康发展、共同努力、友好合作、充分发挥、进一步加强、重大问题

《人民日报》：全面深化、全面建成、共同发展、重要讲话、新形势下、全面战略、密切联系、深入学习、牢固树立、友好关系

19.《新闻联播》《人民日报》关注度最高的十大话题

《新闻联播》："三农"、抗灾减灾、教育改革、能源、中国梦、公共安全、经济发展、厉行节约、就业、两岸关系

《人民日报》："三农"、教育改革、就业、厉行节约、能源、中国梦、养老、经济发展、抗灾减灾、公共安全

20.《新闻联播》十大专题

走基层、到群众中去、寻找最美××、时代先锋、凡人善举、贯彻十八大、聚焦两会、经济转型进行时、权威访谈、救援进行时

2012年中国媒体关注度十大榜单

1. 十大新闻热点

十八大、叙利亚、钓鱼岛、选举、雷锋、南海、航母、伦敦奥运、神舟九号、诺贝尔文学奖

2. 十大情感

幸福、紧张、快乐、担忧、激动、痛苦、失望、震惊、舒服、焦虑

3. 十大易读错的词

因为（yīn wèi）、处理（chǔ lǐ）、应用（yìng yòng）、尽快（jǐn kuài）、复杂（fù zá）、潜力（qián lì）、比较（bǐ jiào）、逮捕（dài bǔ）、教研室（jiào yán shì）、围绕（wéi rào）

注：括号内为正确读音。

4. 十大易写错的词

坐落（座落）、贸然（冒然）、松弛（松驰）、挖墙脚（挖墙角）、妥帖（妥贴）、歉收（欠收）、惹是生非（惹事生非）、不省人事（不醒人事）、坐月子（做月子）、一副对联（一幅对联）

注：括号内为错误词形。

5. 十大"体"

元芳体、淘宝体、舌尖体、凡客体、咆哮体、甄嬛体、生活体、知音体、TVB体、玛

雅体

6. 十大常用字

的、一、在、是、中、国、人、有、了、不

7. 十大最美

最美女教师（张丽莉）、最美司机（吴斌）、最美警察（吴连表）、最美妈妈（吴菊萍）、最美护士（何瑶）、最美新娘（李成环）、最美孕妇（彭伟平）、最美农民工（王俊旺）、最美乡村教师、最美乡村医生

8. 十大文化人物

莫言、韩寒、方舟子、于丹、杨丽萍、马原、马悦然、郭敬明、王蒙、刘震云

9. 十大女性人物

希拉里、李娜、默克尔、季莫申科、吉拉德、昂山素季、朴槿惠、刘洋、英拉、拉加德

10. 十大娱乐人物

赵本山、张艺谋、范冰冰、成龙、章子怡、杨幂、刘德华、冯小刚、刘欢、高晓松

11. 十大主持人

崔永元、周立波、撒贝宁、孟非、董卿、谢娜、张绍刚、朱军、何炅、白岩松

12. 十大电视节目

《中国好声音》《舌尖上的中国》《非诚勿扰》《新闻联播》《非你莫属》《中国达人秀》《感动中国》《我要上春晚》《星光大道》《中国梦想秀》

13. 十大电影

《白鹿原》《画皮2》《泰坦尼克号》《金陵十三钗》《一九四二》《桃姐》《蝙蝠侠：黑暗骑士崛起》《阿凡达》《艺术家》《人再囧途之泰囧》

14. 十大电视剧

《后宫甄嬛传》《西游记》《北京青年》《心术》《步步惊心》《悬崖》《北京爱情故事》《浮沉》《知青》《媳妇的美好时代》

15. 十大图书

《红楼梦》《现代汉语词典》《论语》《蛙》《古兰经》《弟子规》《诗经》《丰乳肥臀》《红高粱》《本草纲目》

16. 十大歌曲

《江南Style》《因为爱情》《最炫民族风》《传奇》《我的歌声里》《北京祝福你》《学习雷锋好榜样》《义勇军进行曲》《歌唱祖国》《同桌的你》

17. 十大电商

京东、国美、苏宁易购、阿里巴巴、天猫、淘宝网、亚马逊、当当网、凡客诚品、1号店

18. 十大酒类

茅台、五粮液、酒鬼酒、拉菲、汾酒、洋河、张裕、古井贡、泸州老窖、青岛啤酒

19. 十大手表

劳力士、欧米茄、浪琴、天梭、卡地亚、卡西欧、百达翡丽、江诗丹顿、宝珀、宝玑

20. 《新闻联播》十大成语

坚定不移、一如既往、前所未有、长治久安、与时俱进、实事求是、继往开来、坚持不

懈、来之不易、丰富多彩

21.《新闻联播》十大政治用语

中国特色社会主义、共识、改革开放、两岸关系、和平发展、小康社会、政治互信、科学发展观、战略合作、走基层

22.《新闻联播》十大经济用语

可持续发展、经济增长、服务业、城镇化、国际金融危机、实体经济、欧债、经济平稳、民间投资、小微企业

23.《新闻联播》十大文化用语

人文交流、公益、纪录片、生态文明建设、延安文艺座谈会、文艺工作者、寻找最美××、电视剧、传统文化、中国梦

24.《新闻联播》十大科技用语

航天、高铁、卫星、科技创新、新技术、信息化、天宫一号、农业科技、蛟龙号、载人交会对接

2011年中国媒体关注度十大榜单

1. 十大企业

百度、中石化、中国移动、当当网、中石油、淘宝网、一汽、中国电信、国航、南航

2. 十大电视栏目

《非诚勿扰》《中国达人秀》《新闻联播》《焦点访谈》《中国梦想秀》《康熙来了》《快乐大本营》《舞林大会》《我们约会吧》《花儿朵朵》

3. 十大职业

学生、警察、老师、农民、司机、医生、律师、演员、工人、农民工

4. 十大成语

前所未有、见义勇为、坚定不移、全力以赴、脱颖而出、丰富多彩、实事求是、千方百计、与时俱进、一如既往

5. 十大体坛人物

李娜、刘翔、姚明、丁俊晖、林丹、彭帅、孙杨、卡马乔、王皓、郑洁

6. 十大娱乐人物

张柏芝、谢霆锋、赵本山、高晓松、范冰冰、周杰伦、成龙、杨幂、刘德华、王菲

7. 十大草根人物

最美妈妈、最美婆婆、"虎妈""狼爸"、举牌哥、拇指妹、收碗哥、送水哥、Hold住姐、菜花甜妈

8. 十大历史人物

毛泽东、孙中山、周恩来、蒋介石、邓小平、鲁迅、孔子、雷锋、陈独秀、李大钊

9. 十大经济人物

马云、陈光标、陈晓、李国庆、黄光裕、李彦宏、史玉柱、刘强东、张大中、任志强

10. 十大国际人物

卡扎菲、奥巴马、本·拉登、菅直人、乔布斯、穆巴拉克、普京、卡恩、威廉王子、梅德韦杰夫

11. 十大国内城市

北京、上海、广州、香港、深圳、重庆、成都、南京、杭州、天津

12. 十大国外城市

的黎波里、东京、伦敦、纽约、华盛顿、莫斯科、巴黎、开罗、曼谷、米苏拉塔

13. 十大国内高校

清华大学、北京大学、复旦大学、中国人民大学、南方科技大学、北京师范大学、上海交通大学、浙江大学、武汉大学、四川大学

14. 十大国外高校

哈佛大学、耶鲁大学、斯坦福大学、纽约大学、牛津大学、剑桥大学、东京大学、麻省理工学院、哥伦比亚大学、新加坡国立大学

15. 十大姓氏

张、王、李、陈、刘、杨、周、吴、黄、赵

16. 十大形容词

安全、重要、基本、严重、积极、全面、成功、直接、正式、不同

17. 《新闻联播》最关注的十大品牌

波音、苹果、吉利、空客、谷歌、联想、海信、微软、丰田、诺基亚

18. 《新闻联播》最关注的十大影视剧

《辛亥革命》《农奴泪》《杨善洲》《妈妈咪呀》《郭明义》《四世同堂》《唐山大地震》《飞天》《建国大业》《精卫传奇》

19. 《新闻联播》最关注的十大高校

清华大学、北京大学、中国人民大学、国防科技大学、香港大学、武汉大学、西藏大学、北京师范大学、中国传媒大学、中国人民解放军国防大学

20. 《新闻联播》使用最多的十大成语

坚定不移、一如既往、长治久安、丰富多彩、与时俱进、艰苦奋斗、前所未有、实事求是、来之不易、源远流长

图书在版编目(CIP)数据

中国媒体关注度报告 2016/国家语言资源监测与研究有声媒体中心 组编.
—北京：中国传媒大学出版社，2016.12

ISBN 978-7-5657-1865-6

Ⅰ.①中… Ⅱ.①国… Ⅲ.①媒体(新闻)－新闻事业－研究报告－中国－2016 Ⅳ.①G219.2

中国版本图书馆 CIP 数据核字（2016）第 277993 号

中国媒体关注度报告 2016

ZHONGGUO MEITI GUANZHUDU BAOGAO 2016

组　　编	国家语言资源监测与研究有声媒体中心
策划编辑	赵　欣
责任编辑	张　笛
封扉设计	魏　东
责任印制	阳金洲
出版发行	中国传媒大学出版社
社　　址	北京市朝阳区定福庄东街1号　邮编：100024
电　　话	86－10－65450528　65450532　传真：65779405
网　　址	http://www.cucp.com.cn
经　　销	全国新华书店
印　　刷	北京玺诚印务有限公司
开　　本	787mm×1092mm　1/16
印　　张	15.5
字　　数	360 千字
版　　次	2016 年 12 月第 1 版　2016 年 12 月第 1 次印刷
书　　号	ISBN 978-7-5657-1865-6/G·1865　定　价　69.00 元

版权所有　　翻印必究　　印装错误　　负责调换